AF131656

Yoann Meritza

Nos pensées Influencent notre destin

Comprendre comment notre conscience affecte notre réalité

Édition : BoD · Books on Demand, 31 avenue
Saint-Rémy, 57600 Forbach, bod@bod.fr
Impression : Libri Plureos GmbH, Friedensallee
273, 22763 Hamburg (Allemagne)
Illustration : Pixabay / Daniel Hannah
ISBN : 978-2-3225-1605-6
Dépôt légal : mai 2025

« *Ce que tu veux n'est pas qui tu es. Deviens qui tu es, et tu auras ce que tu veux !* »

Table des matières

Introduction

Depuis des années que je m'intéresse aux lois de l'esprit, et je le dis par expérience, et après avoir étudié longuement le phénomène, j'en suis arrivé à une seule conclusion.

« L'homme est sa propre réponse ! »

Pour vous expliquer la réalité derrière les lois de l'esprit, ce que d'autres auteurs appellent à tort « la loi de l'attraction », il y a certains éléments à prendre en considération.

Les lois de l'esprit ne fonctionnent pas avec des techniques ou des méthodes, et vous l'appliquez déjà au quotidien, même maintenant sans vous en rendre compte, en positif comme en négatif. Indirectement, vous influencez votre destin, grâce ou à cause de vos pensées inconscientes.

C'est notre programmation mentale interne, constituée de croyances, issues de notre apprentissage de la vie depuis que nous sommes nés, qui affectent notre perception de la réalité.

Nos schémas de pensées influencent grandement notre destin. En clair, dans notre état actuel, nous ne contrôlons rien, ce sont les informations que nous avons recueillies depuis l'enfance qui le font à notre place, et ce, à chaque instant de notre vie.

Et les connaissances que vous allez acquérir dans ce livre vont vous permettre de comprendre que le seul maître de votre destin, c'est vous seuls. Comment ? En reprenant le contrôle de vos pensées et de vos émotions.

La règle fondamentale est que malgré ce que de nombreux auteurs peuvent prétendre, nous n'attirons pas ce à quoi nous pensons le plus souvent, absolument rien.

En contrepartie, il existe d'autres lois, dont celle de la correspondance. Ce qui veut dire que notre esprit s'aligne à une fréquence, et sans nous en rendre compte, nous sommes inconsciemment et en permanence alignés dessus en toute circonstance, que nous pensions au positif ou au négatif.

Et qui nous sommes à l'intérieur de notre esprit se reflète à l'extérieur, ou autrement dit notre environnement physique.

Bien que cette révélation puisse paraître assez floutée pour certains d'entre vous, je vais développer mes propos.

Penser positif ne suffit pas, et ce n'est pas spécialement la définition que je donnerais de la pensée positive. Il faut des circonstances qui amènent à avoir une forme d'introspection, au niveau de ses propres convictions dans un premier temps, et de sa perception de la réalité ou de soi-même.

L'attente confiante ne fonctionne pas non plus. Ici, nous ne parlons pas de cette notion « d'attirer à soi tout ce que l'on désire. ». Un peu plus tard dans ce livre, j'évoquerai la différence entre un désir et un fait, entre vouloir et avoir. Et vous comprendrez pourquoi je vous parlerai de la confiance sans attendre, de saisir l'état d'être dans l'instant présent. Tout ceci sera expliqué un peu plus en profondeur, ne vous inquiétez pas, chaque chose en son temps.

La répétition et toutefois utile afin de réinitialiser sa programmation interne, à la condition de travailler sur ses convictions profondes d'un fait existant, sans nécessairement la voir, mais elle doit exister avant tout dans son esprit. Ce que nous pensons et croyons doit être vrai et sans l'ombre d'un doute possible. C'est surtout répéter sa foi et ses convictions. Jusqu'à, non pas seulement se convaincre, mais convaincre son inconscient. Tout se passe ici et maintenant dans votre esprit.

Il n'y a pas d'attente, pas plus qu'il n'y a d'espoir ou de désir. Seulement ce qu'il se passe en cet instant dans votre esprit, et dans ce que vous percevez de la réalité, en rapport avec vos cinq sens et votre cœur.

L'erreur que font beaucoup de personnes adeptes de ce courant de pensées, est de s'attendre à ce que quelque chose change dans leur vie. Dans leur état d'esprit actuel, ce n'est pas le cas et ce ne sera jamais le cas, pourquoi ?

Beaucoup d'entre vous ont certainement lu énormément de livres sur le sujet de la loi de l'attraction, sans obtenir le moindre résultat, et l'une des raisons qui vous incite à lire celui-ci est que vous espérez trouver des réponses à vos questions, telles que :

« Quelle méthode ou technique fonctionne réellement ? »

« Est-ce que ce livre m'apportera un éclaircissement sur ce que l'on appelle la loi de l'attraction ? »

« Qu'est-ce que je fais bien ou mal ? » ou « Qu'est-ce qui m'a échappé ou que je n'ai pas compris ? »

« Est-ce que cet auteur sera capable de me fournir des réponses concrètes ? »

« Comment obtenir la vie que je désire ? » ou « Comment puis-je influencer mon destin ? »

Il existe une infinité de questions que vous vous posez, et parmi vous, énormément de déçus qui ont abandonné, et qui se demandent si l'on ne s'est pas moqué d'eux, ou si cette loi de l'attraction n'est pas un mythe pour finalement attirer les plus crédules.

Et je me doute que beaucoup ici sont arrivés au stade de ne plus croire tout ce qui est marqué dans ces livres traitant de la loi de l'attraction, qui vous promettaient monts et merveilles, et vous laissant croire que vous deviendrez la personne que vous voulez devenir.

Mais je vais vous faire un choc en vous disant que vous êtes, et depuis toujours, la personne que vous voulez devenir. Comment ? Par la multitude de pensées inconscientes qui traversent votre esprit.

Vous ne le choisissez pas, mais vous le subissez en laissant faire votre perception de la réalité, par vos croyances et vos émotions issues de vos pensées inconscientes.

Prenez conscience et analysez chacun de vos mots que vous employez, chacun de vos gestes que vous exécutez, et vous constatez que chaque événement de notre vie affecte nos pensées, et inversement.

De ce fait, vous donnez vie à vos peurs, à vos doutes, à vos plaintes, à vos colères, ou à vos joies uniquement à cause du constat quotidien que vous faites de votre vie, même maintenant, et vous vous dites que ce livre ne vous apportera rien de plus, c'est aussi parce que vous le choisissez, car l'auteur de ce qui arrivera dans votre vie, ce n'est pas moi, mais vous seuls.

Autant être honnête avec vous. Tout ce qui va vous être présenté dans cet ouvrage n'est pas à prendre au pied de la lettre, et ne propose pas de solutions miracles. Il s'agit avant tout d'un travail de recherches approfondies qui s'est déroulé pendant plusieurs années, et qui va vous révéler tout ce que l'on ne vous dit pas au sujet de cette soi-disant loi de l'attraction.

Je comprends parfaitement que vous n'avez pas envie de perdre votre temps avec ce que certains appelleraient « des niaiseries », et encore moins votre argent. Je le sais, car j'ai été comme vous, à rechercher des informations sur cette dite « loi de l'attraction », et l'acharnement que j'ai eu à vouloir trouver des réponses a fini par porter ses fruits, car j'ai appris énormément sur le sujet.

Dans la multitude de livres qui peuvent exister en développement personnel, il est facile de s'y perdre, entre les auteurs qui ne font que de l'interprétation avec des théories bancales, les novices en la matière, et ceux qui sont un peu plus expérimentés, mais qui ne vous disent pas tout ce qu'il faut savoir pour des raisons obscures. Car tant que vous êtes dans ce que j'appelle ici le « vouloir » (je vous expliquerai un peu plus tard pourquoi je dis ceci), vous représentez, pour ces derniers, un investissement sur le long terme.

Dans ma volonté de trouver des réponses, qu'elles soient dans les livres ou en participant à des séminaires, j'ai connu des périodes où j'ai failli abandonner. Pourquoi ? Tout simplement parce que j'ai découvert que de nombreux auteurs n'ont pas été très honnêtes avec ceux qui avaient soif de connaissances.

Ceci est la première révélation que je peux vous faire, c'est de ne pas prendre pour argent comptant tout ce que l'on vous raconte. Et je n'apprendrais rien à quelques-uns d'entre vous en disant que de nombreux auteurs, connus ou non, expérimentés ou non, ne sont en fin de compte que des commerciaux qui vous vendent du rêve.

Attention, je ne dis pas que ce sont tous des charlatans, car il existe une minorité d'entre eux qui expose le sujet avec le plus grand sérieux, qui ont toutes les connaissances requises, et qui ne vous mentent pas. Malheureusement, il n'en existe que très peu, et il faut trier les informations qu'ils vous donnent, que ce soit sur les réseaux sociaux ou les livres.

Ce que je vous invite à faire, c'est apprendre à trier les informations qui proviennent de ces auteurs, car même si tout ce qu'ils peuvent dire est vrai, il y a des éléments que nombreux d'entre eux s'abstiennent de vous dire, pour la simple et bonne raison que cela mettrait un terme à leurs affaires, si vous aviez toutes les cartes en main.

Réfléchissez un instant ! Quel intérêt auraient ils de tout vous révéler ? Ce qu'ils ne vous révèleront jamais, c'est où vous positionner dans votre environnement physique. Par contre, et vous le faites inconsciemment, vous vous positionnez par rapport à eux, et à ce qu'ils possèdent.

Et quand vous apprendrez à faire la différence entre ce que vous avez, entre ce que vous voulez, et ce que votre entourage a obtenu, vous découvrirez que chaque être est unique, avec ses qualités et ses défauts, et dès lors, vous serez libérés de l'emprise que votre environnement physique a sur vous. Et quand je parle d'environnement physique, cela inclut à la fois les personnes que vous côtoyez que les événements

Ne serait-il pas tant de vous réveiller et de vous poser les vraies questions ? De vous demander pourquoi ces auteurs vous aideraient ? Pourquoi vous en êtes toujours au même point ? Dans tel cas, vous ne seriez pas en train de continuer à les suivre en cet instant, ou encore, à lire cet ouvrage.

J'ai suivi une formation commerciale il y a plusieurs années de cela, et j'ai souvenir que l'on m'a enseigné que pour vendre un produit, il faut générer un besoin auprès des clients potentiels.

Autrement dit, vous représentez juste une source de revenus pour ces auteurs qui ont en réalité des casquettes de commerciaux, et qui vous vendent du rêve, car pendant que vous vous acharnez à trouver des réponses au sujet de cette soi-disant « la loi de l'attraction », ils continuent à profiter de la naïveté des plus crédules. Je sais, cela pique, cela fait mal, mais c'est la vérité.

Et dans un sens, quel serait l'intérêt pour eux de tout vous révéler ? Ils préfèrent vous laisser en position de faiblesse et garder le contrôle de la situation, en vous maintenant comme des « suiveurs », et en ne vous apprenant pas à vous détacher d'eux pour devenir des « leaders », qui vous permettrait de devenir les maîtres de votre vie.

Le « vouloir » génère le besoin, le « vouloir » asservit l'homme, et ceci, sans que vous le sachiez, cela fait partie de votre quotidien, car dans la vie de tous les jours, la société de consommation vous pousse à rester dans le « vouloir ».

Que ce soit dans les films, dans les publicités, dans les médias et même les réseaux sociaux, quand vous admirez les célébrités (qui sont déjà les leaders de leur vie), et que vous voulez ressembler à certaines personnes, ou acheter des produits qui ne vous serviront qu'un laps de temps, voir pas du tout, inconsciemment, tout vous pousse à rester « les esclaves du vouloir ».

Mais si vous comprenez où je veux en venir, et si vous arrivez à vous libérer de l'emprise du « vouloir », en prenant conscience que vous possédez déjà tout ce que vous avez voulu, en devenant les leaders de votre vie, vous deviendrez « inutiles » pour eux, dans le sens où toute cette société de consommation n'aura plus aucune emprise sur vous.

Et s'il n'y a plus de « suiveurs », il n'y a plus de « leaders », car en toutes circonstances, il existe une loi de l'équilibre où rien ne peut exister sans son contraire. La richesse a besoin de la pauvreté pour exister, tout comme le bien et le mal, la vie et la mort, la gentillesse ou la méchanceté. Et si nous supprimons un élément, l'autre n'a plus aucune raison d'être. Seule chose que nous devons savoir, c'est où nous positionner, soit en « leaders », soit en « suiveurs ».

L'univers forme un tout, il est l'unicité et la conscience collective, mais le plus important dans tout ça, c'est de savoir qui vous êtes, et où vous vous positionnez par rapport à votre environnement physique. J'aurai tout le loisir de vous l'expliquer tout ceci plus amont dans les prochains chapitres.

C'est pour ces raisons qu'il vaut mieux que tout ce qui va vous être présenté dans ce livre vous soit rentable, pour vous comme pour moi, et je vous promets seulement que toutes les réponses que vous attendez…... vous les aurez. Au-delà de ça, vous obtiendrez une mine d'or d'informations que j'ai pu récolter, et que j'aimerais partager avec vous.

La seule chose que je ne peux pas vous promettre, c'est qu'après la lecture de ce livre, votre vie changera du jour au lendemain, et c'est ce que prétendent les auteurs qui vous vendent monts et merveilles, pour la simple et bonne raison que tout ceci ne dépend pas de moi en tant qu'auteur, ou d'autres personnes, mais de vous uniquement. Je vous fournis les clés essentielles pour y parvenir.

Je ne suis que l'auteur de ce livre, mais pas l'auteur de votre vie. Je n'ai pas le pouvoir ou la prétention de tout changer ce qu'il se passe dans votre existence. Il n'y a que vous qui en êtes capables. Je vous montre comment y parvenir, mais pour le reste, ce sera à vous de jouer.

C'est uniquement ce que vous ferez de ces informations qui vous seront fournies qui feront la différence. Vous êtes les seuls responsables de ce qu'il vous arrive, et de ce que vous ferez ensuite.

Quoi que vous fassiez, quoi que vous pensiez, je ne prendrais pas de décision à votre place. Vous pouvez choisir de refermer ce livre et de retourner à vos occupations, ou autrement, vous décidez de prendre la responsabilité de changer votre destin.

Et si j'arrive à vous emmener vers cet état de conscience personnelle qui fera la différence entre qui vous êtes aujourd'hui, et qui vous serez demain, la mission de ce livre sera accomplie.

Je préfère déjà vous annoncer la couleur, il ne s'agit pas d'un livre de magie, bien qu'elle existe sous une autre forme que vous comprendrez au fil des pages. Comme cela, vous ne risquerez pas d'être déçu de l'investissement que vous venez de faire.

Vous vous dites sûrement « Qu'est-ce que ce livre peut m'apporter ? », et je vous répondrais « Des réponses…… uniquement des réponses. ». Et une fois ceci entre vos mains, vous n'aurez plus aucune raison de « vouloir » chercher d'autres informations ailleurs.

Toutefois, vous pourrez le faire afin de maintenir un certain niveau de connaissances, ou pour comparer si ce que j'évoque est vrai ou faux. Je vous laisse le libre arbitre sur le sujet. Mais vous   vous rendrez compte que cette démarche sera complètement inutile

Mon but n'est nullement de vous mentir ou de vendre de la magie et du rêve, mais de partager avec vous tout ce que j'ai découvert au sujet de ce que l'on appelle « la loi de l'attraction », terme générique et commercial déjà présent dans de nombreux ouvrages qui vous rendent indirectement esclaves du « vouloir ». Et je pense qu'après lecture de ce qui va suivre, vous changerez d'avis, et vous remettrez en question tout ce que vous avez lu jusqu'à présent.

Des livres traitant du sujet de la dite « loi de l'attraction », il en existe des milliers, et comme vous, j'ai lu nombreux d'entre eux, je dirais sans prétention, des centaines provenant d'auteurs connus ou non. Et qu'est-ce que l'on peut découvrir dans la majorité de ces ouvrages ? Énormément de déceptions.

Si vous êtes dans ce cas, alors bienvenue dans mes pages. Je vous expliquerai clairement pourquoi tout ce que vous avez lu jusqu'à présent, et tout ce que l'on a pu vous raconter au sujet de cette loi ne fonctionne pas à votre avantage.

Je vous fournirai l'élément manquant, la pièce maîtresse indispensable à la réalisation de vos désirs qui est « la confiance », et sans cela, rien de ce que je vais vous annoncer au fil de votre lecture, ou que vous lirez dans d'autres ouvrages traitant du même sujet ne tiendra la route.

Vos résultats dépendront uniquement ce sur quoi votre confiance est allouée, sur la prise de conscience du lavage de cerveau dont vous êtes inconsciemment victimes au quotidien, et sur la vérité ou les non-dits.

Votre niveau de confiance envers ces auteurs, qui vous promettaient monts et merveilles et en qui vous avez cru, a chuté considérablement, et je sais que de nombreuses personnes passeront à côté de ce livre sur ce simple fait qu'il sera considéré comme les autres, sans même l'avoir lu ou vu la quatrième de couverture. Suis-je dans le vrai quelque part ?

À rappeler, je ne suis pas magicien, je ne fais pas de miracles, et je ne vous promettrai pas la lune. Il ne s'agit pas non plus d'une interprétation personnelle, mais d'une étude sérieuse qui m'a pris énormément d'années pour comprendre les fondements de cette mystérieuse et dite « loi de l'attraction ».

Mon travail de recherches a été mené d'un point de vue pragmatique, scientifique, logique et analytique. Pas de blabla, pas de rêverie, et pas de formules magiques ne sera présents dans ce texte. Juste des réponses que vous attendez. Je ne vous promets rien d'autre.

J'ai évoqué avec vous « la confiance », mais de quoi s'agit-il en réalité ? La confiance est un terme que vous devez prendre au sens le plus large, car tout ce que j'ai étudié jusqu'à présent m'a mené directement à ceci.

Et le gros problème de la société actuelle est qu'elle fait confiance aveuglément à tout ce qu'il se passe autour d'elle, au travers des livres, mais aussi des médias. Elle est, sans le savoir, prisonnière de son environnement social, dont les murs sont bâtis autour de l'esprit humain.

En contrepartie, cette même société ne fait pas suffisamment confiance en elle-même. Son système de valeurs et ses croyances acquises par leur environnement ont corrompu leur esprit, et inconsciemment, elle est manipulée de toutes parts.

Sans le savoir, elle est endoctrinée et habituée à croire des mensonges, qui, maintes fois répétés deviennent pour leur esprit des vérités.

La confiance est la base de tout. Il s'agit non seulement de la confiance en soi, mais aussi de la confiance en la vie, en son environnement, et aux autres.

Mais au-delà de ça, c'est avoir surtout confiance en ce que nous croyons, et sans nous en rendre compte, nous le faisons déjà par vos ancrages mentaux inconscients, et tout ce à quoi nous sommes habitués depuis l'enfance nous laisse croire à une pseudo liberté, de mouvements, de paroles, mais surtout de pensées.

Je ne vous demande pas de faire confiance à tout et n'importe quoi, car, malheureusement, des vendeurs de rêves, il en existe des milliers parmi les auteurs connus ou non, les gourous et des coachs en développement personnel, et ces personnes salissent cette très belle fonction liée à l'humain.

Je le sais, car j'étais comme vous, un chercheur de vérités, mais ce que je n'avais pas compris, c'est qu'en voulant tout connaître de la loi de l'attraction, elle m'enfonçait de plus en plus dans une dépendance à ce courant de pensées. J'étais inconsciemment prisonnier de ce savoir. Mais après plusieurs années à étudier tous les sujets autour de cette loi, j'ai enfin compris ce qui clochait.

Seuls les chercheurs de vérités échouent. Ils ne vont pas au-delà de leur imagination, et ne savent pas qu'ils ont un plein potentiel et un plein contrôle de leur existence, mais tout ceci est bâti sur ce qu'ils ont acquis en connaissances et en croyances depuis longtemps.

Vous avez tout à fait le droit de ne pas me faire confiance, et je comprendrai, ne vous inquiétez pas ! Et d'ailleurs, et comme évoqué plus haut, c'est surtout prendre conscience que vous avez côtoyés les mauvaises personnes, et votre esprit est corrompu par de fausses idées. Vous êtes encore sous l'emprise d'un système de pensées, dont ceux qui l'ont mis en place exploitent vos faiblesses, et qui vous rendent inconsciemment dépendants depuis que vous êtes venus au monde.

Cela dit, la seule personne en qui vous devez avoir confiance est en vous-mêmes. J'espère aussi vous donner un regard neuf sur ce que vous croyez être la réalité, car tout ne dépend que de vous.

Comme le disait un jour un autre auteur, et vous comprendrez le vrai sens de cette affirmation :

« Toutes les lumières du monde sont en vous ! »

Ce pouvoir de changer votre destinée, vous l'avez toujours eu en votre possession, mais vous n'avez pas appris à l'utiliser, et malheureusement, personne ne vous montrera comment faire. Ce sera à vous de vous remettre en question sur tout ce que vous avez appris jusqu'à présent.

Les réponses que vous recherchez sont présentes dans cet ouvrage, et celui qui investit dans celui-ci les aura toutes. Son contenu est inestimable et représente comme je le disais de nombreuses années de recherches et de réflexions. Il a été fait avec le plus grand sérieux

Si vous êtes sur ces pages, c'est que vous êtes des déçus de la « loi de l'attraction », et je vous comprends. Jusqu'à présent, vous avez dépensé des dizaines, voir des centaines d'euros en livres de développement personnel qui ne vous ont rien apporté de plus. Faites le calcul !

Mis bout à bout, tous les ouvrages traitant de ce sujet vous ont coûté combien dans l'année ? 100 € ? 200 € ? Et combien vous ont ils rapporté en retour ? Réfléchissez bien à cela ! C'est aussi la raison pour laquelle vous lisez encore ces livres, qui finalement, vous rendent encore plus addicts et vous mettent en position de faiblesse en focalisant votre esprit inconsciemment dans ce que l'on appelle « le vouloir ».

Regardez votre situation actuelle ! Est-ce que votre vie a changé pour autant ? Si vous êtes au même point, et que votre vie n'a pas évolué d'un iota, je me doute que non.

Personne d'autre que vous n'est maître de votre destin. Je sais que certains d'entre vous vont prendre ceci au pied de la lettre. La réalité est que vous croyez décider, vous pensez « être », mais tout ceci n'est qu'une image que l'on vous a donnée, une mauvaise définition de vous-mêmes. Vous espérez que quelqu'un viendra vous sauver, mais personne d'autre ne le fera en dehors de vous.

Il n'existe ni Dieu, ni Diable, ou autres entités qui dirigeront votre vie. C'est une idée reçue de votre environnement social et culturel. Les seuls pouvoirs qui existent, vous les possédez déjà, au travers de vos croyances qui suscitent des peurs, des doutes, des joies ou des peines. C'est un des éléments qui vous bloquent, qui vous empêchent d'exprimer vraiment qui vous êtes, votre peur d'être sanctionné par un être divin ou non.

Vous vous demandez « Est-ce que c'est bien ou non ce que je fais ? ». Seulement, il n'y a réellement que vous seul(e)s qui pouvez décider de cela, et vous êtes dans le libre arbitre quand vous reprenez le contrôle de vos pensées et de votre existence. Et vous apprendrez aussi que les miracles ou les malheurs existent, mais pas de la manière dont vous le pensez.

Vous allez découvrir ce qu'aucun autre livre a publié jusqu'à présent. Une nouvelle approche de ce que l'on appelle « loi de l'attraction », et vous apprendrez que ce terme est utilisé à tort, car en réalité, nous n'attirons rien. Nous ne faisons que nous aligner à notre environnement. J'aurai l'occasion de vous l'expliquer plus en amont.

Ma volonté première en écrivant ce livre est de vous aider à chercher d'abord les réponses qui sont déjà en vous. N'hésitez pas à le relire encore et encore, faites-en un livre de chevet, car toutes les réponses directes et indirectes y sont, votre esprit va travailler pour vous, et vous vous direz « Bon sang ! Mais c'est bien sûr ! », et c'est à ce moment que vous comprendrez vraiment tout, parce que vous serez arrivés à un stade qu'aucun auteur ne peut vous expliquer, puisque cela se produira en chacun d'entre vous, dans tout votre être. Vous allez le ressentir intensément au fond de vous.

Est-ce que je dis vrai ou faux ? À vous de vous faire votre propre jugement. Mais une fois que vous aurez lu ce livre, tout vous semblera évident, tout vous paraîtra simple, et vous vous direz « Comment se fait-il que je n'y aie pas songé avant ? »

Qui je-suis ? Un réel passionné sur le sujet. Je me suis investi corps et âme à cette tâche, à vouloir chercher des réponses qui vont au-delà de tout ce que vous pouvez imaginer. Et si je peux vous donner un conseil, soyez aussi passionnés que je le suis. Et même si à ce stade cela peut faire sourire certains d'entre vous, tout est là, dans les pages de ce présent ouvrage.

Votre destin n'est pas entre les mains d'un auteur, d'un leader ou autres, mais des vôtres. Vous apprendrez à reprendre le contrôle de la situation. Faites vos propres choix et réflexions sur le sujet sans influences extérieures.

« Toutes les lumières du monde sont en vous ! ».

J'aurai tout le loisir de développer tous les sujets présentés dans cet ouvrage avec vous, mais pour l'instant, je vous souhaite, le plus simplement du monde, une très bonne lecture, et j'espère vraiment que vous comprendrez que la confiance est quelque chose de très important autour de ce livre.

Bienvenue dans ce voyage à l'intérieur de vous-même, et vous découvrirez entre autres « qui vous êtes », « ce que vous êtes », et « qui sont les autres ».

La réalité n'est pas celle que nous croyons, et tout ce que vous apprendrez dépassera de loin toutes vos convictions les plus profondes. Ne tombez pas dans le piège des apparences, et apprenez, avant tout, à vous faire confiance. Votre vie vous appartient

Partie I :
Systèmes de pensées

Chapitre 1 :
La définition de soi

"Nous devenons ce à quoi nous pensons !"
(Earl Nightingale /
" Le secret le plus étrange ")

"Qui je suis ?", c'est la question que chacun devrait se poser en cherchant à se donner une description détaillée, afin de faire un parallèle avec tous les événements de notre existence.

Tout ce que l'on a vécu, tout ce que l'on a ressenti, et tout ce à quoi nous avons cru jusqu'à présent, forment en nous une perception de la réalité qui nous est propre. Ce que l'on appelle aussi en psychologie "notre carte du monde" issu du mental, ou encore, notre « conscience d'être ».

Dans tous les enseignements spirituels que j'ai pu étudier jusqu'à présent, il y a une chose très importante à prendre en ligne de compte.

"Savoir qui nous sommes vraiment"

Peu importe les croyances, les émotions que l'on ressent, ce que nous apprenons des autres, ou notre perception de la réalité, car avant tout, chaque être se construit de l'intérieur.

Malgré tout ce que l'on peut lire ou apprendre dans les livres ou les textes anciens, il n'existe aucune autre magie ou formule miracle permettant de changer notre existence, mais juste une compréhension de qui nous sommes vraiment et intérieurement. Il suffit juste de se poser la question "qui je suis ?".

Et c'est ici que nous apprenons que la seule véritable magie est en nous à chaque instant. Nous sommes au centre de notre propre univers.

Le plus important à retenir est de se connaître soi-même, et que tout ce qu'il nous arrive n'est qu'une réponse naturelle de notre inconscient.

Chaque expérience de la vie façonne en nous un personnage issu de notre mental. On peut se sentir faible, fort, riche ou pauvre, et c'est ceci qui fait notre identité, une succession d'expériences passées qui forment un champ de valeurs qui constitue notre identité, notre avatar. On devient uniquement ce que nous sommes conscients d'être dans l'instant présent.

Chercher à devenir en se créant une meilleure version de soi-même, c'est fuir inconsciemment qui nous sommes. Fuir, c'est reconnaître son ennemi et lui accorder une existence dans son esprit. Se plaindre d'une situation, c'est continuer à lui donner vie, au même titre que se réjouir d'une autre.

Il est inutile de poursuivre ou d'espérer, mais il faut avant tout découvrir qui nous sommes vraiment. Nos peurs, nos doutes, nos joies, nos peines, nos croyances ou nos enseignements font la personne que nous sommes actuellement.

La plus grande erreur est de chercher à devenir, croire que l'on peut faire fonctionner ce qui ne fonctionne pas, croire que l'on peut changer d'environnement social, croire en un "plus tard " qui ne viendra jamais.

Je pourrais écrire d'autres livres sur le développement personnel, autant que vous voulez, mais si vous ne comprenez pas avant tout qui vous êtes, si vous n'allez pas à la découverte de vous-mêmes, rien ne fonctionnera. Votre valeur interne est plus importante que tout le reste. Notre conscience d'être prendra toujours le dessus sur qui nous voulons devenir.

Aimez-vous ! Apprenez à vous apprécier, apprenez surtout "qui vous êtes !", ne devenez pas, mais soyez déjà, car personne d'autre ne le fera à votre place. On viendra vers vous ou non, uniquement parce que "vous êtes".

On ne peut pas tricher avec qui nous sommes au fond de nous-mêmes. On ne peut pas faire croire aux autres que nous sommes des personnages de valeur, si au fond de nous-mêmes nous n'y croyons pas. Et l'une des étapes les plus importantes est d'avoir la faculté de pouvoir se détacher de l'image actuelle que nous avons de nous-mêmes pour se recréer à nouveau de l'intérieur. Ne pas chercher à devenir, mais à être déjà qui vous rêvez d'être.

Ce que vous devez faire, c'est créer un personnage en vous auquel vous devez croire "personnellement", sans chercher à convaincre les autres, et fixer ce personnage en vous par une suite d'habitudes qui vont se greffer dans votre inconscient. Votre champ de valeurs influence votre champ aurique qui émet une fréquence à votre environnement via les liens éthériques.

Vous devez apprendre à vous écouter et à vous voir dans votre esprit comme un personnage de valeur, à vous apprécier. Car dans le fond, la seule personne que l'on n'écoute jamais, ou à qui nous ne faisons jamais confiance, c'est soi-même.

Et surtout, arrêtez d'écouter ou de croire tout ce qu'il se passe autour de vous, restez concentrés dans le présent, car le futur n'existe pas encore et ne dépend que de vos choix en cet instant.

Avoir foi en qui nous sommes, sans regarder dans le rétroviseur de la vie, et quand je dis avoir la foi, c'est chasser nos peurs et nos doutes de notre esprit, c'est avoir l'intime conviction que nous sommes déjà le personnage que nous avons choisi d'être.

Pourquoi je vous dis tout cela ? Peu importe que vous y croyez ou non, mais chaque être dispose de sa propre fréquence (ou signature) énergétique "aurique", et les valeurs internes créent cette énergie qui s'aligne à notre environnement. Et tout ce qu'il peut se passer dans votre existence prend naissance à un seul endroit qui se situe au fond de vous-mêmes.

« On attire à soi qui nous sommes déjà dans l'instant présent et non ce que l'on veut devenir ! ». Et tout ce que l'on nous a raconté au sujet d'un univers, d'un Dieu, ou toute autre influence externe qui contrôle notre vie n'existe pas. Ce sont uniquement des croyances qui dominent notre esprit, et qui nous contrôlent. En clair, c'est notre perception de la réalité qui crée notre réalité et rien d'autre.

Assumez être et vous serez ! Vos croyances en une influence externe parasite votre esprit, ce ne sont que des catalyseurs psychiques qui n'ont qu'une seule et même origine, vous-mêmes. On ne peut pas tricher avec l'univers ou une autre représentation externe à notre être, car ils ont pour origine « qui nous sommes ».

Nous ne sommes que des êtres de fréquences, et ce que vous êtes intérieurement se reflète extérieurement. Seul notre perception de nous-mêmes et de notre environnement créent notre réalité. Nous vivons inconsciemment avec la fréquence du passé qui vous a construit de l'intérieur.

Nous avons tous cette capacité de réécrire sa propre histoire grâce à notre imaginaire, et d'occulter son passé, car ce que l'on fuit nous poursuivra toujours. Ayez foi en ce que vous croyez être et avoir dans l'instant présent, et apprenez que tout ce que vous possédez extérieurement existe aussi intérieurement et inversement.

Et ce sont vos doutes qui vous empêchent d'obtenir ce que vous désirez dans la vie. Et même maintenant,   c'est le cas. Car vous n'y croyez pas suffisamment, vous attendez et espérez, parce que votre foi n'est pas suffisamment forte pour dépasser votre perception de la réalité actuelle.

Ce que vous désirez est déjà là, et il faut vous y tenir avec une confiance absolue. Avoir confiance en vous-mêmes sans attendre ou espérer, car rien ne viendra vers vous, mais vous ferez venir à vous. Saisissez bien cette nuance !

"La magie est en vous ! Toutes les lumières du monde sont en vous ! Croyez en vous ! ". Votre destin est uniquement entre vos mains.

Vous êtes votre seul sauveur ! Personne ne manipule votre esprit, il n'y a que vous ! Le seul maître à bord, c'est vous ! Ni Dieux, ni maîtres, ni univers que vous-mêmes. Alors, pour modifier les circonstances externes, changez votre perception interne de la réalité.

À présent, développons tout ce qui vient d'être évoqué de manière pratique.

Qu'est-ce que la définition de soi ? C'est l'image que nous nous donnons inconsciemment, et l'image que nous donnons au monde qui nous entoure. C'est notre carte d'identité mentale et le personnage que nous nous créons. C'est notre avatar qui influence notre réalité.

Le problème de tout ceci est que l'esprit reste bloqué dans ce qu'Earl Nightingale appelle "la conformité". C'est croire en des vérités qui pourrissent l'existence. Celles qui nous divertissent et nous détournent de notre chemin, qui vous font croire en des entités supérieures, alors qu'il n'y a que vous seul(e)s dans l'instant présent.

Vous vous obstinez à regarder un futur qui n'existera pas, et qui vous laisse espérer que quelque chose viendra à vous comme par magie. Là encore, vous regardez dans la mauvaise direction. Personne ne viendra vous sauver de qui vous êtes, de ce que vous pensez de vous-mêmes ou de la réalité. Il vous faut sortir de ces croyances populaires en des influences externes. Celui qui fournit l'énergie à la matrice, c'est vous. Le seul décideur où maître de votre existence, c'est vous. Votre esprit est votre temple ou tout se construit.

Mais que vous y croyez ou non en cet instant, le vrai pouvoir vient toujours de l'intérieur votre être, et non de votre environnement externe, dans lequel vous ne devez rien attendre ou espérer. Une chose est certaine, ce que nous vivons sera toujours à l'image de ce que nous croyons comme vrai ou faux, ici et maintenant.

Notre existence n'est pas régie par des règles, ou du moins, on vous le laisse croire. Il n'y a pas des règles de vie spécifique, mais juste la compréhension de qui nous sommes vraiment. Vous avez une vie trop formatée par le diktat sociétal, comme robotisés à répéter inlassablement les mêmes leçons, à croire qu'il y a de l'espoir, un futur, ou même des maîtres au-dessus de vous. Mais tout ceci n'est qu'un pouvoir que vous attribuez inconsciemment à des individus de chair et de sang, comme vous et moi.

En clair, et même si cela ne plaira à personne ce que je vais annoncer, vous vous laissez dominer inconsciemment et depuis longtemps. Ma question est « à quel moment vous reprenez le contrôle de votre destin ? ». Ce que je vous demande, ce n'est pas de vous jeter tête baissée et aveuglément sur des projets de vie, mais d'apprendre à vous comprendre, et de faire une véritable introspection, de réfléchir à ce qu'il vous arrive, et de vous dire « Pourquoi il m'arrive cette situation en ce moment même ? »

Toutes les réponses que vous recherchez depuis si longtemps ne proviennent pas des livres que vous lisez, et qui vous rendent encore plus otages d'un courant de pensée qui n'est absolument pas le vôtre, encore moins des médias, de votre famille, de vos amis, mais en vous, dans l'instant présent.

Dans cet ouvrage, vous allez découvrir de nouvelles facettes de votre esprit, et de quoi il est capable. Entre autres, vous apprendrez à :

- Arrêter de trop écouter les autres et apprendre à nous écouter. Arrêter de tenir pour acquis ce que l'on vous raconte. La seule personne en qui nous devons croire avant tout est en nous-mêmes. Qui nous sommes détermine aussi qui sont les autres pour nous. Le monde extérieur n'est qu'une projection de ce que nous sommes réellement et inconsciemment, c'est-à-dire, les seul(e)s maîtres de notre destin.

- Apprendre à s'aimer, s'apprécier, se découvrir, et définir qui nous croyons être (et non qui nous voulons être) maintenant. L'image que nous nous donnons détermine ce que nous vivons et qui nous sommes. Le bonheur naît en soi, à travers soi, et non ne dehors de soi.

- Différencier "avoir" de "vouloir", car ce sont deux fréquences différentes. Évoluer dans un esprit de satisfaction plutôt que de désirer. Aussi étrange que cela puisse paraître, le désir nous éloigne de notre objectif, mais le contentement nous en rapproche, comme les deux pôles d'un aimant. Le + attire toujours le +. Il faut juste apprendre à se polariser à la bonne fréquence, autrement dit, à nous aligner.

- S'entraîner à ressentir que toute chose est déjà "notres". Et pour cela, il ne faut pas lutter sur "l'image", car la pensée et le ressenti sont les fondations, et l'image est ce que l'on construit dessus. C'est dans un esprit serein que nous obtenons des pensées sereines.

- Rester fidèles à nos valeurs. Il faut s'habituer à "être" et non à "devenir". Ni espérer, ni attendre, mais tout simplement "croire", "avoir" et "être" dans l'instant présent.

Les seules limites qui existent sont uniquement celles que vous vous imposez, ou que l'on vous a suggéré dans votre esprit. Paradoxalement, vous pouvez choisir d'être libres. Vous êtes à la fois le geôlier et le libérateur des murs de vos pensées bâtis sur des croyances ou des idées reçues.

La réalité est que vous attirez toutes les poisses et tous les problèmes uniquement parce que vous y prêtez attention, en vous plaignant, et de ce fait, en leur attribuant une existence. Tout le travail de changement interne ne doit pas servir à remplacer une situation pénible existante. Votre but n'est pas de la maintenir bien vivante dans votre esprit, mais de l'ignorer totalement, au profit de pensées plus saines, les entretenir, et faire en sorte qu'elles dominent votre esprit et votre existence.

Vous donnez vie à vos peurs rien qu'en y pensant, et de ce fait, vous leur concédez une existence, un droit de vivre dans votre esprit, en leur donnant un nom et une fonction. Regardez la lumière et non les ténèbres ! Ne tentez pas de devenir pour inconsciemment fuir une situation, mais "SOYEZ !" . Et s'il n'y avait qu'un seul secret, ce serait celui-ci.

Si je devais énumérer ce que vous devez savoir, cela se résumerait en peu de choses, dont la première est de rester fidèles à vos valeurs, et trouver votre "richesse" intérieure. Je m'explique !

Au-delà de "croire", vous devez "être", c'est-à-dire, incarner et savoir qui vous voulez être "maintenant". Quelle vraie valeur vous vous donnez ? Arrêtez d'écouter les autres ! Il n'y a que vous en cet instant !

Quelle est votre définition de vous-mêmes, et quelle valeur vous vous accordez ? En quoi croyez-vous vraiment ? À ce qu'il se passe en dehors de vous, ou à ce qu'il se passe en vous ?

Apprenez à vous aimer, car on ne gagne pas l'amour des autres si on ne s'aime pas en premier. La manière dont vous vous définissez détermine le monde dans lequel vous vivez, et il est essentiel de se donner une nouvelle définition de soi. Aussi, elle influe sur votre signature énergétique, ce que l'on appelle aussi « le champ aurique » (votre aura), qui polarise votre environnement. À partir de là, les possibilités sont infinies seulement si vous croyez et choisissez qu'elles sont dans votre for intérieur.

Sauf que nous ne portons pas suffisamment attention à cette nouvelle définition de soi, et ce ne sont pas les autres qui déterminent qui vous devez être, alors arrêtez de les croire ! Nous sommes tous des êtres uniques, avec des vies différentes, issues de différentes cultures et croyances. Cette capacité à changer votre destin, vous l'avez toujours eu, et vous l'utilisez encore et inconsciemment. Mais votre vie est bâtie sur un programme erroné, tout ceci parce que vous avez trop écouté les autres, au lieu de VOUS écouter.

La vérité sur la « loi de l'attraction » est que nous n'attirons rien avec des désirs, des rêves ou de l'espoir. Nous ne faisons que nous aligner à une fréquence existante et familière. Mais qui dirige votre vie ? Est-ce vous, ou est-ce votre environnement ?

Seulement voilà, vous utilisez le pouvoir qui est en vous de la mauvaise manière, car en toutes circonstances, et sans vous en rendre compte, votre esprit reste aligné sur votre environnement, et tant que vous ne comprendrez pas la différence entre « être », « devenir », « avoir », et « vouloir », rien ne se passera comme vous le souhaitez. Et aussi, pour être maître de son destin, c'est votre environnement qui doit s'aligner à vous, et non l'inverse, comme vous l'avez toujours fait inconsciemment.

Dans votre état actuel, vous avez conscience que « vous n'avez pas », alors, vous faites comme si vous l'aviez déjà, mais aussi, vous espérez que cela fonctionne, et demeurez dans l'attente. Il ne suffit pas de fermer les yeux, de penser à ce que vous voulez, et ensuite, ouvrir les yeux en espérant que l'objet de votre désir sera apparu comme par magie.

Il vous faut prendre conscience que l'univers forme un tout, et rien n'est dissociable. Que ce soit à l'intérieur de votre être, comme à l'extérieur (votre environnement physique), tout est semblable, et tout répond inconsciemment à la moindre variation de vos pensées et émotions. Tout est relié et ne forme qu'un seul « tout ». Vous ne pouvez pas « avoir » et « vouloir » en même temps, tout comme vous ne pouvez pas « être » et « devenir » en cet instant.

Ce qu'il se passe aussi, c'est que vous croyez en une puissance extérieure. C'est dans votre inconscient qui vous murmure que « c'est impossible pour moi ! ». Tout ceci parce que l'on vous a contraint à suivre des règles, à demander « l'autorisation » d'être vous-mêmes. Et vous semblez demander l'avis à un Dieu, un Diable, ou une autre entité au-dessus de vous, mais ces derniers n'existent que lorsque vous le décidez.

Les religions vous rendent juste conformes à un modèle, à un diktat sociétal. Les seul(e)s créateurs de tout ce qu'il vous arrive dans votre vie ne sont que « vous-mêmes ». Arrêtez de donner vie à vos peurs, arrêtez de croire qu'il y a toujours quelqu'un au-dessus de vous auquel vous devez demander « l'autorisation » d'être vous-mêmes, arrêtez de croire que vous irez au paradis ou en enfer.

Il n'existe rien au-delà des limites de vos pensées. Et ces entités existeront uniquement parce que vous leur donnez vie rien qu'en y pensant ou en les nommant. Comprenez que vous êtes les seul(e)s maîtres à bord de votre existence.

S'agissant des miracles que nous croyons provenir de Dieu, ou des malheurs provenant du Diable, vous en apprendrez un peu plus sur ces catalyseurs psychiques qui influent et stimulent la chimie de notre cerveau. Mais ceci, vous le découvrirez dans un prochain chapitre intitulé « le conditionnement social ».

Nous n'attirons que ce qui nous est "semblable" dans notre état de conscience actuelle, mais de quelle manière on y arrive ?

En prêtant attention à son langage (le verbe), en prêtant attention à son ressenti (la foi), et en visualisant (l'image), vous redéfinissez votre conception de vous-mêmes. Trouvez le libérateur qui est en vous ! Exprimez enfin votre être ! Et arrêtez d'être les esclaves des croyances que l'on vous a enseignées. Vous pouvez choisir d'être heureux avec une nouvelle image de vous.

Vous possédez déjà tout ce que vous voulez, mais ce qui empêche la manifestation de vos désirs dans la réalité est que vous vous focalisez sur le futur, sur l'attente ou l'espoir qui ne font que confirmer votre état d'être actuel. Seul ce que vous étiez, ou ce que vous êtes maintenant peuvent déterminer qui vous serez plus tard.

Comme le dirait l'auteur Ektar Toll, l'instant présent est important, car il possède un immense pouvoir sur notre vie. Nous pouvons nous voir, dans notre esprit, tel que nous désirions que nous soyons, sans se soucier si cela va se manifester ou pas.

C'est votre assiduité à vous redéfinir dans votre imagination (construire un état d'être à partir d'une image et un ressenti dans l'instant présent) qui est la semence. Ce qu'il se passe en dehors de vous n'est que la récolte. Et les racines sont plus importantes que les fleures qu'elles donnent. Alors, entretenez vos racines !

Détachez-vous de vos croyances actuelles et de votre perception de la réalité qui vous empoisonne l'existence. Le vrai secret est en soi et en votre capacité à vous recréer à partir de votre temple, votre royaume intérieur. Tout ce dont vous avez besoin se trouve uniquement en vous. Alors, faites taire les influences externes et redéfinissez-vous. Tout se construit de l'intérieur.

Faites l'expérience et vous verrez ! Le plus important est de croire en soi et non en ce que vous pouvez percevoir actuellement et au travers de vos cinq sens. Isolez-vous de toutes influences extérieures et méditez sur vous-mêmes. Créez une réalité interne à votre être et laissez venir à vous sans attendre ni espérer. Tout doit exister dans votre esprit et dans l'instant présent.

"Soyez !" Et restez fidèles à cette valeur qui constitue l'essence de l'être. Rompez avec ce qui vous rend malheureux, car le malheur est dans le désir d'être et d'avoir. Ainsi, l'homme qui se satisfait de ce qu'il a, peut connaître le vrai bonheur. Il change sa fréquence vibratoire, son essence, son aura, et pour ceux qui comprennent ceci, tout viendra à eux, et la plupart du temps, sans qu'ils ne l'aient demandé.

Le bonheur, c'est d'accepter qui nous sommes et ce que nous avons. Dans le réel ou dans notre imaginaire, nous créons notre propre fréquence. C'est la raison qui fait que nous sommes riches et heureux, c'est la conscience d'être vivants, tout simplement. N'y a-t-il pas plus fabuleux trésor ?

Faut-il supposer que l'être est inconsciemment addict à l'environnement dans lequel il évolue ? Est-il possible pour lui de se détacher de son emprise, et de reprendre le contrôle de son destin, en comprenant qu'il est le seul à influencer tout ce qu'il se passe autour de lui ?

Selon Earl Nightingale, l'homme croit que tout ce qu'il perçoit est la réalité, et que tout ce qui l'entoure le contrôle, alors que ce sont ses pensées inconscientes et biaisées qui le font.

Notre carte du monde est un programme inconscient qui peut être modifié si on change consciemment son conditionnement. C'est-à-dire, changer sa perception sensorielle et émotionnelle en modifiant ses propres croyances. Par une suite d'habitudes conscientes, même si l'esprit sait qu'une chose est un mensonge, mainte fois répétée, elle finit par devenir une vérité.

Mais l'homme est bloqué par ses propres croyances, et ne considère pas comme vrai toute autre possibilités que celles dont il a été conditionné. Il reste prisonnier dans ses propres convictions, dans ses propres valeurs, dans la perception qu'il a de lui-même et de la réalité, si bien qu'il croit être libre à cause de son conditionnement social, et cela, depuis l'enfance.

Les murs de sa prison mentale sont invisibles et bâtis sur des croyances uniquement. La vraie liberté, c'est avant tout d'être soi-même, sans dépendre d'un système de pensées, ou de quoi que ce soit d'autre, issu de la conscience collective ou d'un leader.

L'homme ne s'est pas fait tout seul, il n'a rien appris tout seul, il n'a pas appris à lire, à écrire ou à compter tout seul. Et tout ce qu'il connaît de son univers, il le doit seulement à son environnement social, par ses parents, ses relations amicales, les écoles, les églises, et autres institutions.

Sans tout cela, il est juste capable de percevoir le monde à l'aide de ses cinq sens, mais ne serait pas capable de donner une définition à tous les événements qui se passent autour de lui. Tout ceci pour dire que l'être est inconsciemment corrompu par son environnement qui l'empêche d'être simplement lui-même, et de donner sa propre définition de la réalité.

Il croit que pour être libre, il faut qu'il fasse confiance à son environnement, à regarder les médias, les réseaux sociaux, les hommes politiques, à écouter son entourage et faire comme eux. Et il reste inconsciemment dépendant d'un milieu social, de la masse populaire. Il n'est qu'un suiveur parmi tant d'autres qui n'aura pas appris à se satisfaire de lui-même et de ce qu'il possède.

C'est seulement quand on apprend à être heureux avec ce que l'on a, que l'on obtient davantage de la vie. La pensée positive, c'est ça ! Ne rien attendre, ne rien espérer, mais juste « être » et « avoir ». C'est se contenter de peu pour être heureux.

Le désir, l'envie et l'espoir nous poussent vers la frustration, la jalousie, la tristesse et la colère. Et la vie nous apporte exactement ce que l'on ressent. Elle ne fait qu'entretenir qui nous sommes vraiment, dans le bonheur comme dans le malheur.

Mais l'homme est devenu dépendant des médias ou des réseaux sociaux qui le mettent en position de « vouloir », et qui leur font croire que pour être heureux, il faut posséder ce que possède l'autre, ou vous incitent à croire que vous pouvez être comme quelqu'un d'autre, en vous faisant oublier qui vous êtes vraiment.

Il croit inconsciemment percevoir son univers tel qu'il est, et qu'il ne peut rien changer. Mais la réalité est la suivante :

Si son esprit est convaincu de pouvoir faire une chose, il fera cette chose, par le biais de la perception sensorielle et émotionnelle mainte fois répétée consciemment. Il faut pour cela qu'il exclut tout ce qu'il a appris en termes de croyances et de valeurs, et qu'il comprenne qu'il n'y a que lui qui puisse donner sa propre définition de lui-même ou de la réalité. Qu'il renforce son for intérieur.

C'est alors que l'homme croit qu'une action est possible, qu'il agit en conséquences. Sa confiance en lui et sa propre perception de la réalité dominent toutes autres croyances. Et ce qui émane de lui est une énergie en rapport avec ses pensées et émotions, dès qu'il comprend qu'il est au centre de tout, qu'il est « la source ». Il fait abstraction de son environnement externe, et se focalise sur son être intérieur qui influe sur son champ aurique. Ce dernier influence son environnement physique externe, et c'est à partir de là qu'il contrôle son destin.

Je peux vous assurer d'une chose, c'est que personne ne fera de vous des millionnaires, des stars ou autres, du moins, je n'ai pas cette prétention, et je ne suis pas un magicien (peut-être que d'autre l'ont, mais ce n'est pas mon cas). Mais ce qui est certain, c'est qu'il vous faut trouver la personne qui fera de vous ce que vous désirez, et elle se trouve en vous uniquement, dans vos systèmes de pensées, de valeurs et d'émotions.

Sans le savoir, vous êtes déjà la personne que vous recherchez. Apprenez à vous aimer, à vous apprécier, à rehausser l'estime de vous-mêmes, et à ne plus dépendre du « vouloir », car la vie n'offre des cadeaux qu'à ceux qui ont déjà, et qui sont heureux avec ce qu'ils possèdent. C'est un principe d'équivalence où les semblables s'attirent, et étrangement, la vie vous offre ce que vous avez déjà.

Avec certitude, nous ne pouvons pas changer son environnement si on ne se change pas intérieurement d'abord. Si nous ne croyons pas en nous-mêmes, c'est peine perdue. La confiance est l'une des clés les plus importantes, et si je vous disais que vous avez déjà tout en vous pour réussir ? Est-ce que vous me croiriez ? Si vous avez au fond de vous la certitude que vous échouerez dans toute entreprise, vous échouerez dans la réalité, par le même principe d'équivalence cité plus haut.

À cause de quoi ? À cause de votre perception de la réalité liée à des croyances et des valeurs infondées, nées de la conscience collective (votre société actuelle et environnante), qui sont les fondations de votre existence. C'est ce qui domine votre esprit qui construit votre personnage, votre avatar, et bâtit votre destinée.

Le monde extérieur vous a donné une définition de qui vous êtes, mais d'après vous, qu'elle est votre vraie définition ? Quelle est votre propre valeur sans vous fier à votre environnement ? Quel personnage voulez-vous jouer dans cette réalité ? Et pour ceux qui ont compris où je voulais en venir, qu'elle est votre vrai nom et comment vous définissez vous ?

En modifiant l'alchimie de son esprit dont il est addict, et en le remplaçant par une autre forme d'addiction, l'homme modifie progressivement sa fréquence aurique. Il modifie la polarité de son environnement (tels des aimants) pour qu'il soit en phase avec sa perception de la réalité. Tout ce qui constitue notre être, en pensées, et émotions sont le transmetteur, et notre environnement physique externe est le récepteur, jamais l'inverse.

Le monde extérieur sera toujours à notre image, il sera toujours aligné à ce que nous sommes ou qui nous sommes, que nous le voulions ou non, dans notre manière de le percevoir, de le ressentir, et dans notre manière de nous identifier à lui, de nous aimer ou de se plaindre. Tant que nous ne comprenons pas ceci, nous restons des chercheurs de vérité et des suiveurs. Il n'y a rien de plus à trouver, seulement ce que nous considérons comme vrai, consciemment ou inconsciemment.

La vie n'est jamais le chemin, mais la destination. Il suffit de trouver en soi, et non de chercher ailleurs ce que nous sommes déjà, ou ce que nous avons déjà. Nous n'allons nulle part, car nous sommes arrivés là où nous devrions être depuis fort longtemps.

En réalité, quand nous parlons de « loi de l'attraction », et c'est un curieux paradoxe, nous n'attirons rien. Si nous devions la renommer, nous parlerions de « loi d'harmonistation », de « correspondance », « d'alignement » ou de « cohérence », car l'homme n'est que le miroir de l'univers qu'il s'est créé. Il ne se rend même pas compte de baigner dans cet environnement, et inconsciemment, c'est lui qui a créé son propre monde.

Sans que vous le sachiez vraiment, vous fonctionnez en roue libre. Certains pourraient dire « en pilotage automatique ». La vérité est que vous n'êtes ni plus ni moins qu'un programme de votre environnement, et chacun dispose de sa perception de la réalité, de sa vision du monde qui l'entoure et de croyances associées.

Vous avez été formatés à ne pas aller au-delà des limites que l'on vous a fixées, par les écoles, les églises, les autres institutions, mais aussi par vos parents, amis et autres entourages. Cela veut dire que l'homme ne peut penser réellement par lui-même, il croit être libre, mais la liberté n'est-elle pas dans l'aptitude à avoir ses propres choix ?

Tant que vous resterez prisonniers de vos croyances et de votre programmation mentale, et tant que vous n'admettrez pas qu'il y a un autre chemin que celui que l'on vous a imposé, rien ne sera possible. Le seul maître à bord dans la vie, c'est vous seuls. Le donneur d'ordre, c'est vous seuls. Vous pourrez lire autant de livres en développement personnel que vous voudrez, cela ne changera rien.

Voilà ce que signifie faire partie d'un tout, car votre esprit est toujours en alignement avec votre environnement, quoi que vous fassiez, quoi que vous décidiez, tant que vous ferez le constat de votre réalité externe, vous continuerez à lui donner une existence.

Le bonheur comme le malheur, la chance ou la malchance, la richesse ou la pauvreté, tout ceci n'existe pas ailleurs que dans votre perception de la réalité et de vos croyances.

Dans tout ce qui a été évoqué, il y a quatre choses à retenir :

La première chose à savoir est qu'il ne faut jamais se comparer aux autres, ou de chercher à ressembler à quelqu'un d'autre, car nous sommes uniques, et nous avons tous ce pouvoir en nous de redéfinir sa propre valeur et ses propres croyances. Il suffit d'accepter comme la réalité la conception que vous avez de vous-mêmes, et se détacher de toutes formes de croyances externes à votre esprit.

La deuxième chose est d'apprendre à s'accepter tels que nous sommes, avec ses qualités et ses défauts. De faire jaillir la lumière plutôt que les ténèbres, et de se définir comme des êtres de valeur, car personne ne le fera à notre place. Personne ne vous mettra sur un piédestal sans que vous ne l'ayez fait auparavant, en vous-mêmes !

Troisième chose, cesser de donner vie à ses peurs, à ses complaintes, parce que tant que nous les entretenons, ils auront un pouvoir sur nous. Leur existence ne dépend que de nous. Il vaut mieux se tourner sur ce qui nous rend heureux à notre niveau, car plus nous serons heureux avec ce que nous avons, et plus la vie nous donnera des raisons de l'être davantage.

Quatrième chose, cesser de chercher son professeur ou son maître, car ils demeurent inutiles si la leçon la plus importante n'est pas apprise, celle qui nous rend indépendants d'eux, et qui nous permet d'être notre propre maître ou notre professeur. Et c'est ainsi que nous prenons la responsabilité d'assumer qui nous sommes.

Quand nous comprenons ceci, dans l'instant présent, et quand notre regard sur le monde change, tout change. C'est ainsi que nous découvrons que nous sommes "L'aurique", et que le monde, dans notre manière de penser ou d'agir, n'est que le reflet de qui nous sommes, et de ce que nous sommes. Rien n'existe à l'extérieur sans notre contribution de l'intérieur.

La vision de soi donne la vision du monde, et non l'inverse. Et il suffit de croire en soi, et en notre perception de la réalité pour la changer. Mais tout vient de nous-mêmes, tout prend naissance et racines et notre être quand nous prenons conscience de qui est "L'aurique". Il n'est que nous-mêmes.

Qui nous sommes ? En définitive, nous sommes des êtres d'énergie aurique évoluant inconsciemment dans un univers quantique. La réalité n'existe que si vous la suggérez dans l'instant présent. Le monde dans lequel vous évoluez sera le même pour tous, ce qui change, c'est notre rôle dans ce même monde.

Sommes-nous capables de nous définir en tant qu'êtres humains, et connaissons-nous notre vraie nature ? Nous sommes avant tout des êtres conditionnés par l'environnement qui nous entoure, en nous donnant un nom, un prénom, des qualités, des défauts, des croyances sur nous-mêmes ou les autres.

Posez-vous cette question en vous-même : "qui je suis ?". Non pas comme on vous l'a appris, mais « selon vous ». Si vous aviez la possibilité de vous donner une identité, laquelle serait-elle ? Vous seriez détachés de votre environnement ou de vos croyances.

Comprenez qui vous êtes en vous-mêmes, et selon vous (c'est-à-dire, sans influence externe !) , et vous verrez que son bonheur et sa propre valeur n'est qu'un choix. Le choix de croire en vous, ou de croire votre entourage.

Je ne parle pas d'identité relationnelle ou administrative, mais d'identité interne. Car votre environnement n'est qu'une imposture, et sans les croyances que vous avez apprises tout au long de votre vie, vous seriez comme amnésiques et non corrompus de toutes formes d'apprentissages, mais vous auriez trouvé votre propre voie.

Votre environnement vous a appris à parler, à lire, à écrire, à compter, à croire en une religion, mais tout ceci….. ce n'est pas vous qui l'avez créé, ce n'est pas vous qui vous donnez des qualités ou des défauts. Tout ce que vous avez fait, c'est de répondre à tout ce que l'on vous a enseigné.

Et il y a encore une chose à vous révéler, ne vous fiez jamais aux apparences, et ne croyez pas tout ce que l'on vous raconte ! N'écoutez pas tous ces prétendus coachs qui pullulent sur le web avec leurs formules miracles. Ils ne sont là que pour vous vendre des produits, à grands coups de séminaires, livres ou applications. Est-ce que d'après vous, vous serez riches en faisant cela ? En leur donnant votre argent ? Réfléchissez un instant ! Est-ce que vous avez le sentiment d'avoir le contrôle de votre vie ? Avez-vous le pouvoir et est-ce qu'ils vous le laissent ?

À côté de ça, la somme que vous avez investi dans cet ouvrage peut paraître dérisoire. Mais il a le mérite de vous donner les réponses que vous attendez, de ne plus être de simples « followers », mais des « leader ». De ne pas vous maintenir en otages avec de fausses promesses, car il vous donne une mine d'informations que très peu vous donneront, et depuis le début du livre, je ne vous fais pas de fausses promesses et je ne vous vend pas de la magie, car elle est déjà en vous, et c'est cela que je veux que vous compreniez.

Tout ce que vous désirez est déjà en vous, il suffit que vous appreniez comment l'exprimer, et très peu de personnes dans ce monde, malheureusement, vous aideront à y parvenir.

Ce pouvoir n'est ni dans le mot, ni dans le verbe, encore moins en une personne ou une entité extérieure, mais en vous seuls.

Qui choisissons-nous d'être ? Qui croyons-nous ? À qui faisons-nous le plus confiance ? (et toujours "selon vous").

Si vous cherchez toutes les réponses dans les livres, alors, vous n'avez pas fini de vous poser des questions. Il faut du temps pour comprendre ce principe, et davantage pour l'appliquer, et encore plus pour le maîtriser.

Qui nous sommes, dépend de ce que nous pensons de nous-mêmes. Ce que nous avons, et ce que nous voulons dépend de ce que nous croyons au plus profond de nous-mêmes, car tout vient de l'intérieur de notre être.

Vous avez, en tout temps, été la personne que vous avez voulue être, parce que vous avez toujours eu foi en ce que vous êtes, et cela, inconsciemment et depuis longtemps. Dans votre bonheur comme dans votre malheur.

Vous ne devenez jamais car « vous êtes », toujours dans l'instant présent. Ce qu'il y a en vous et ce qu'il se passe en vous sont plus important que tout ce que vous traversez dans votre existence. Se redéfinir, c'est d'abord avoir confiance en soi.

Redéfinir son "être", c'est avoir conscience de son existence et l'accepter. C'est à la fois le personnage que vous vous créez (votre nouvel avatar) et dans lequel vous transcendez.

Nourrissez-le et laissez-le grandir en vous ou laissez-le mourir en vous ! Telle est la loi, car ne peut subsister que ce à quoi nous croyons avec force et conviction.

La seule et vraie nature de l'être est en ce qu'il conçoit comme réel, en pensées et en émotions dans son univers (son esprit). Tout le reste ne sont que des mots ou des verbes qui n'ont aucun pouvoir autre que celui que nous leur accordons. Il a juste conscience qu'il est, sans détourner son attention. Et en ce sens, nous sommes toujours, en dehors, ce que l'on est en dedans.

Est-ce qu'un individu prend conscience que quelque chose ne va pas dans sa vie et qu'il est destiné à quelque chose de mieux ? Comment analyser cette situation ?

Nombreux sont ceux qui aspirent à une meilleure situation, une meilleure vie, mais ne savent pas comment s'y prendre, et l'entourage (s'il en dispose) peut ne pas savoir comment aider ces personnes, prisonniers de leurs propres pensées et qui ne savent pas comment se résoudre elles-mêmes.

D'autres estiment qu'ils n'ont pas besoin de changer quoi que ce soit dans leur vie et que ce sont les autres qui doivent changer, des esprits fatalistes qui hurlent sur les gouvernements et les gens ou les situations. Mais le monde ne changera pas pour eux pour autant. Prisonniers de leur image inculquée dès le départ (paradigme) par leurs parents, amis et autres entourages (école, travail, etc...)

Ces individus sont soit mal entourés, soit peu entourés et ne disposent de ce fait d'aucune main tendue pour les aider.

Encore plus compliqué si ceux-ci sont timides ou souffrent d'un complexe d'infériorité, si bien qu'ils n'auront aucun leadership s'ils n'inversent pas la tendance, mais comment faire ?

Ce complexe d'infériorité peut être compensé par le narcissisme qu'ils développent. Ce qui est assez paradoxal, car ils croient se rendre utiles pour les autres, cherchant l'approbation ou l'admiration, alors qu'ils sont dans une position où ils ont besoin d'être aidés, de chercher de la reconnaissance ou de l'amour. Ils n'écouteront personne et demeureront des faibles.

Inconsciemment révoltés envers la société, accusant à tort ce qu'il se passe autour d'eux, mais en aucun cas, ils prendront conscience que le vrai problème......ce sont eux qui le génère (indirectement) par leurs schémas de pensées.

Au début de tout changement personnel, il y a cette prise de conscience que quelque chose ne va pas en nous et se demander :

"Pourquoi les gens réagissent ainsi ?"
"Pourquoi il m'arrive telle situation ?"

Et dans ces questions, avec une réelle prise de conscience du rôle que nous avons à jouer dans tous les aspects de notre vie, nous prenons par la suite une forme d'engagement et de responsabilité.

Nous avons tous une image de nous-mêmes en positif ou en négatif qui s'est forgée au fil du temps par de multiples rencontres ou évènements passés. Ce que j'appelle aussi "l'avatar".

Cela provient de tout ce qui a été dit, vu ou vécu depuis l'origine de notre existence (le paradigme) par notre entourage et notre environnement.

Trop focalisés sur le monde extérieur, nous générons des désirs profonds de ressembler à ceux qui ont du succès, et peu importe le domaine de notre vie.

Ce qu'il faut comprendre par là, c'est qu'à trop convoiter le succès, la chance ou les biens d'autrui, on se rend malheureux nous-mêmes, parce qu'indirectement, nous VOULONS "avoir" pour "être", ce qui est inexact et l'univers ne fonctionne pas comme cela.

Notre société actuelle est un univers ou le VOULOIR domine. Tout est fait pour que nous restions dépendants de notre environnement, à envier, désirer, « vouloir », espérer ou attendre, qui nous pousse vers un point inaccessible que l'on nomme « le futur ». Et chaque lendemain, ce sera le même futur, tant que nous ne comprenons pas que l'unique instant qui peut changer notre vie est ici et maintenant.

L'univers est infini et bien plus proche que vous le concevez actuellement, car l'homme est le monde dans lequel il évolue. Alors, arrêtez de regarder, comme on vous l'a enseigné, dans l'immensité céleste en espérant qu'un être divin vous réponde, car toutes les réponses sont déjà en vous. Seulement, vous ne les voyez pas encore.

L'être vient avant l'avoir, car c'est l'origine de toutes créations. C'est l'essence de l'existence même et l'univers ne se résume pas à "l'infini" mais au plus petit dénominateur commun ……. « NOUS », le créateur et la création unique.

Traduction : le plus petit dénominateur commun s'appelle "origine", ce n'est qu'une pensée, un murmure sous forme d'énergie qui influence notre champ aurique (l'aura que l'on dégage). Et si je veux développer un peu plus, "origine", c'est "nous", c'est "être".

Dès que nous nous focalisons vers l'extérieur de notre être, on se rend malheureux, mais dès que nous regardons à l'intérieur de cet être, tout peut prendre vie. Car tout existe pour nous et en nous.

En résumé, vous avez toujours été la personne que vous avez toujours voulue être, que vous le vouliez ou non, programmés à réussir ou à échouer, vous êtes la source, votre créateur inconscient.

Et l'erreur que beaucoup commettent est de croire en une puissance extérieure à eux-mêmes, et que c'est leur environnement qui les domine, mais ils n'ont pas appris à croire en eux avant tout, à ce qu'ils voulaient voir, percevoir ou ressentir, car la réalité est en soi, et non en dehors de soi.

Et ce qu'il y a de génial avec l'esprit humain, c'est qu'il peut générer son propre bonheur tout simplement, en se focalisant à l'intérieur de son être, en l'imaginant avec une émotion telle qu'elle exprime la réalité de l'expérience interne. Vous avez au fond de vous tout ce que vous désirez, et celui qui possède ne convoite pas, mais il devient.

Il est heureux, non esclave du désir d'obtenir ou de ressembler à quelqu'un, en clair, il incarne son propre succès, et peu importe ce qu'il se passe à l'extérieur, car le plus important se trouve à l'intérieur, avec une image, combinée à des émotions et des ressentis clairs.

Les mots que vous donnez aux images et aux émotions ont peu d'importance, parcequ'ils ne définissent qu'un ressenti ou un état d'être. Le mot ou le verbe ne sont que les expressions de qui nous sommes. On peut les dire dans différentes langues, mais ce qui leur donne un pouvoir, c'est uniquement le ressenti associé.

C'est ce qu'a voulu démontrer René Magritte dans ses œuvres intitulées « La trahison des images ». Vous pourrez nommer un chat par un autre mot, il ne sera que l'image et le ressenti, le mot donne juste la définition de ce que vous éprouvez en rapport avec cette image.

Ce qui nous rend malheureux, c'est le « vouloir » qui surpasse l'être ou « l'avoir » tout simplement. Et peu importe ce que nous voulons, il ne sera qu'un point lointain dans l'horizon de nos pensées, alors que si nous prenons conscience dans notre esprit que nous possédons (nous avons), maintenant, ou même dans le passé, tout peut se réaliser. Nos émotions changent en même temps que nos croyances.

Quand le désir et la convoitise s'effacent, le bonheur arrive ! Heureux d'être avec ce que nous avons (à l'intérieur de nous). Nous modifions notre fréquence intérieure, notre aura. Ce que d'autres auteurs nomment « le champ vibratoire ».

« Il n'existe rien au-delà des limites de notre esprit ! »

Quand vous comprenez ceci, vous reprenez le contrôle de votre vie. En mangeant le fruit défendu de la connaissance, nous réaliserions que nous ne possédons rien ou pas assez. La quête du savoir ne nous ramène pas à ce que l'on sait, mais à ce que l'on ignore.

Elle nous ramène à cette réalité. Dans notre état actuel, nous ne construisons pas notre monde, c'est lui qui nous construit, et sans lui et les connaissances, nous ne sommes rien. Et pour comprendre ce qui contrôle notre environnement, il faut se comprendre soi-même !

Soyez attentifs à tout ce qu'il vous arrive dans votre vie, toutes les situations, votre condition actuelle, les paroles dites par autrui, etc.…

Soyez attentifs à votre manière de penser, de réagir, de percevoir les événements et de parler.

Ensuite, définissez le lien qu'il y a entre votre perception de ce qu'il se passe dans votre environnement et votre réaction. Est-ce que vous y pensez et y repensez ?

Exemple : Lors d'une dispute, cela résonne tellement en vous que vous y repensez longtemps, créant les conditions mentales, votre perception et votre ressenti, donnant les ingrédients à ce que cela se reproduise dans votre environnement. Cela vous affecte et vous créez inconsciemment à partir de cet affect.

Cela est valable pour d'autres situations, à partir du moment où vous créez cette entité (le ressenti et la perception de l'image), vous lui donnez une existence en la nommant, et vous lui permettez de vivre en vous.

Comprendre ce qu'il se passe à l'extérieur de vous permet de comprendre ce qu'il se passe en vous ! Car le monde extérieur n'est que le reflet et la conséquence naturelle de vos pensées qui en sont la cause.

Comprendre qui vous êtes, comment vous vous percevez, comprendre comment vous percevez le monde, et comment le monde vous perçoit.

En réalité, et sans le vouloir, vous pensez à ce que vous ne voulez pas ou plus. Et rien que de penser à cela, c'est lui donner une existence. Vous créez l'entité, vous créez votre avatar. Vous vous dites « je ne veux plus de DETTES ! », mais vous les attirez quand même rien qu'en les nommant, car ce mot est associé à une image et une émotion, et ce sont ces deux derniers qui prédominent.

La seule manière de tuer cette entité est de ne plus y penser, de supprimer l'image dans votre esprit. Dans un autre langage, c'est tuer le démon qui est en vous, et c'est ce qu'a voulu exprimer Hermès

Trimégiste dans « La tablette d'émeraude », dont voici un extrait traduit :

« ……. *C'est une force universelle, car elle peut détruire ou elle peut construire en rendant réel l'imaginaire. Ne fuyez pas l'invité, parce qu'il vous poursuivra toujours, et cessez de le nommer pour le chasser. Vous choisissez en tout temps qui rentre dans votre demeure……. »*

En créant consciemment un nouvel avatar, une autre image, imaginer une autre réalité bien vivante et se passionner pour celle-ci. Vous tuez l'ennemi invisible (l'invité). Mais bien sûr, l'environnement ne changera pas du jour au lendemain, car il vous a fallu presque toute une vie pour incarner votre être et votre rôle dans cet environnement

Ces croyances et valeurs sont profondément ancrées en vous sans voue en rendre compte. La preuve est que certains d'entre vous ne croient pas tout ce que j'évoque, tellement conditionné par leur environnement, à considérer ceci comme de la théorie ou des fantaisies, mais laissez-moi vous donner un exemple :

En pensant à vos problèmes, consciemment ou non, vous créez plus de problèmes au travers de votre propre définition, en vous plaignant de telle situation ou autre. Vous lui donnez une vie, vous créez une entité bâtie sur des peurs, et tant que vous lui accorderez une existence, elle sera toujours présente en vous et à l'extérieur de vous.

Remplacez par des pensées de solutions et vous créerez plus de solutions. Axez-vous là-dessus, et dès qu'une pensée de " problèmes" pointe son nez, hop ! Vous changez !

Pensez en Termes de réussite et non d'échec ! Pensez en termes d'abondance et non en termes de pauvreté !

Nous n'attirons pas ce que nous voulons, mais ce que nous sommes et qui nous sommes, ce que nous croyons profondément être la réalité. Et paradoxalement, nous n'attirons que ce que nous avons déjà, car l'erreur est de « vouloir » plutôt « qu'avoir ».

Je sais très bien que personne ne souhaite avoir de problème, personne ne veut des problèmes, et ce qui fait que nous en ayons est simplement la conscience que nous en avons, et non que nous les voulions. Si bien que la réalité de votre esprit se matérialise en faits dans votre environnement, grâce à la loi de correspondance.

Dernier point, et je vous invite à comprendre ce que je vais dire. Ce que vous suivez vous fuira toujours, et ce que vous fuyez vous suivra toujours ! Ne courez pas après ce que vous voulez ! Possédez-le dans votre esprit, car la poursuite d'un désir génère le manque.

Vous serez toujours à poursuivre un rêve plutôt que de le vivre en vous ! Vous serez toujours à fuir un problème plutôt que de le tuer en vous !

Ayez déjà ce que vous voulez dans votre esprit, et c'est là seule réalité qui existe. Ce qu'il se passera autour de vous ne sera que la réponse à ce que vous aurez pensé et ressenti.

S'autoanalyser et rechercher les rapports entre le comportement des autres et notre propre comportement.

- Pourquoi il m'arrive telle situation ?
- Pourquoi les gens réagissent ainsi ?
- Comment les gens me perçoivent-t-ils ?

Tout est en relation avec notre manière de penser et d'agir. Et dès que nous prenons conscience de "qui nous sommes" dans la réalité, c'est le point de départ de tout changement.

Et comme disait Neville Goddard, la conscience "d'être" est la seule réalité.

- "Être" ne se soucie pas du "quand ?", du "comment ?", du "pourquoi ?", du "où ?" et du "quoi ?".

- "Être" est un état de la conscience (je suis) dans l'instant présent.

- "Être", c'est s'identifier et s'accepter.

- "Être", c'est la vie, et non la rêverie.

Ne cherchez pas à "être", car cette quête est vaine ! Acceptez qui vous êtes et la manière dont vous êtes, tel que vous aimeriez être ! Changer la perception de soi et de son environnement. Il n'y a pas d'autre chemin !

Quand vous aurez compris ceci, vous serez libres "d'être".

Chapitre 2 :
Perception de la réalité

« Connaître l'origine du monde, c'est se connaître soi-même ! »

Cette citation possède un sens profond. Cela rappelle simplement que nous sommes les créateurs inconscients de "notre monde" !

L'environnement dans lequel nous évoluons n'est qu'une image, une toile de fond, une succession de nos choix et de nos croyances. Mais ce qu'il y a de magique là-dedans, c'est que nous pouvons toujours se recréer et recréer notre monde, et c'est cette capacité de choisir consciemment notre réalité interne, avant qu'elle ne devienne externe. Encore faut-il y croire.

Tout ce qu'il se passe dans le monde objectif, vous l'avez inconsciemment manifesté, par des phases de croyances et de consolidations de ces croyances depuis que vous êtes nés (le paradigme).

Tant que vous donnerez de l'importance aux circonstances extérieures (votre environnement et votre entourage), et que vous serez attachés à l'image (la conception du monde que vous vous donnez selon ce que l'on vous a enseigné), vous resterez esclaves de votre inconscient.

Votre esprit est créateur, il bâtit inconsciemment les circonstances de votre vie. Et vous en êtes devenus dépendants. Concrètement, nous vivons dans "notre" réalité subjective en permanence et selon notre état d'être.

L'inconscient est issu d'une succession d'habitudes passées qui ont constitué la personne que vous êtes aujourd'hui. C'est un algorithme interne, un programme dans votre esprit. Mais le plus paradoxal est que votre conscience dépend actuellement de votre inconscient, et dans le passé, votre inconscient dépendait de votre conscience.

La conscience est une analyse interne de la situation que vous traversez sur le moment, dans l'instant présent, et selon ce que vous savez, ou avez appris. On pourrait penser que quand nous sommes conscients, nous faisons de l'introspection, une autoanalyse de la situation, alors qu'il n'en est rien. Tout ce que vous avez appris et qui domine votre inconscient vous laisse croire ceci, que vous avez une forme de contrôle sur vos choix, et dans le fond, qu'est-ce qu'un choix quand celui-ci est influencé par votre environnement ?

J'aurais du mal à convaincre la plupart d'entre vous de cette réalité, mais je sais ce qu'est un choix quand nous prenons des décisions indépendamment de notre environnement social et culturel. Et c'est à partir de là que vous comprendrez que vous êtes les otages d'un système de pensées, emprisonnés dans les murs de votre esprit, ils sont invisibles, mais efficaces. Bâtis à partir de la peur, du doute et de la résignation. La liberté n'est qu'une illusion ou vos choix sont très restreints à ce que l'on vous a appris.

À ce stade du livre, vous pensez que tout ce que j'ai évoqué jusqu'à présent n'est que fantaisies, et pourtant, c'est la réalité. Je ne vous demande pas de me croire sur parole, mais de bien réfléchir à tout ceci, et vous découvrirez qui domine réellement votre existence.

Vous pouvez choisir de refermer ce livre si vous ne croyez pas en tout ce que je vous raconte, ou encore, vous pouvez reprendre le cours de cette existence qui n'est pas « vraiment » la vôtre, à croire tout ce que l'on vous dit depuis longtemps, à lire d'autres livres en développement personnel tout en sachant pertinemment qu'ils ne vous apporteront rien de plus que de la frustration, et à espérer que tout va se manifester dans votre vie comme par magie, et ce dernier point fait de vous des rêveurs et non des acteurs.

Contrairement à d'autres, en tant qu'auteur, je vous laisse le choix, mais personnellement, je vous demanderais de finir ce livre avant de vous faire une opinion trop hâtive sur son sujet. Réfléchissez bien à tout ce qu'il se passe autour de vous, cherchez à découvrir qui vous êtes réellement, et non administrativement ou socialement. Apprenez aussi à vous écouter, car on ne s'écoute pas assez.

Qu'est-ce qu'est la réalité ? Elle existe sous deux formes bien distinctes, le physique objectif et le non physique-subjectif.

La réalité subjective concerne notre monde intérieur, c'est-à-dire qu'elle identifie le monde extérieur selon nos propres critères, d'après nos pensées, notre perception de l'environnement, des émotions suscitées selon ce que nous avons appris.

Quant à la réalité objective, elle est universelle et ne peut être changée. Un son ou une image sera identique pour tout le monde sans le filtre de la pensée. Elle concerne nos ressentis en rapport avec nos cinq sens.

Celui qui voit et entend sans que le mental intervienne vit dans la réalité objective. Il peut percevoir le monde tel qu'il est !

Ce qui le rend différent est l'interprétation que chacun peut en faire, et c'est à partir de là que nous rentrons dans la réalité subjective. Nous pouvons définir le rôle que nous jouons dans ce monde, mais nous ne pouvons le changer.

On ne vit que par "l'image" et la perception de cette "image". Une représentation mentale tenant plus de ce que l'on pense que de ce qui "est".

Ce qui nous différencie, ce n'est pas " l'image" en elle-même (qui reste lui statique), c'est la représentation que l'on en fait. Ce sont aussi les interactions que l'on a envers notre environnement physique et le rôle que nous jouons par rapport à celui-ci selon nos croyances et nos ressentis qui suscitent des émotions plus ou moins fortes.

Si cette image est une personne, elle sera toujours la même dans la réalité, mais la représentation que l'on en fait ira dans " la fascination" ou dans " le mépris", selon la description que l'on vous en a fait ou que vous vous en faites. C'est s'accrocher plus à la forme, une idée, une interprétation, que dans le fond.

On peut dépeindre une personne de " nulle " ou d' "incapable " selon ce que l'on peut prétendre sur elle, c'est devenir les esclaves des " images " inculquées par autrui. Mais la réalité peut être tout autre. Derrière l'image représentative se cache l'image réelle. Non celle que l'on nous a enseigné consciemment ou non, mais celle qui est dans une autre réalité.

Ce que je veux expliquer par là, c'est que le monde extérieur physique ne changera pas, et tout le monde verra la même chose, sentira les mêmes parfums, touchera une table ou une chaise de la même manière.

Ce qui change uniquement, c'est la définition que nous donnons à notre monde extérieur. Il s'agit du « non physique », il regroupe nos interactions, nos croyances et nos systèmes de valeurs.

Par exemple, vous entrez dans un magasin de meubles, et vous voyez des tables et des chaises. Tout le monde verra les mêmes choses qui font partie du monde physique.

Ce qui change d'un individu à un autre, c'est le non-physique. Certains diront « c'est trop cher ! », d'autres encore diront « c'est abordable ! ». Pour différentes personnes, ces mêmes meubles seront accessibles ou non selon leur niveau de croyances et de valeurs, et pourtant, ce sont exactement les mêmes objets, mais nous ne les percevons pas de la même manière.

Mais nous pouvons changer son monde intérieur, sa perception des choses, qui influencera l'extérieur. Ce qui change, c'est uniquement la perception que l'on en a.

L'intérieur contrôle l'extérieur, et non l'inverse. Il suffit de changer d'angle de vue pour voir les choses différemment.

En prenant le problème à l'envers, c'est-à-dire si le monde extérieur (l'environnement) s'imposait dans la vie de quelqu'un, en changeant de lieu de vie par exemple, il existerait de réelles possibilités de changements pour une personne. Encore faut-il qu'elle en prenne conscience.

Cela est d'autant plus facile en changeant d'environnement externe, quand l'individu est confronté à une autre structure du climat ambiant.

Cette personne rejettera au début ce nouvel environnement qui ne correspondra pas intrinsèquement à ce qu'il a vécu ou pensé, autrement dit, son schéma actuel.

Mais au fil du temps, petit à petit, ce nouvel environnement créera une nouvelle manière de penser ou de voir les choses. En clair, elle s'adaptera à sa nouvelle condition.

Une nouvelle carte du monde se créera, et cette nouvelle réalité s'incrustera dans son quotidien par les habitudes et la répétition.

C'est un phénomène qui s'appelle "l'harmonisation", et nous devons prendre conscience que nous ne faisons qu'un avec tout ce qui nous entoure et avec qui nous sommes réellement.

Dans l'autre sens, d'interne en externe, cette possibilité existe, elle aussi, car nous faisons tous partie d'un même ensemble. La réalité est que tout dans notre univers s'aligne sur votre état d'être sans que vous puissiez en avoir conscience.

Quand votre perception du monde change progressivement, tout ce qui vous entoure s'alignera, car ce que vous serez transpirera vers l'extérieur et les personnes que vous rencontrerez, et ils auront une perception différente de vous-même.

Ce qui freine cet élan, c'est que tous ceux que vous connaissez ne vous perçoivent que d'une seule manière, et pour eux, inconsciemment, ils veulent garder cette image de vous. Pour cela, si je vous révèle tout ce que je sais, je vous demanderais de garder le silence sur ce que vous allez découvrir, car tout le monde n'est pas préparé à croire qu'une autre voie est possible.

Mais vous verrez que tout doucement, cette perception qu'ils ont de vous-même peut changer, puisque vous changez. Ils s'adapteront progressivement , eux aussi, à votre nouveau schéma, à la condition de les côtoyer pour qu'ils soient témoins de votre progression. Ce nouveau schéma s'immiscera dans leur inconscient.

Pour ceux que vous n'avez pas côtoyés depuis longtemps, la transition sera en décalage avec ce qu'ils penseront de vous, car ils n'auront pas été témoins de votre évolution et le changement peut être brutal pour eux. Ce sera comme un choc.

Ils passeront par des phases, allant du rejet de cette transition disant que ce n'est pas possible, puis progressivement, ils s'adapteront eux aussi. Ils se feront une raison.

Le monde est en rapport à la perception que vous avez de vous-même, des situations ou des autres, en rapport avec vos "désillusions" passées et l'image (projection) que vous donnez aux autres et à vous-même. Il ne fait que s'adapter à ce que vous pensez de lui. Et sans le savoir, vous êtes toujours en phase avec la réalité que vous vivez.

Ce que vous émettez est une peur cachée au fond de vous de tomber sur ce même type de personnes ou situations (inconsciemment, vous les attirez), et toujours le même schéma inconscient qui vous ramènera inévitablement vers ces mêmes personnes ou situations.

Ce que je vous conseillerais est de couper les liens éthériques avec votre passé, car tout le monde est différent, mais vous vous heurtez toujours à cette même image que vous en avez.

Ce n'est pas parce que nous traversons tous des périodes de "désillusions" dans la vie que cela doit être tout le temps pareil, à moins d'en garder un mauvais retour d'expérience qui se répercute sur les suivantes. Mais apprenez à croire en vous et en vos systèmes de valeurs.

Seul l'instant présent compte, mais celui que vous vivez n'est bâti que sur un schéma que vous avez inconsciemment construit au fil de votre évolution et de vos expériences. Vous croyez n'avoir aucun contrôle sur lui, et vous vous laissez dominer par vos croyances. C'est ce qu'il se passe actuellement, à ruminer ce qu'il s'est passé dans votre journée qui n'est qu'un parallèle et une suite logique d'événements ancrés dans votre mental.

En vous accrochant au passé et à ce même schéma de pensées, vous ne rencontrerez que ce même type de personnes ou situations......a moins de changer votre perception et de couper net les liens inconscients avec votre passé. Vivez l'instant présent en croyant intimement « être », et sans vous préoccuper de quand ou comment cela changera pour vous, tout arrivera au bon moment, et il ne surviendra que lorsque vous aurez compris qui vous êtes, et quelle perception du monde vous devez avoir.

Nous vivons dans un monde avec lequel il est difficile d'être nous-mêmes. Un monde façonné par notre société qui crée en nous une identité que nous croyons détenir.

La société dans laquelle nous vivons nous a rendu inconsciemment addicts. Elle nous a éduqués, depuis notre paradigme, de telle sorte à devenir des suiveurs et non des leaders, en plaçant toujours quelqu'un au-dessus de nous, que ce soit des parents, des professeurs, des maîtres ou des chefs, mais aussi des Dieux sous forme d'entités existantes à l'extérieur de notre être.

Mais dans la réalité, et personne n'a encore prouvé l'existence de Dieu jusqu'à présent, en dehors du fait qu'il y ait eu des miracles. Par contre, je vous expliquerai en détails ce dernier point, et si vous m'avez suivi jusqu'à présent, nous sommes inconsciemment nos propres miracles, par le biais de l'effet Placebo. Dieu et le Diable ne sont que des catalyseurs psychiques. Ils n'existe que lorsque vous choisissez de leur attribuer une existence.

Mais votre foi, voilà le vrai miracle. C'est vous seul(e)s qui générez tout ce qu'il se passe autour de vous. Par vos croyances en un support, telle la pierre magique aux mille vertus, tellement convaincus que Dieu va vous apporter le conjoint ou la conjointe idéal(e), une somme d'argent ou autre chose.

Mon intention n'est pas de changer les croyances de qui que ce soit en un Dieu ou une autre puissance supérieure, et pour certains, cela fait du bien de croire. Il y a un côté réconfortant de savoir nos prières exaucées, et c'est ce niveau de bien-être et de confiance aveugle qui font que les événements attendus se réalisent dans votre vie.

Il ne s'agit que de votre foi uniquement. Tout le reste n'est que support psychique qui influence la chimie de votre cerveau et votre champ vibratoire.

Sans reprendre la bible, et si nous devions définir Dieu, il existe à notre image et il fait partie d'un tout que nous appelons « l'univers ». Il vit en nous et à travers nous, il est omniscient, car il ne survit qu'au travers le regard de la conscience collective.

Cette entité existe à l'extérieur de nous, à cause de notre société, des écoles et des églises, et reconnaissez que sans elles, vous ne sauriez pas qu'il existe. La seule manière de lui donner de la force, c'est uniquement par votre esprit, car il vit au travers de chacun de nous. En définitive, nous sommes notre propre miracle.

Inconsciemment, nous ne faisons que suivre le diktat sociétal. Mais être "vraiment" libres, c'est quoi?

Être "réellement" nous-mêmes, c'est quoi? Est-ce croire aveuglément tout ce que nous avons appris ?

Nous vivons par mimétisme inconscient et par habitudes, voyant en l'autre un modèle à suivre, et à partir de là, nous ne sommes plus nous-mêmes, endormis par le soi-disant confort de vie que nous offre notre environnement. Privilégiant le "devenir" à "l'être", et le "vouloir" à "l'avoir".

Nous sommes tellement habitués à écouter les paroles de notre environnement depuis l'enfance, en suivant les conventions du monde moderne, en croyant en une liberté qui n'est en fait qu'une illusion.

Nous sommes comme des oiseaux dans une cage qui croient que la liberté est acquise dans notre environnement matériel où croire qu'être libre, c'est posséder ce que possède l'autre pour être bien. De ce fait et inconsciemment, nous voulons être l'autre en oubliant d'être nous-mêmes.

Nous rendant inconsciemment prisonniers de croyances qui nous poussent à douter de nos capacités et à douter de nos propres choix par peur de nous écarter du chemin tracé par autrui. Nous rendant coupables, et en ayant les remords de violer les interdits.

De ce fait, vouloir évoluer pour suivre une autre voie est une entreprise difficile, voire impossible pour nos esprits remplis de règles, où nous n'avons été privés de ce pouvoir d'être nous-mêmes.

Être libres, c'est ne plus dépendre de notre environnement social et culturel qui influence notre esprit. C'est ne plus croire l'image que l'on nous a façonnée.

Qui vous êtes ne dépend pas de ce que vous avez appris, mais de ce que vous croyez être au fond de vous, de la valeur que vous voulez vous accorder, sans écouter les autres.

En vous détachant du monde extérieur, "Vous ", qui croyez-vous être ? Croyez en vos propres paroles et non aux paroles que vous entendez !

Vous n'avez pas besoin de ça pour être vous-mêmes. Vous n'avez pas besoin de ce que possède l'autre pour être vous-mêmes. Encore moins de l'image que l'on vous donne.

La plus grande richesse que vous possédez, mais qui est souvent négligée est la vie elle-même. Tout le reste n'est que désirs, envies, jalousie des fois, et cette grande dépendance naît de cela. C'est l'éther qui vous endort et dans laquelle vous baignez inconsciemment.

L'homme ne devient pas ce qu'il apprend, mais devient ce qu'il croit être ou devenir de ce qu'il apprend. Il est sa propre école, sa propre institution, mais aussi (et malheureusement) , le seul responsable inconscient de ce qu'il a cru comme vrai.

Il se positionne inconsciemment en devenant addict d'une connaissance floutée qui altère sa propre capacité de jugement. Finalement, il est influencé et influençable sans qu'il le remarque.

Pendant des années, et durant son évolution, l'homme à cru être libre, sans s'apercevoir de l'influence qu'avait son environnement sur lui, par ce qu'il apprend et retient des écoles, de sa famille, de la société, ou d'autres institutions.

De ce fait, il est incapable de penser pour lui-même, ne dispose pas d'un jugement propre, car ses choix (si on peut appeler ceci des choix), est clairement influencé par ce qu'il apprend des autres, et finit, même s'il se rebelle contre cette idée, par devenir un produit du collectif que l'on appelle aussi "la masse".

Son problème est qu'il écoute trop ce qu'il se passe autour de lui, il croit penser pour lui-même, alors qu'il ne fait que penser inconsciemment comme les autres..... comme ses pères.

Ainsi, il devrait plutôt apprendre à se détacher de l'image qu'il se donne (qui n'est en réalité que celle qu'on lui a donnée), car elle est faussée.

Sa réalité n'est en fin de compte qu'une image qu'il se donne et qu'il donne. Il n'est que l'engrais de ses tourments. Une perception de ses sens et de ses propres pensées dont il en est l'otage inconscient.

Il ne sait pas où est sa vraie place, car en se laissant bercer par ce que son environnement peut lui dire, en écoutant les actualités, en suivant tel ou telle personne, en voulant prendre exemple. Et quelque part, il ne fait que ce que font les autres, mais pas ce qu'il a réellement envie de faire.

En réagissant ainsi, l'homme ne devient pas meneur de sa propre existence, il n'est que le suiveur inconscient. Sa liberté de choix ou de jugement est influencé par celle des autres.

Et dans cette perspective, en regardant toujours ce qu'il y a en haut, en voulant ce qu'il y a en haut, en le désirant, il ne se rend même pas compte qu'il reste et restera toujours en bas, un simple suiveur, dans une société de consommation qui prône le « vouloir », le rendant accros sans le savoir, et c'est cette dépendance au système sociétal qui lui gâche la vie.

Il fait inconsciemment partie d'un ensemble où réside un parfait équilibre dans l'univers ainsi créé. Et où rien n'existe sans son contraire. Le bien n'existe pas sans le mal et inversement. L'un donne toujours sa force à l'autre dans cet équilibre.

Et la question est "où se positionne l'homme dans son univers ?"

Voici ce qu'Hermès Trimegiste, évoque dans "La table d'émeraude".

Extrait : « *Il est vrai, sans mensonge, certain, et très véritable : Ce qui est en bas, est comme ce qui est en haut ; et ce qui est en haut est comme ce qui est en bas, pour faire les miracles d'une seule chose. Et comme toutes les choses ont été, et sont venues d'un, par la médiation d'un : ainsi toutes les choses ont été nées de cette chose unique, par adaptation..... ".*

Cela veut dire que toutes choses tient pour origine une source de connaissances que l'homme croit posséder. Il fait également référence à l'unité de l'esprit, où l'homme n'est qu'un. Il est le seul responsable de ce qu'il a cru comme vrai. Il s'est bâti tout seul avec un esprit corrompu de croyances et de connaissances. L'homme est seulement là où il doit être, ni supérieur, ni inférieur, ni en haut, ni en bas, et il s'accepte inconsciemment dans cette position qu'il croit être inférieure ou supérieure.

Aparté : *Le "télesme" est la mère nourricière de l'esprit, qui n'est, en fin de compte, que la conscience propre à chaque individu. C'est le diamant dans son écrin. Le trésor qu'il ne faut pas chercher, mais trouver. Il n'est qu'un !*

La réalité est que rien n'appartient vraiment à l'homme, ni choix, ni connaissances. Il n'est que le produit de son environnement dont les enseignements sont venus d'un père, qui a eu lui-même un père. Car il n'écoute et n'apprend que des personnes qui le maintiendrait dans cette position et sa condition, et peu importe la source de cet apprentissage.

L'homme ne pense pas par lui-même dans cette condition. Il ne fait que reproduire ce qu'il a appris. Il n'est pas suffisamment observateur, et peut-être un peu trop acteur.

Dans vos complaintes comme dans vos louanges, la réalité n'est qu'une projection de votre esprit. Tout existe, parce que vous permettez, par votre perception de réalité, à donner vie à vos complaintes comme à vos louanges.

Vous avez conscience de ce qu'il se passe à l'extérieur est la réalité, mais celle-ci nourrit votre esprit. Détachez-vous de toutes influences externes à votre être, et nourrissez votre esprit de la prière exaucée, car tout naît par nous, et non en dehors de nous.

Ainsi, vous sentirez que vous êtes déjà la personne que vous voulez être, car le monde extérieur n'est que le reflet de qui nous sommes au fond de nous. Percevez les événements de l'intérieur et non de l'extérieur ! Et votre intérieur deviendra l'extérieur. Dans vos complaintes comme dans vos louanges.

Chapitre 3 :
Les révélations

Soyez vraiment attentifs à ce que je vais vous révéler, car vous ne verrez plus votre environnement de la même manière. Et quand vous arriverez à ouvrir les yeux sur le monde qui vous entoure, vous comprendrez que le seul maître de votre destinée se trouve en vous, et vous goûterez à la vraie liberté.

Certains pourraient se dire "est-ce que les lois de l'esprit fonctionnent vraiment ?", et pour les adeptes de cette philosophie " pourquoi cela ne fonctionne pas ?"

Il y a plusieurs raisons à cela, dont la première est de bien comprendre ce qu'est une loi de l'attraction.

Ce terme est erroné, car nous n'attirons rien. Nous ne faisons que nous aligner à des fréquences qui nous correspondent, selon notre perception de la réalité, nos croyances, et nos émotions générées par ces dernières.

Nous l'utilisons en permanence sans nous en rendre compte, et ce qu'il se passe dans notre vie n'est que le reflet de qui nous sommes ou croyons être, et cela, en toutes circonstances. Tout est en parfait équilibre entre les fréquences que nous dégageons via notre champ aurique, et notre environnement qui reste aligné à qui nous sommes ou pensons être.

Dans tel cas, nous pourrions parler de "loi de correspondances". La réalité, telle que nous la vivons, n'est qu'une image générée par nos propres croyances. Le tout constituant un parfait équilibre entre notre perception de la réalité et la réalité elle-même.

Il faut bien comprendre dans nos actes de tous les jours, que nous y croyons ou pas, cela se concrétisera dans les faits.

Notre vie n'est qu'un reflet de nos pensées non maîtrisées.

Ce qui nous piège, c'est notre foi en qui nous sommes en permanence, c'est la valeur intrinsèque que l'on se donne. C'est avoir conscience d'être et de subir notre quotidien tout en croyant que nous n'avons aucun pouvoir sur les événements, et pourtant, c'est cette dernière croyance qui se concrétise dans les faits.

C'est confondre un désir et un fait existant. C'est avoir cet intime conviction que c'est bien réel en occultant le doute. On ne peut pas jongler entre "c'est acquis" et "comment l'obtenir ?", et malheureusement, c'est ce que l'esprit fait. L'homme fait l'erreur de s'accrocher aux racines du mal en ne coupant pas les liens éthériques qui relient sa propre perception de la réalité à la réalité elle-même.

Et si l'on ne perçoit pas les choses comme bien réelles, avec l'œil de son esprit, elles ne le seront pas. Et notre esprit trop ancré dans cette réalité jongle en permanence entre le désir et le fait, entre avoir et vouloir. Il n'est pas ferme dans ses choix. On ne peut pas désirer et obtenir dans l'instant présent, au même moment. On ne peut avoir la foi et douter, vouloir regarder la route droit devant, sans décrocher son regard du rétroviseur.

"Qui l'on croit être" est donc plus important que "qui l'on veut être". C'est un vaste sujet de réflexion. Aussi, il vaut mieux s'axer sur un seul objectif à la fois et se concentrer dessus afin de lui donner plus de force. Et faire comme si tout était réel en occultant le doute de son esprit.

Si nous comprenons qui nous sommes, et si notre foi est assez grande, en ne regardant qu'à l'intérieur de notre esprit. Avec une fermeté suffisamment forte. Alors notre nouvelle définition de soi peut se concrétiser dans les faits.

Depuis l'enfance, on nous a conditionné à avoir une éducation, une certaine culture relative au lieu où nous nous trouvons, à apprendre à lire, à écrire et à compter, à connaître l'histoire de notre pays ou du monde, et surtout, à croire qu'il y avait toujours quelqu'un au-dessus de nous par le biais de la religion entre autres.

Votre environnement social façonne votre perception de la réalité, qui constitue votre « carte du monde ». Et si vous poursuivez ces lignes, vous apprendrez que rien ne vous appartient, ni vos pensées, ni vos croyances, et tout ce que l'on vous a enseigné depuis l'enfance va être remis en question.

Qui sommes-nous par rapport à notre environnement ? Simplement les déclencheurs inconscients de tout ce qu'il se passe autour de nous. Mais nous ne maîtrisons pas les circonstances de notre existence, à cause de notre conditionnement social et moral.

C'est pour cela que je ne préfère pas vous parler directement de « loi de l'attraction », et comme le disait un autre auteur « nous n'attirons rien, mais nous devenons ! », en clair, nous nous reprogrammons à influencer notre réalité, au lieu de se laisser influencer par la perception sensorielle et émotionnelle que l'on en a.

Car nous ne possédons rien en ce monde, ni la connaissance, ni nos propres croyances. Tout ceci appartient à vos professeurs, à vos parents, aux églises qui ont eu une influence considérable sur notre manière de penser, d'agir et de choisir la vie que nous voulons mener.

La langue que vous parlez vient de qui ? Les croyances en Dieu ou au Diable proviennent d'où ? Et en vous disant ceci, est-ce que vous croyez toujours être libres ? Et si je vous disais que tout ce qui constitue votre être n'est que le fruit d'un conditionnement social intense et inconscient ?

Rien ne nous appartient vraiment, et contrairement à ce que l'on pourrait supposer, personne n'est capable de penser librement et par lui-même, en étant conditionné de cette façon.

Je vais entrer un peu plus dans les détails. Mais rassurez-vous, je ne vais pas vous perdre dans des explications trop techniques. Mon intérêt aussi est que vous compreniez le message que j'essaie de vous transmettre. Je donnerai plus de précisions tout au long de cet ouvrage.

Pour faire simple, notre environnement social influence nos pensées par le biais de croyances et de connaissances, mais comment cela se passe au niveau de notre esprit ?

Notre réalité fonctionne comme ceci :

Nous ne voyons qu'une facette de la réalité en rapport avec le lieu où nous nous trouvons. D'un point de vue sensoriel, il est le même pour tous. Rien ne changera dans votre environnement, que ce soit les arbres, les oiseaux ou les bâtiments. La seule chose qui peut changer, c'est l'interprétation que nous en faisons.

Nous pouvons aimer ou détester ce que nous percevons avec nos sens par le biais de nos émotions liées à nos propres croyances qui créent de la peur, de la tristesse, de la colère ou de l'enthousiasme.

Chaque objet, chaque situation ou chaque personne est lié à une émotion en rapport avec ce que vous pensez et à ce que vous croyez savoir.

Pour vous parler des rapports humains, notre société est bâtie sur une multitude de règles et de croyances à respecter, et cela, depuis l'enfance. On nous a appris qu'il y avait toujours quelqu'un au-dessus de nous, et en faisant cela, on nous a conditionné à avoir un positionnement dans notre réalité, riches, pauvres, dominants ou dominés, et si je vous disais que personne n'a d'influence sur vous en dehors de vous-mêmes ?

Vous rencontrez une personne dans la rue et vous ne savez pas qui elle est. Sur quoi vous basez-vous pour savoir si elle est supérieure ou inférieure à vous ? Sur sa tenue vestimentaire ?

Tout le monde peut s'habiller en costume trois pièces sans pour autant être dirigeant ou ministre. On peut porter ces vêtements pour un rencard au restaurant ou pour un enterrement par exemple, mais cela ne signifie pas qu'une personne est riche. Ce ne sont que des apparats.

Donc, l'interprétation que l'on fait de cette personne est influencée par nos idées reçues, rien d'autre, ce qui est au passage « une croyance ».et comme je le disais dans mes livres, ne vous fiez jamais aux apparences.

Inversement, nous pouvons rencontrer une autre personne dans la rue, habillé le plus simplement du monde, jean, basket et t-shirt. Nous commençons à sympathiser avec, et il vous invite à boire un café en terrasse.

Nous la sentons gentille et agréable, mais nous ne connaissons rien sur elle. Nous ressentons que le rapport de force est d'égal à égal, et qu'elle n'est ni supérieure, ni inférieure à nous pour quelconques raisons.

Les minutes s'écoulent, et nous évoquons de nombreux sujets, jusqu'au moment fatidique où tout peut basculer dans notre esprit, sur un sujet qui peut reconditionner votre perception de l'individu en face de nous, et qui boit tranquillement un café en nous écoutant.

Puis, nous parlons de notre situation professionnelle, en disant que nous sommes au chômage, et que nous avions rendez-vous ce matin pour un entretien d'embauche dans l'entreprise UNTEL. Et je vais revenir à ce que je disais plus haut concernant l'objet, et la perception que nous en faisons, car toute notre vie est régie par cela. Vous allez comprendre.

Nous disons à cette personne que nous ne connaissons pas encore que nous n'avons pas envie d'aller à cet entretien d'embauche, parce que nous avons entendu des rumeurs au sujet de l'employeur qui serait un tyran qui payait mal ses employés, et d'autres aspects négatifs.

Soudain, la personne en face de nous pose sa tasse de café, et commence à rire nerveusement, et nous nous demandons ce que nous avons pu dire de drôle.

Et c'est là qu'elle nous répond, qu'elle ne savait pas qu'on la considérait ainsi, et qu'elle est l'employeur en question. Heureusement pour nous, il ne nous en veut pas, car nous ne savions pas qui elle était, et nous pardonne notre ignorance.

Soudain, nous nous décomposons sur place, le teint pâle et le visage en sueur, un peu confus de cette gaffe. Mais cette rencontre nous a permis de voir un autre aspect de cette personne, en dehors de tous les ragots que certains employés de son entreprise peuvent raconter.

Et pourtant, c'est exactement la même personne en face de nous, alors, qu'est-ce qui a changé ? Le rapport de force était d'égal à égal sans les connaissances personnelles que vous avez de cette personne. Maintenant que vous savez tout sur elle, le rapport de force est entre dominant et dominé, et tout est en vous, vos croyances et vos émotions ont été déclenchées par un seul mot : « employeur ».

Comme je vous le disais, une image, une personne, un objet, ou une situation sont liés à l'interprétation que l'on en fait d'un point de vue émotionnel, et en rapport à des croyances.

Tout ceci pour vous dire que chaque personne que vous rencontrez dans la vie ne sont rien sans la perception émotionnelle, et les croyances que vous avez par rapport à elle.

Et tout dans votre esprit fonctionne comme cela. En d'autres termes, vous donnez une interprétation émotionnelle à une image, une situation ou une personne.

Et ce lien image et émotions forment la croyance qui influence votre perception de la réalité, et vous vous identifiez par rapport à votre environnement social. Vous définissez votre avatar et où il se situe par rapport à tout ce qui vous entoure.

C'est ce qui s'appelle « la définition de soi », car on s'identifie uniquement à notre conditionnement environnemental.

Si je vous parle d'un miséreux ou d'un dirigeant, vous voyez l'image dans votre esprit, et derrière ceci, vous éprouvez une émotion. Ce qui veut dire que chaque mot que vous prononcez possède un pouvoir, celui de vos croyances.

Le mot loup suscitera de la peur en vous, tout comme un lapin déclenchera un sentiment de joie. Et tout dans votre conception du monde réel fonctionne comme suit : une image + le nom qu'on lui donne (le mot) + émotions = croyances.

Tout le monde suit ce même algorithme pour chaque image, personne ou situation. Mais cette programmation mentale sera différente pour tout le monde. Il y aura des similarités avec lesquelles vous vous sentirez plus proches de certaines personnes que d'autres, car votre manière de penser et de croire, c'est-à-dire, de percevoir, d'interpréter et de ressentir seront quasi identiques.

Par exemple, prenons un billet de 50 €. Tout le monde a cette même image de ce moyen de paiement en tête. Mais que représent-t-il vraiment ? Une grosse ou une petite somme ? Chacun aura une interprétation différente, une perception différente liée à une émotion qui peut être une joie intense comme de la colère de ne pas avoir plus. Et pourtant, l'objet reste le même, et c'est notre système de croyances qui détermine s'il s'agit d'une grosse ou d'une petite somme, selon comment nous avons été éduqués par rapport à l'argent.

Et les croyances régissent vos capacités de jugement et ont une influence sur votre destinée, parce que vous dégagez une énergie aurique, et c'est là où je veux en venir maintenant.

Tout ce que vous éprouvez forme une énergie qui constitue votre aura, c'est ce qui se dégage de vous. Cette énergie s'aligne sur votre environnement, et vous renvoie le même signal, ou la même signature énergétique.

Mais quoi que vous fassiez aujourd'hui ou plus tard, vous serez toujours alignés, mais vous n'attirerez rien. Le monde extérieur s'adaptera à vous et vous vous adapterez à lui, le tout est de savoir qui domine l'autre, votre environnement, ou votre être intérieur ?

Ce qu'il faut changer, c'est d'abord de remettre en question tout ce que vous avez appris, et ne plus être les esclaves inconscients des pensées et des croyances que l'on vous a mises dans votre esprit.

C'est avoir cette capacité à vous détacher de vos croyances liées au monde extérieur, et ainsi créer vos propres croyances. Vous modifierez ainsi vos systèmes de valeurs intrinsèques, en croyant avant tout en vous et en vos capacités.

En vous détachant de tout ce que vous croyez actuellement sur le monde réel, en modifiant la perception que vous avez de vous-mêmes ou de votre entourage, et en changeant vos croyances, vous modifierez votre énergie aurique (votre aura), qui, par le biais des liens éthériques, s'alignera sur votre environnement. Vous verrez la réalité différemment. Tout s'alignera sur qui vous croyez être intérieurement. Focalisez-vous uniquement sur cela, et les choses se mettront en place sans que vous vous en aperceviez directement ou consciemment.

Mais méfiez-vous de ce que vous éprouvez. Si votre esprit est braqué dans l'espoir, le désir ou l'attente, alors, laissez-moi vous dire que vous pourrez attendre longtemps, car vous vous programmez à « vouloir » plutôt qu'à « avoir », et je vais vous expliquer cette nuance.

Bien distinguer « avoir » de « vouloir ». Quand vous voulez quelque chose, vous vous attendez à ce qu'il se manifeste dans votre réalité, et en raisonnant ainsi, votre programmation interne se situe dans l'attente que par miracle, cela apparaisse dans votre réalité extérieure, et ce sera comme ça tout le temps et pendant longtemps, car vous placez votre désir dans un point éloigné de votre esprit, dans une condition futur.

Tout se passe dans l'instant présent, et la question que je voudrais vous poser n'est pas « que voulez-vous ? », mais plutôt « En quoi voulez-vous croire dans votre esprit ? », ou « Que possédez-vous maintenant dans votre esprit ? ».

Ne regardez pas le monde extérieur ! Il n'est que le reflet de qui vous êtes et de ce que vous pensez ou croyez. Concentrez-vous uniquement sur ce qu'il se passe à l'intérieur de vous ! Quel est votre système de valeur dans votre esprit ? Êtes-vous heureux avec ce que vous avez ?

Croyez que vous avez déjà ce que vous désirez sans vous préoccuper de tout ce qu'il se passe à l'extérieur ! Le déclencheur de votre réalité, c'est uniquement vous, et je n'ai aucun pouvoir sur ce à quoi vous croyez actuellement, personne d'autre d'ailleurs. Il n'y a que vous.

Quand vous modifiez vos croyances internes, tout doit s'aligner tout autour de vous et se mettre en correspondance, car tout ce que vous êtes à l'intérieur se reflète à l'extérieur. À la condition que vous n'attendez rien, et que vous n'espérez rien. Tout se passe seulement dans l'instant présent.

Pour bien différencier avoir de vouloir, l'un se situe en vous, et l'autre en dehors de vous. « Avoir » se trouve dans votre esprit, et « Vouloir » est en dehors de votre esprit. L'un représente la vertu, et l'autre le vice.

Et quand vous voulez quelque chose, cela veut dire que vous en fuyez une autre indirectement. Car quand vous « avez » un problème par exemple, vous poursuivez une solution. Mais cette poursuite n'est en fin de compte qu'une fuite.

Dernier point, révisez vos systèmes de valeurs internes, car si vous apprenez à vous aimer, et apprécier ce que vous possédez dans votre esprit, vous verrez le comportement de votre entourage changer, et de nouvelles situations vont se produire dans votre vie. Le tout est d'y croire intensément.

L'image que vous donnez, et tout ce que vous croyez, est la même que votre environnement social vous renvoie. Alors soyez, mais ne cherchez pas à devenir !

Quel que soit notre âge, nous sommes toujours en apprentissage, car nous recevons toujours de l'information en provenance du monde extérieur.

Une chose que nous pouvons faire est de choisir ce que nous voulons apprendre, que ce soit des autres, de ses professeurs, de ses proches ou des médias. Ce sur quoi notre attention se porte nous programme. Mais une chose à savoir est que nous sommes les seul(e)s maîtres de ce que nous choisissons d'apprendre.

La culture (source d'apprentissage) est toujours accessible, et s'en éloigner ou s'en approcher est un choix comme un autre.

On peut se rebeller contre un système, un gouvernement ou l'éducation, mais rien n'empêchera d'ouvrir un livre, ou de découvrir qui nous sommes vraiment. C'est une vérité universelle.

Et pourtant, nombreux sont ceux qui ne le font pas, nombreux sont ceux qui estiment en connaître assez et se plaignent ensuite de leur condition. Et se plaindre, c'est reconnaître qui nous sommes et ce que nous sommes en rapport avec notre environnement.

Ce qu'il vous manque, c'est de l'entraînement afin de réhabituer votre esprit au changement. Et je vous conseille de ne pas vous focaliser sur l'entraînement en lui-même, mais sur les faits existants dans votre imaginaire, sans vous préoccuper du reste.

Ne regardez jamais le temps que cela mettra à se manifester dans votre environnement extérieur, car vous vous focalisez dans « le vouloir ». Vivez « l'avoir » au jour le jour, en restant fidèles à ses pensées qui suscitent en vous des émotions de joie et d'enthousiasme. Car tout ce que vous considérez comme vrai dans votre esprit se concrétisera si vous n'attendez rien ou n'espérez rien. Tout est déjà là !

Croyez en vous et soyez les seuls maîtres de votre destin ! Comment ? Comme je l'ai dit, en révisant vos systèmes de valeurs, sans barrière et sans contrainte, et de rester fidèles à ceux-ci.

Et dernier point, car il est important à mentionner, ne répétez à personne ce que vous apprenez ici, parce qu'on vous en dissuadera. Mais comme tout, le choix vous appartient toujours d'être maîtres ou non de votre existence.

Et quand vous aurez compris qu'il n'y a que vous qui puissiez contrôler votre destin, n'interagissez jamais avec votre environnement externe, tant que vous n'êtes pas prêts intérieurement. De toutes manières, vous n'avez rien à faire pour influencer votre environnement social externe en dehors que de croire en vous-mêmes. C'est avoir une autre vision et une autre perspective de la réalité, sans interagir directement avec et au risque de choquer votre entourage.

Tout ce que vous devez contrôler, c'est votre esprit au travers de vos croyances et de vos systèmes de valeurs, et si vous faites ceci, tout se mettra en place tout seul. Même si vous vous rendez compte des changements, n'expliquez jamais à qui que ce soit pourquoi ils ont eu lieu. Vous influencerez votre environnement externe depuis votre environnement interne.

Ce ne sont pas les autres que vous devez changer, car cela se soldera par un échec si vous pensez comme ceci. La victoire doit se produire avant tout en nous-mêmes.

Chapitre 4 :
Être et paraître

Nous ne vivons que par l'image, celle que l'on se donne et celle que l'on donne à notre environnement. Inconsciemment, nous le faisons tous.

Être et le paraître rayonneront toujours vers l'extérieur, constituant ainsi votre univers, avec lequel nous ne pouvons pas tricher.

Et si au fond de vous-mêmes, vous n'êtes pas ou peu convaincus "d'être" la personne que vous désirez, aucune transition spirituelle ne pourra se faire. Vous resterez bloqués dans le même schéma. À la fois dans votre réalité, vos espérances et dans vos illusions. Vous donnez, sans le savoir, de la force à l'environnement dans lequel vous évoluez par vos convictions.

Par contre, "le paraître" résonnera toujours, prenant le risque de passer pour la personne que vous n'êtes pas au travers des autres. Le " paraître" est le camouflet de "l'être ". Il est le « vouloir » que vous extériorisez, et c'est comme ceci que vous espérez que le monde vous voit. Mais au fond de vous, vous savez très bien que vous n'êtes pas la personne que vous voulez être.

Et indirectement, vous recherchez l'amour et la considération que vous ne croyez pas posséder. Ceci, il ne faut pas les rechercher au travers de votre entourage, mais les trouver en soi. Vous n'aimez pas la personne que vous êtes, et vous croyez qu'en vous créant un personnage, on vous aimera encore plus.

"L'être" constitue votre nature profonde, et tout ce qui se passe autour de vous est en résonance avec ce que vous êtes réellement. Cela fait partie de votre programmation interne, et l'être vient avant le paraître. On ne peut pas tricher avec qui nous sommes intérieurement, et nous devons apprendre avant tout à nous aimer. Et si nous suivons cette voie, le reste viendra tout seul, car votre entourage percevra ce changement au travers de l'énergie aurique que vous dégagez.

Et je vous donne la raison pour laquelle vous ne pouvez pas tricher avec l'univers et qu'il sait tout. Parce que si l'univers forme un tout, vous faites partie intégrante de cet ensemble. Il n'est que l'expression externe de qui vous êtes et de comment vous vous percevez.

Alors, si vous voulez changer, faites-le d'abord en vous et pour vous-même et non pour les autres. Ce qui prédomine, c'est la manière dont vous vous traitez et du niveau de valeurs internes que vous vous accordez.

Ne le faites pas dans l'attente de ce changement, car il résonnera en vous tout comme dans votre environnement, et l'univers trouve toujours l'équilibre entre vos pensées, vos ressentis et le monde extérieur.

Faites-le réellement avec la volonté de changer, sans attendre, en savourant l'instant présent ! Et stoppez net avec le "paraître" qui ferait de vous un imposteur aux yeux du monde qui vous entoure, et votre vie n'aura pas évolué d'un iota. Dans la vie, nous pouvons porter tous les costumes que l'on veut, mais cela ne changera en rien ce que nous sommes, ou croyons être, au fond de nous.

Quand vous donnez à vous-même, vous donnez aux yeux du monde. Ce qu'il faut comprendre par là, c'est qu'il faut se donner du temps, de la valeur et de l'amour. S'apprécier pour soi-même et non dans l'espoir qu'on le remarque.

Et ne vous inquiétez pas ! Si vous restez fidèles à vous-même, on le remarquera tôt ou tard, et le monde appréciera vos valeurs intrinsèques, et non celles que vous voulez montrer.

Donner doit être en résonance avec votre être profond et doit se faire naturellement. Et non se dire " si je fais ceci, j'obtiendrai cela !".

L'être est prédominant sur le paraître qui n'est qu'une image en décalage avec votre nature profonde.

Apprenez à être patients et profitez de chaque jour pour évoluer, en lisant un livre ou en apprenant par exemple. Car la lecture favorise la connaissance, et fait de vous, à chaque instant, un être nouveau.

Arrêtez d'être impatients, puisque tout se mettra en place de toute façon. Il faut laisser le temps au temps. L'univers est régi par des lois, et tout suit la même évolution selon le temps que vous vous accordez, et de l'intérêt que vous vous portez. Et l'univers, c'est vous ! C'est-à-dire que vous progressez selon vos propres lois, et il n'y a ni Dieu, ni maître pour contredire celles que vous instaurez dans votre esprit.

Il faut apprendre à marcher avant de savoir courir. Appréciez-vous tels que vous êtes et le monde vous appréciera, car vous rayonnez ce que vous êtes réellement et en tout temps.

C'est la perception que nous avons de nous-mêmes, et la perception du monde qui nous entoure qui constituent notre carte d'identité mentale (ce que j'appelle aussi "l'avatar").

C'est quand nous nous percevons au travers du regard des autres, ou quand nous acceptons qui nous sommes par rapport aux autres, que nous devenons dépendants et esclaves d'un système de pensées émanant de la conscience collective et sociétale.

Nous ne sommes pas nous-mêmes, car nous sommes la conséquence de croyances externes qui ont transité via les canaux sensoriels et émotionnels. Cela veut dire que notre système de pensées, via l'inconscient, a été corrompu.

L'inconscient naît d'une suite d'habitudes conscientes, et cela, depuis l'origine que l'on appelle le "paradigme".

Si l'on se perçoit comme quelqu'un de malchanceux, par nos canaux émotionnels et verbaux, en se disant " je n'ai pas de chance !", le monde qui nous entoure sera à l'image de ce que l'on dit, de ce que l'on pense, et de ce que l'on ressent.

L'esprit humain possède la capacité de se recréer, de se redéfinir de l'intérieur, en ne regardant pas et ne croyant pas le monde extérieur.

La toute première chose à faire serait d'apprendre à s'aimer et à s'accepter, à apprécier la personne que nous voulons être comme si elle était déjà présente. C'est l'incarner..... " être".

En clair, arrêter d'écouter ou de croire tout ce qui vous entoure, et de croire en la définition que vous avez de vous-mêmes, qui n'est en fait que la définition que vous donnent les autres !

Pour être plus précis, se donner la valeur que personne ne vous donnera.

La question n'est pas de savoir si cela est vrai ou non. Et celui qui pense que tout ceci est absurde est malheureusement encore sous l'emprise éthérique de son environnement, de sa programmation mentale et de son système de croyances.

Une nouvelle définition de soi change progressivement votre manière de voir le monde, mais aussi, elle agit sur votre émanation aurique (l'aura), qui se répercute sur votre environnement. Le vrai pouvoir est en soi, et non à l'extérieur de soi.

Je ne vous demande pas de me croire, mais juste d'essayer, et même si les effets de cette transition ne se fait pas sentir, essayez encore et encore consciemment, que cela devienne une idée fixe pour vous, jusqu'à recréer l'inconscient, car l'inconscient naît des habitudes.

N'oubliez pas que vous percevez le monde avec vos yeux, vos oreilles, votre esprit et votre cœur, et vous avez toujours le choix de le voir différemment. Le plus important dans toute entreprise est de ne pas ressembler à quelqu'un d'autre, mais d'être soi-même.

On peut s'inspirer, mais ne pas imiter, ce qui constitue quelque chose d'unique dans ce que vous voulez faire ! C'est notre objectif personnel avec nos méthodes de fonctionnement. Et quand nous arrivons à comprendre cela, nous éprouvons un sentiment d'accomplissement et de fierté.

Ce n'est pas l'image qu'ont les autres de vous le plus important, c'est l'image que vous vous donnez ! On peut vous ignorer autant que l'on veut, vous critiquer autant que l'on veut, et vous pourrez rencontrer bon nombre de personnes de mauvaise foi, mais cela ne changera pas qui vous êtes réellement au fond de vous.

Même si l'on vous pose dans des petites cases, personne n'est en droit de diriger votre vie, ni même de vous faire de l'ombre. Votre détermination fera toute la différence.

Quelle valeur on se donne pour soi ?" et non "quelle valeur nous donne les autres ?". Pour répondre à cette question : Les autres ne sont que le reflet de ce que nous sommes intérieurement et actuellement en termes de valeurs.".

Si on change sa focalisation interne, normalement à plus ou moins long terme, le reste doit suivre.

Beaucoup font l'erreur de chercher l'amour et la considération auprès des autres, à briller en société, des fois, en écrasant et en humiliant, mais ce qu'ils ne savent pas, c'est qu'ils génèrent un besoin de considération ou d'attention lié à un "manque" inconscient. Ils se créent l'estime qu'ils n'ont pas pour eux-mêmes. Une personne authentique ne ferait jamais ceci, parce qu'elle n'aurait rien à prouver.

Curieusement, pour être apprécié des autres, il faut s'apprécier soi-même " en premier" ! Il n'y a pas d'autre secret là dedans !

Et si dans son for intérieur, tout est synonyme de "manque", on vit dans le manque extérieurement.

Tout cela pour dire que, si on ne rehausse pas son estime intérieure, et si nous ne croyons pas nous-mêmes en ce que nous faisons, cela se soldera soit par des échecs, soit par l'abandon.

Pour cela qu'il est très important de croire en nous-mêmes, et en cela, peu importe les objectifs que nous avons, et d'arrêter de se créer un personnage qui ne correspond pas à soon soi profond, et qui sera au final démasqué. On ne peut pas tricher avec notre nature profonde.

Nous sommes le centre du " tout ", et si personne ne croit en votre réussite, c'est aussi et surtout que vous n'y croyez pas vous-mêmes Rehaussez votre valeur interne et croyez en vous !

C'est ce qui se dégage de vous qui influence votre environnement. C'est l'énergie aurique liée à une fréquence d'amour ou de haine, de manque ou de satisfaction, d'avoir ou de vouloir. Peu importe la valeur que vous voulez vous donner, elle doit être sincère et inconditionnelle.

Je sais qu'il y a en vous cette volonté de changement, mais cela ne suffit pas. Il faut d'abord assumer « l'être » que nous sommes, et le reconnaître.

Trouvez « l'enfant intérieur » qui sommeille en chacun d'entre vous, c'est lui que vous devez impressionner, et personne d'autre. Boostez-le ! Réconfortez-le ! Croyez en lui et en ses valeurs.

Même les quelques personnes que vous rencontrez dans votre vie n'ont aucune autre influence que celle que vous leur donnez. Parce que vous y croyez et vous leur donnez le pouvoir. Vous donnez vie à vos peurs.

Préservez-vous de toutes influences extérieures et surtout « croyez en vous » ! Répétez, répétez et répétez encore l'image que vous voulez avoir de vous-même, sans regarder le résultat, sans attendre quoi que ce soit. Juste, SOYEZ MAINTENANT !

L'or ne se met pas autours de soi, mais en soi. L'un n'est qu'une carapace, mais l'autre est un véritable trésor. Vous serez toujours à l'image de ce que vous pensez de vous-mêmes dans votre environnement. Les beaux costumes et les apparats ne serviront à rien, tant que vous ne changez pas l'image que vous avez de vous-mêmes.

Il y a des personnes qui souffrent d'un complexe de "valeurs". Cela est dû en grande partie à l'enfance, au cercle social et familial, et à trop écouter les autres.

À l'usure, l'esprit peut se résoudre à dire "oui, c'est vrai ! Je suis peut-être comme ça !", et des personnes, à cause de cet état d'esprit, n'osent même pas essayer d'entreprendre tel ou tels projet(s).

Certaines personnes vivent l'échec parce qu'ils se sabotent elles-mêmes et inconsciemment. Les événements seront toujours à l'image qu'ils se donnent vis-à-vis de leur environnement et des autres.

Ce qui est important de faire, c'est d'arrêter d'écouter les autres et d'apprendre à s'écouter. D'une certaine manière se " rééduquer" soi-mêmes. De faire confiance en soi, rehausser sa valeur interne, et d'avoir une vision totalement différente de notre environnement.

La confiance (je précise : confiance en soi et aux événements de la vie), est le moteur de l'action. Et tant que nous n'aurons pas cette image en nous d'une personne "franche", "qui ose", et "confiante", rien ne se fera.

Le premier travail est à faire "en soi" en arrêtant d'écouter les autres qui nous nuisent, et se " re-découvrir ". Apprendre à s'aimer et à se respecter.

L'image de soi influe sur le champ aurique (notre aura), et rayonne toujours vers les autres, que l'on soit timide ou charismatique. Les autres nous renvoient toujours à l'image que l'on se donne.

Si on apprenait à s'aimer, se respecter, et à se faire confiance au stade de "je suis capable !" , et que tous les feux sont au vert (l'entourage remarque un changement en vous), alors l'état d'esprit sera plus à même de passer à l'action

Quand notre environnement externe nous donne une valeur, et cela commence très tôt dans l'enfance, on s'attache à une image qui perdure dans le temps.

Nous nous sentons incapables uniquement par ce que l'on a cru tout ce que l'on nous a dit. On donne de la valeur aux événements désastreux en se plaignant, ainsi, nous devenons inconsciemment dépendants du monde extérieur.

Il suffit de s'entendre parler ou d'être attentifs à nos pensées pour comprendre notre dépendance à notre environnement.

Reconnaissez votre propre valeur interne, et non celle que les autres vous donnent ! Tout le monde en a une. Et plus vous vous aimerez, plus vous gagnerez en confiance en vos capacités.

À force de trop écouter les autres, nous en oublions qui nous sommes. Le plus important est de savoir ce que l'on pense de soi-même, et non de savoir ce que pensent les autres de nous-mêmes.

La valeur ne s'obtient pas, elle se connaît.....

Tout vient de soi, et non de l'extérieur de soi.....

Si on laisse régir sa vie sur ce que pensent les autres, c'est que l'on ne connaît pas la vraie vie, et on ignore ce qui a vraiment du sens.

Qui connaît réellement sa juste valeur ? Seulement celui qui ne se laisse pas influencer par son environnement. C'est celui qui arrive à voir clair en lui et à reconnaître la lumière en lui-même, celle qui éclaire son paysage.

Quand nous nous accrochons aux personnes négatives, ou qui nous font ressentir des émotions négatives, nous leur laissons avoir un pouvoir sur nous.

Cela affecte notre fréquence vibratoire et notre champ aurique, ce qui a pour conséquences d'attirer vers nous des événements similaires à ce qui nous pensons ou ressentons.

Nous devenons la somme de toute la négativité des autres. Dit différemment, nous devenons inconsciemment un pôle négatif à cause des autres.

Le problème est qu'indirectement, nous focalisons notre attention sur ce que l'on ne veut pas, et quand nous regardons bien, et que nous relativisons les choses, le déclencheur de tout ce qui se passe dans notre existence prend sa source à l'extérieur de notre être. Et nous, nous ne faisons que suivre le mouvement.

Inconsciemment, nous écoutons, nous acceptons, et à cause de cela, nous devenons l'image d'un monde qui domine nos pensées et nos émotions.

Faites l'expérience un instant, et réfléchissez bien à ce qui a déclenché un mal-être chez vous ! Le pessimisme des autres ? Le regard des autres ? Les critiques des autres ? Notre regard crédule sur le monde, et notre manière de percevoir les choses ou les événements ?

Nous sommes indirectement responsables de ce que nous avons accepté et cru comme vrai, mais ceci, nous ne pouvions pas le savoir.

Mais la bonne nouvelle est que nous pouvons changer la polarité de nos émotions en arrêtant de croire ou d'écouter les autres et d'apprendre à un peu plus s'écouter, s'aimer et s'apprécier.

C'est d'arrêter de négliger ou d'ignorer la personne la plus importante de notre vie, c'est-à-dire "nous-mêmes". Personne ne nous donnera plus de valeur que nous-mêmes ! Vous savez maintenant qui écouter.

Ne cherchez pas à ce que les autres vous aiment ! Aimez-vous, et on vous aimera pour ce que vous êtes. Pour la valeur que vous vous donnez. Je sais que ce n'est pas si simple dit comme cela, mais c'est la seule issue.

Nous sommes responsables de la valeur que l'on se donne, et de la fréquence aurique que l'on dégage. Personne d'autres ne viendra nous sauver de nous-mêmes......

Pour cela qu'il vaut mieux s'occuper de ses affaires, et qu'ils soient en bon ordre, au lieu de s'occuper des affaires des autres. Car ce que l'on sème, on le récolte un jour ou l'autre, et je le sais !

La seule chose à faire quand nous sommes entourés de personnes aux mauvaises intentions, c'est de les ignorer et de soigner son amour-propre.

Ce qu'il faut comprendre par là, c'est que la première personne à convaincre n'est que nous-mêmes, car nous sommes la lumière qui éclaire tout ce qui nous entoure.

Les autres ne font que refléter ce que nous sommes réellement, des personnes attendant et voulant prouver quelque chose aux autres, et il est inutile de croire qu'ils vous donneront ce que vous pensez ne pas avoir.

Et c'est justement ça le problème, vous pensez ne pas avoir cette valeur, et c'est ce que vous reflétez.

En résumé, il vaut mieux "être" (s'affirmer en soi, et connaître sa valeur sans se fier aux autres), que de "paraître " (attendre que l'on vous couvre d'éloges).

Car notre vraie valeur est en soi, et non dans le verbe des bouches ingrates. Pour le reste, le temps et la vie fera son œuvre.

Nous pouvons tout avoir dans la vie, à la condition de le vouloir vraiment. Le plus important n'est pas ce que vous pensez des autres, ni ce que les autres pensent de vous, le plus important est ce que vous pensez de vous-mêmes !

Vous ne pourrez jamais fédérer tout le monde, et cela ne doit nullement affecter votre état d'être. Avancez avec votre cœur, faites ce qu'il vous plaît et n'attendez pas de résultats.

La passion est la focalisation sur l'instant présent, et c'est là que réside l'essentiel.

Qu'est-ce que cela implique ? De toujours rester fidèle à ses idées et ses valeurs.

Chapitre 5 :
La bulle de vérités

Quel signal donne-t-on, quelle réponse donne-t-on, à tout ce qui arrive dans notre vie ?

Est-ce qu'inconsciemment, on laisse les événements extérieurs nous affecter (la validation ou l'acceptation), par les complaintes ou autres, ou est-ce que l'on décide de voir la vie autrement et ignorer ces pensées malsaines qui donnent réponses à notre environnement ?

Est-ce que l'on décide de faire confiance aux événements extérieurs, ou est-ce que l'on décide de "SE" faire confiance et de croire intimement qu'une autre voie est possible ?

Earl Nightingale disait " Nous devenons ce à quoi nous pensons !", et en creusant un peu plus le sujet, ce n'est pas à prendre au pied de la lettre.

Comment définir ceci ?

L'une des choses les plus importantes à retenir, en écoutant Earl Nightingale, et en étudiant les livres de Neville Goddard est que (cela va faire mal ce que je vais dire) nous sommes inconsciemment et à 100 % responsables de tout ce qu'il nous arrive dans notre vie, en rapport à notre manière de penser et d'agir.

Notre environnement extérieur n'est que le reflet de ce que nous sommes et de qui nous sommes intérieurement.

Tout ce qui s'est construit autour de nous vient de ce qui est en nous. De ce à quoi nous pensons et ressentons consciemment et inconsciemment. Et c'est notre manière de percevoir, de ressentir, de penser à notre environnement extérieur qui le façonne, car rien n'existe dans notre réalité sans que nous ne l'ayons créé auparavant.

Tout rentre en résonance entre notre environnement extérieur et notre perception, notre ressenti et notre manière de penser, créant ainsi l'osmose, une forme de cohésion entre la pensée et l'environnement.

Pour ceux qui s'intéressent aux lois de l'esprit et qui y croient, ils savent que tout ce qu'il nous arrive dans la vie est le résultat de nos pensées bien ancrées dans le subconscient. Et même si vous n'y croyez pas, je vous demanderais d'être très attentifs à ce que je vais annoncer.

Ce que je veux dire par là, c'est que nous sommes les maîtres inconscients de notre réalité. Et rappelez-vous ! Il n'y a pas d'univers extérieur à proprement parler, car il fait partie de nous.

Pour prendre conscience de sa bulle de vérités, il suffit d'être attentifs à tout ce qu'il nous arrive dans notre quotidien.

Prenez un petit carnet, et notez tout ce qu'il s'est passé dans votre journée (comme un journal intime).

Ensuite, posez-vous les questions suivantes :

- Est-ce que j'y ai vraiment prêté attention ?
- Dans quelle mesure ces événements m'ont-t-ils affectés ?
- Est-ce que je m'en suis plaint ?

Le problème est qu'il est difficile d'être concentré sur autres choses que ces événements qui vibrent en vous, et vous le faites inconsciemment.

Si vous dessinez un cercle et que vous y mettez tout ce que vous avez ressenti à ce moment-là, à quoi vous avez pensé, la perception de vous-mêmes et du monde qui vous entoure, cela constitue votre "bulle de vérités" (il s'agit de qui vous êtes et comment vous vous percevez et percevez ce qu'il vous arrive).

Le monde extérieur (l'environnement) est le résultat de votre monde intérieur (l'avatar).

Je sais que vous avez tous des désirs et que vous aimeriez les voir se réaliser, mais tant que vous n'aurez pas résolu ce qu'il se passe en vous et que vous n'aurez pas amélioré l'image que vous avez en vous du monde extérieur, rien ne sera possible.

Il existe toutefois une solution à ceci, c'est la répétition consciente de " contre-affirmations", c'est-à-dire réfléchir à ce que vous auriez voulu à la place.

Reprenez votre bulle de vérités et notez l'inverse dans une autre bulle de vérités, comment vous auriez aimé que la situation se passe.

Puis quand la situation habituelle arrive, répétez l'inverse, autrement dit, pensez à l'image et à la perception de cette situation que vous auriez aimé voir. Ressentez-la comme si c'était réel, et même si les événements extérieurs vous montrent le contraire.

Le secret est dans le détachement de son conditionnement social, et dans la répétition consciente de notre perception de la réalité améliorée. Ce qui crée un automatisme inconscient. Et quand vous aurez percé l'inconscient, ces nouvelles vérités s'inscriront dans votre subconscient.

Essayez de vous convaincre de ces contre-vérités et elles deviendront votre réalité ! C'est dans cet esprit apaisé que vous pourrez créer une autre version de vous-mêmes. Nous sommes toujours à l'image de ce que nous croyons comme être "la vérité". L'environnement extérieur n'est qu'une extension de vous-mêmes, et vous êtes la source.

Ce à quoi nous donnons force et détermination grâce à notre esprit est l'essence même de cette vérité. Ce que nous entretenons comme vrai, c'est-à-dire l'image de notre environnement associé à cette vérité (notre conviction profonde, nos sentiments et ressentis) prend chair dans l'absolu.

Votre réalité dépend uniquement de ce que vous avez mis ou vous mettez dans votre esprit. Vos croyances, vos valeurs, vos passions, vos peurs, vos plaintes et toutes pensées qui dominent votre esprit, dominent également votre vie.

Toutes vos pensées dominantes, positives ou négatives sont comme enfermées dans une bulle de vérités, qui réagit en harmonie avec votre environnement, et tout ce qu'il se passe dans votre existence est en relation avec ce que vous possédez intérieurement, c'est-à-dire des convictions.

Ce à quoi on donne de la valeur domine notre esprit. La valeur peut être matérielle, immatérielle, on donne de la valeur à nos croyances, à nos idées, aux autres, mais aussi à soi-mêmes. Voilà ce à quoi nous sommes focalisés, car on donne de l'importance à tout ceci.

Cela explique aussi pourquoi est-il des fois si compliqué de convaincre quelqu'un de changer d'idées pour l'amener à vous suivre. Parce que malgré qu'il y a des points de similitudes ou de comportement, chaque individu est unique, et dispose d'un ensemble de connaissances, de compétences, et de croyances propres à lui-même, et cela depuis l'enfance, et qui font partie d'un très long processus d'apprentissage.

Durant ce long processus, un individu obtient des perceptions (des approches) du monde qui l'entoure, ainsi que des convictions personnelles, issues des nombreuses informations accumulées dans la vie, qui, selon avec qui il se trouve, seront concordantes ou discordantes.

En clair, un individu grandit avec " ses propres vérités ".

Ce qu'il y a dans cette bulle (les vérités) est propre à chaque être et constitue une identité mentale et morale. Ce qu'en psychologie nous nommons « notre carte du monde ».

Ce que j'entends par " vérités", ce sont toutes les informations accumulées dans la vie. Tout ce que l'on peut voir, entendre et apprendre via ces canaux sensoriels. Deux individus auront la même vision d'un objet, par exemple un billet de 50 €, mais n'auront pas la même interprétation interne de celui-ci.

L'un pourrait dire « C'est une grosse somme ! », tandis qu'un autre l'interprétera comme quelque chose d'accessible facilement. Nous avons tous, et selon ce que l'on a accumulé dans notre esprit, une perspective de la réalité propre à chaque individu., ce qui nous donne une identité et ce qui fait de nous des êtres uniques.

Malgré des points de ressemblances assez proches, tout le monde, quelque part, n'aura pas la même interprétation de ce qu'il voit ou entend, car ce qui domine l'être avant tout, ce sont ses propres convictions. C'est tout ce qu'il considère comme vrai dans sa bulle de vérité qui crée la réalité, qui fera que la vie est facile ou difficile face à une situation donnée.

Les informations sont issues d'événements visuels, auditifs, tactiles, émotionnels, créant des réactions psychiques et organiques. (la peur par exemple). Tout ce que nous avons accumulé dans notre existence ont donné aussi la position que l'on occupe dans ce monde

Et avec cette somme de connaissances (ce que l'on pourrait appeler " le vécu "), un individu faisant face à un événement similaire ou proche, aura une réaction corporelle et psychique instinctive, ce qui s'appelle " Le ressenti", et même si nos pensées sont tournées vers l'optimisme (dans le cas d'une tentative pour changer ses pensées), nous ressentirions quelque chose qui sonne faux en nous.

Cette "bulle de vérités" constitue le "qui je suis ?" (son identité). C'est notre programmation mentale. Et autrement dit, il s'agit de notre carte du monde.

La reprogrammation du subconscient ou assimilation de ce que je pourrais appeler " les contre-vérités personnelles", en ma connaissance, peut se faire de trois manières différentes :

- Soit par la répétition associant pensées et ressentis jusqu'à quand celles-ci deviennent dominantes et acceptées par le subconscient.

- Soit en apportant "la preuve" qui sera suffisamment convaincante pour le subconscient, par exemples, par le biais d'un choc émotionnel, ou en osant affronter ses peurs pour se rendre compte qu'il n'y avait aucune raison de paniquer. (vaincre le vertige ou la timidité).

- Soit nous perdons non seulement la mémoire, mais aussi l'empreinte sensorielle, c'est-à-dire ce que nous pouvons ressentir intérieurement face à un événement. Il faudrait que l'homme perde toutes ses facultés jusqu'à son paradigme. En clair, une remise à zéro de tout ce qui constitue l'être.

Le plus curieux des paradoxes de ce monde est de croire que nous pouvons façonner notre monde à notre image, mais l'ironie du sort est qu'inconsciemment, tout ce que nous avons toujours voulu, nous l'avons déjà. Nos peurs, nos doutes, nos joies, nos peines, tout ce qui nous rend heureux ou malheureux, nous l'avons créé, y compris le fait que vous me croyez ou pas, cela fait partie de vous.

Tout ceci parce que vous êtes toujours et inconsciemment enfermés dans un cocon sociétal qui manipule chacune de vos pensées et ressentis. Et vous croyez en une liberté, mais elle n'est qu'illusoire, et vous empêche d'aller au-delà de votre propre imagination. Tel un oiseau dans une volière dont sa conception de la liberté est limitée. Il ne verra jamais que le monde est bien plus grand que tout ce qu'il peut connaître.

Vous êtes comme cet oiseau, et votre environnement social a bâti des murs invisibles tout autour de vous. Ce qui vous bloque, ce sont uniquement vos croyances, et tout ce que l'on vous a laissé croire.

Attention, cela ne veut pas dire que nous ne pouvons pas changer sa perception mentale et environnementale, car il existe un moyen de changer sa condition, et cela ne passe pas seulement par ce que nomme Bob Proctor dans ses livres « Le paradigme ».

En partie, cet auteur a raison, mais il oublie une chose, c'est qu'il ne s'agit pas purement de croyances, mais de fréquences, ou ce que nous appelons aussi « mémoire cellulaire », qui peut être affectée par notre champ aurique. Tout peut se créer à l'intérieur de soi et se propager dans notre corps. Notre rôle est simplement de créer cette fréquence qui affectera tout ce qui est à l'intérieur de notre être.

Notre destin ne commence pas à la sortie du ventre de notre mère, et le gros souci avec le paradigme, même si ceci est en partie vrai, c'est que ce n'est pas uniquement l'environnement qui façonne l'être, mais sa fréquence énergétique que nous appelons aussi « champ aurique ».

Dès sa conception, il faut garder à l'esprit que nous disposons de la même signature énergétique que notre mère, car nous ne faisons qu'un avec elle. Nous baignons dans la même fréquence aurique. Nous possédons le même sang, les mêmes cellules, les mêmes tissus que celle qui nous porte pendant neuf mois. Pourquoi il n'en serait pas de même pour la mémoire cellulaire et son aura qui nous enveloppe ?

Dès notre naissance, nous sommes soumis à cette même fréquence et pour deux raisons, la première est comme je le disais la signature énergétique, et la deuxième est l'environnement social, c'est-à-dire, nos parents, nos amis, écoles et croyances. Nous ne ressemblons pas uniquement à nos parents physiquement, même si nous avons souvent entendu « tu ressembles à ton père ! » ou « tu ressembles à ta mère ! ».

Un individu peut posséder les mêmes traits de caractère que des parents, et les développe au cours de son existence, selon avec qui il se trouve, et généralement, les enfants connaissent le même destin que les parents à une exception (j'y reviendrai, mais j'ai envie que vous compreniez d'abord ceci si vous voulez changer !)

Nous ne possédons pas seulement les mêmes tissus que nos parents, mais leurs fréquences énergétiques dès la naissance, et comme je l'ai déjà évoqué, cet « aura » (ou champ aurique) sera toujours aligné sur notre environnement, qui est d'ailleurs le même que nos parents.

Ces fréquences se situent soit dans « l'avoir », soit dans « le vouloir », et si vous voulez en savoir un peu plus, je vous recommande vivement de vous référer aux livres d'une autrice du nom de Suh Yoon Lee, et vous comprendrez qu'il n'y a que deux formes de fréquences, avoir et vouloir. Ce qui différencie où l'on veut se situer, et où l'on se situe.

Pour en revenir à cette exception, notre destin n'est pas scellé dans le marbre, car la vie nous donne des opportunités, des occasions à peine perceptibles, mais qui peuvent changer considérablement notre existence. Des rencontres ou des événements lors de notre évolution dans ce monde. Nous possédons ce choix de ne pas subir le même destin que nos parents, et ce qui prédomine, c'est cette foi en nous, la perception des valeurs que l'on donne à notre être et à notre milieu environnant.

Tout ceci pour vous dire que même si vous voulez changer votre vie, il faut d'abord modifier la perception que l'on en a, et être dans la fréquence « avoir ». Cela passe par les émotions que l'on ressent intérieurement et notre imaginaire, par sa façon d'être et de croire « qui nous sommes », de ce que nous considérons comme des valeurs.

La bulle de vérité est tout simplement qui vous êtes et où vous êtes. Elle rassemble tout un ensemble de pensées et ressentis en relation avec l'environnement dans lequel vous baignez.

La vérité est aussi que nous ne pouvons rien changer si nous ne changeons pas intérieurement d'abord, et notre environnement sera la copie conforme de ce que l'on ressent ou perçoit intérieurement, tel le reflet d'un miroir. Soit nous acceptons notre triste condition, soit nous décidons d'agir et de croire qu'une autre voie est possible.

Pour vous démontrer ce qui a été dit jusqu'à présent, laissez-moi vous parler d'une théorie que j'avais lu dans un ouvrage de développement personnel il y a quelques années. Cela était vrai et cela reste encore un phénomène naturel, et cet exemple va vous le prouver.

Supposons que devant vous, se trouve un verre d'eau. Celui-ci est une représentation de l'univers tel qu'il est, qui met en évidence deux environnements différents. On peut supposer que l'un est un environnement positif (symbolisé par l'air), et l'autre, un environnement négatif (symbolisé par l'eau).

À l'intérieur de ce verre, il y a une balle de Ping-pong qui est une représentation de vous-même, ou plutôt de ce qu'il se passe à l'intérieur de vous.

Cette théorie démontre que tout ce qui se passe à l'intérieur est le reflet de ce qu'il se passe à l'extérieur. Il y a une forme d'harmonie entre les deux.

Et quand nous changeons intérieurement, et que notre vision du monde diffère, par notre évolution naturelle, ou par le biais de notre prise de conscience, c'est-à-dire en abandonnant délibérément nos anciens schémas de pensée, ce qu'il se passe autour de nous s'aligne sur qui nous sommes devenus.

Cela signifie que par la connaissance, l'estime de soi ou les progrès socioculturels autres, plus nous voulons nous enrichir, plus la balle voudra se remplir d'air, et plus elle remontera vers la surface.

Je suis de ceux qui croient réellement que l'enrichissement personnel a une influence directe sur notre environnement, et vous pouvez le remarquer dans la vie de tous les jours quand un de vos amis vous dit "tu as changé, tu n'es plus le même qu'avant !" et qu'il constate vos progrès dans vos élocutions ou dans votre comportement par exemple, et vous commencez à y voir plus clair par rapport à vos progrès devant tel ou tels individus.

L'environnement intérieur change en même temps que l'environnement extérieur, et il ne peut pas en être autrement.

Je vous donne un exemple :

Tous ceux qui vous croyaient incapables ou nuls, se feront soit moins présent, soit ils changeront leur comportement en face de vous, car ils sauront qu'ils ont en face d'eux quelqu'un de mieux avisé et de plus cultivé, les rapports vont s'améliorer.

Il existe une technique pour améliorer sa situation sociale et culturelle, et cette solution est la recherche de nouvelles connaissances, par la lecture entre autres. En faisant ceci, votre estime de vous-mêmes et votre confiance vont augmenter inconsciemment. Vous serez une personne ayant acquis de l'assurance, et sans que vous le voyiez directement, votre environnement changera également.

C'est vouloir remplacer l'eau par de l'air, plus la balle se remplira d'air, et plus elle se rapprochera de la surface.

Je vais développer avec des exemples :

- Combien de fois on vous a refusé un poste parce que vous n'aviez pas les connaissances requises ?

- Combien de fois on vous a dit que vous étiez nul (le)s ou incapables d'accomplir telle ou telles choses ?

- Combien de fois on vous a dominé par manque de connaissance ou d'assurance ?

La réponse à tout ceci est que vous manquez d'entraînement tout simplement, et vos croyances actuelles vous empêchent de faire quoi que ce soit, car vous supposez dans votre for intérieur que tout ce que vous entreprendrez sera peine perdue.

Certain diront (par usage de facilité ou excuses) "C'est facile à dire pour toi !"

Je répondrai seulement que j'étais il n'y a pas si longtemps de cela dans ce même état d'esprit qui est pire que tout, c'est "l'acceptation" (non pas par choix, mais résignation).

Nous restons comme cette balle de Ping-pong évoquée plus haut, c'est-a-dire au fond du verre au lieu de vouloir (même si c'est dur) remonter à la surface. D'aller au-delà des murs de nos croyances et de notre éducation, mais laissez-moi vous dire que tout ce que vous considérez comme vrai ne l'est pas forcément.

Vous demeurez dans une forme de « conformisme » de la société qui vous suggère que « tout est impossible », et pourtant, ceux qui réussissent ne sont pas si différents que vous et vivent dans le même monde. Ce qui change, c'est votre ressenti et votre perception de la réalité, enfermé dans votre bulle de vérités.

Et l'harmonisation entre son monde intérieur et extérieur est un piège pour notre inconscient qui ne fait que s'adapter, c'est se contenter du peu que l'on a, se mentir à soi-même et se dire "cela me convient", pour ceux ne connaissant pas plus amont.

D'accord, il y a des groupes d'individus qui restent dans l'ignorance, dans des communautés indigènes qui ont pour eux atteint la pleine satisfaction, car ils ne connaissent rien d'autre. Mais nous sommes dans une société dirigée par "l'envie", parce que nous savons qu'il y a mieux......toujours mieux, généré par les médias et la publicité qui nous positionne dans « le manque » ou « Le vouloir », nous faisant croire qu'il y a toujours des personnes au-dessus de nous, et comme je le disais, ils ne sont pas si différents de nous.

Alors, on s'identifie à un milieu, notre mental ayant absorbé comme une éponge notre environnement extérieur, en fait, nous baignons en plein dedans. Dans ce cas, le milieu social et culturel convient. Il y a le vouloir "être", mais avec cette connaissance qui nous suffit, ces fausses croyances qu'il faut s'identifier à milieu social, car il ne peut en être autrement.

On accepte une situation parce que l'on estime qu'il ne peut pas en être autrement, et je vous affirme que tout le monde ne change pas forcément (ou à la même vitesse), mais possède en permanence cette possibilité de le faire.

Changez ne serait ce qu'un petit élément de votre vie, et vous constaterez que votre perception du monde extérieur changera.

Je n'oblige personne à le faire, mais faites l'expérience, et constatez toutes les différences qu'il y aura autour de vous.

Intéressez-vous davantage, et vous aurez davantage !! (confiance en vous, connaissances ou autres)

Dans la représentation de la balle de Ping-pong au fond du verre, beaucoup passent leur vie dans cet état, pourquoi ?

Il y a trois raisons principales à cela, l'excès d'assurance, la peur et l'ignorance.

L'excès d'assurance d'abord, l'être humain, tout au long de sa vie, se façonne une identité, et arrivé à l'âge adulte, il a ce besoin de s'affirmer dans la société. Il dispose de connaissances, certes, mais estime avoir atteint le plus haut de ses possibilités, mais à son niveau, absorbé par son environnement, et en acceptant que sa vraie place est celle qu'il a, il fait partie de la masse et croit disposer d'un leadership pour se rassurer. Dans son mental, il dispose d'envies, mais reste convaincu de ne jamais les atteindre. C'est le premier conditionnement mental.

La peur est une autre raison qui pousse l'être humain à ne pas aller au-delà de ses possibilités, il a peur d'être incapable ou nul, car il en est convaincu à cause des fausses croyances inculquées par autrui. Cette conviction a pour origine l'enfance et s'affine avec l'âge. Dans le réel, il est très capable, mais on lui a fait croire le contraire pendant très longtemps qu'il baigne dans cette culture de la peur, celle de l'inconnu, du « qu'en dira-t-on ? », de la peur d'échouer, mais dans ce dernier cas, la peur de l'échec crée l'échec.

C'est lui donner vie rien qu'en y pensant. Alors qu'inversement, une personne intimement convaincue de sa propre réussite, et disposant d'une foi intense, réussira à coup sûr. Sa fréquence restera alignée à sa réalité.

L'ignorance pour conclure, elle est en rapport avec ce que je viens de dire plus haut, la peur et l'excès d'assurance sont des croyances limitantes, plus dans le conditionnement mental que dans la culture. L'être humain finit par accepter cet état d'ignorance et ne cherchera pas à creuser un peu plus ou exploiter de nouvelles connaissances.

L'être ignorant se fait exploiter sans le savoir dans la société, et les personnes mal intentionnées et mieux cultivées exploitent cette faiblesse d'esprit, que ce soit en politique ou dans le domaine de la finance.

Mieux avisé, il serait mieux armé à affronter le monde extérieur, et une personne cultivée est dangereuse pour certains business, ne trouvant plus aucun argument pour l'exploiter.

Par exemple, une personne qui connaît parfaitement le code du travail ne laisse aucune prise à un employeur peu scrupuleux.

Pour cela qu'il faut être curieux de tout, chercher de nouvelles connaissances, et quand on est curieux, nous exploitons un nouveau potentiel, ce que nous pouvons, ce que nous sommes réellement. Et se poser réellement la question « quelles sont mes limites ? », et je vous répondrais « uniquement celles de votre imagination. »

Plus nous tentons de progresser (de toutes les manières qu'elles soient) dans la société, en cherchant de nouvelles informations, en se cultivant ou en s'affirmant, et plus notre environnement relationnel change, parfois en quittant certaines personnes toxiques et en se trouvant un nouvel environnement, ou en changeant les autres inconsciemment.

Mais changer, je le conçois, n'est pas chose aisée pour certain, en effet, le conditionnement a pris le pas sur la volonté, et il est difficile de transformer une personne qui a connu tant d'années de conditionnement mental.

Comme je le disais, nombreux sont ceux qui n'ont plus cette volonté de changer, bien qu'ils en soient capables, et il reste, dans l'image de la balle de Ping-pong, au fond du verre.

Une enquête a déjà été mené dans les maisons de retraite, et il est ressorti que dans plus de 90 % des cas, les personnes âgées ont ce sentiment de ne pas avoir pu accomplir ce qu'ils souhaitaient et éprouvaient des regrets de ne pas avoir tenté de nouvelles expériences, ils ont ce sentiment de ne pas avoir eu le temps pour cela. 90 % des personnes âgées éprouvent des regrets, c'est énorme ! Mais pourquoi ?

La peur et la conviction d'être, faisant de nous des êtres programmés à ne pas aller au-delà de nos capacités. Et comme j'essayais de vous le faire comprendre, ce n'est pas le monde qui nous façonne, ni les gens, ni les événements, mais tout simplement nous-mêmes, car notre environnement n'est qu'à l'image de notre avatar, le personnage que l'on interprète, du rôle que l'on croit jouer issu de nos croyances.

L'être humain est fait pour progresser, pour rechercher de nouvelles connaissances, même s'il croit avoir tout acquis, de tout connaître du monde, celui qui progresse est curieux de tout.

Mais au lieu de cela, il préfère se résigner, dire qu'il en est incapable, et repousser par peur de se lancer en se disant "demain, je tente !"

Ce demain, malheureusement ne devient jamais aujourd'hui pour celui qui procrastine, il demeurera demain, pour se transformer à la fin de la vie en "jamais", d'où l'importance de chaque action dans l'instant présent, et cela, dans tous les domaines de ses choix.

Ce à quoi vous donnez de l'importance, en pensées et en paroles est ce qu'on appelle des " vérités", et ces vérités deviennent votre réalité.

Lâchez la corde ! Laissez tomber ! Et accrochez-vous plutôt à ce qui devrait avoir de l'importance pour vous !

- Un toit sur la tête
- Un conjoint ou une conjointe
- Des enfants
- De l'argent (salaire)
- Du temps libre
- Une voiture

Ayez conscience que vous avez déjà un trésor en ayant tout cela. Et si ce n'est pas le cas, dites-vous qu'il y a toujours plus malheureux que vous. Voilà l'état d'esprit à adopter !

Partie II :
Dépendance et liberté

Chapitre 6 :
Le conditionnement social

Le conditionnement social a commencé au moment où vous étiez le plus vulnérable de votre existence, c'est-a-dire dès votre naissance, faisant de vous et sans que vous puissiez vous en rendre compte, des êtres programmés qui croient tout contrôler dans leur environnement.

L'environnement social vous a appris à être dépendants d'un système de pensées qui pousse l'individu à VOULOIR plutôt qu'à AVOIR. Bienvenue dans le monde économique tel qui l'est.

À chaque fois que votre attention est détourné de la réalité du monde par les médias, les divertissements en tout genre, vous sacrifiez de votre temps à des choses ou des événements qui ne vous apporteront rien de plus que de la dépendance.

Est-ce que votre vie va changer pour autant en étant distraits par ce qu'il se passe ailleurs que dans ce conditionnement ?

Toujours les mêmes rituels, à regarder des vidéos sur les réseaux sociaux, le nez penché sur nos tablettes, smartphones ou écrans de télévision, à suivre des émissions de variété dont le seul but est de faire de l'audience et gagner de l'argent grâce à ceux qui préfèrent perdre leur temps.

Et c'est dans ces conditions que nous demeurons dans le VOULOIR, conditionnés à cet effet, et à n'avoir pas d'autre but dans la vie.

Pour ceux qui ont réellement envie de changer quelque chose dans leur vie, il vous faudra changer de comportement.

Ne serait-il pas mieux pour vous de lire un livre, de rechercher de nouvelles informations, d'apprendre un métier ou un domaine qui sera bénéfique pour vous, au lieu de demeurer un simple follower (suiveur) sur les réseaux sociaux par exemple ?

En clair, ne serait-il pas mieux de se tourner vers des activités qui seront à long terme constructives pour vous, au lieu d'être les pantins d'un système économique ?

Ceux que vous suivez peuvent être nocifs pour votre esprit qui restera conditionné par tout ce que vous préférez suivre, et si vous ne changez rien maintenant, vous continuerez à être un simple follower qui n'aura rien gagné de plus, mais qui aura contribué à donner l'existence que vous voulez à quelqu'un d'autre.

Le point d'attraction, c'est vous et personne d'autre. Arrêtez d'être influencés, et devenez des influenceurs ! Apprenez à vous positionner en leaders, et non en suiveurs ! Car le temps que vous consacrez à d'autres, vous le sacrifiez pour vous-mêmes.

Le conditionnement social, comme toutes les autres formes de manipulations, fonctionne toujours selon le même schéma.

- La toute première étape de la manipulation, que ce soit les sectes, les médias, ou les pervers narcissiques est toujours l'isolation de la victime par une influence positive, en faisant croire qu'il y a toujours quelque chose de mieux pour eux, tout en l'éloignant de leur vrai potentiel intérieur.

Ils détournent leur attention sur ce qui semble être bénéfique, alors que c'est le strict opposé. Tout ce qui brille n'est pas fait d'or.

Pour vous donner un exemple, imaginez un groupe de personnes enfermé dans une pièce sans fenêtre, et qu'un manipulateur dit aux occupants que l'air extérieur est toxique, et qu'ils ne devraient pas sortir, alors qu'à l'extérieur, l'air est sain.

Celui qui influence leur esprit dira toujours qu'il les maintient enfermés pour leur bien, mais celui-ci, en gardant en captivité un groupe d'individu, n'y verra à chaque fois que son propre intérêt.

- Vient ensuite tout un système de récompenses et de sanctions. Une forme de dressage si vous préférez le terme. Et en mettant quelqu'un toujours au-dessus de vous, que ce soit un Dieu, un Diable ou une personne physique, vous restez dépendants des croyances que l'on vous a enseignées, et vous restez en position de suiveurs. Et ces croyances en ces divinités vous pousse à regarder vers l'extérieur, plutôt qu'à l'intérieur de vous-même. Car le maître du jeu est et restera toujours en vous.

- Et enfin, l'assimilation de suggestions répétées encore et encore, créant une forme accoutumance inconsciente de la victime. Un processus de lavage de cerveaux qui perdure depuis que vous êtes nés, et ce sont les seuls repères que vous ayez actuellement.

Mais pour ceux qui sont adultes, et qui se font manipuler, la dépendance ne se crée pas tout de suite. Elle prend du temps pour enlever les ancrages de l'ancien schéma, et quand ceux-ci sont retirés, la victime n'a même plus conscience d'avoir été manipulée, et de nouvelles croyances se sont installées. Cela se fait en douceur, mais de manière efficace.

Ce qui amène à cette réflexion, et concernant le monde actuel.

Est-ce que nous ne vivons pas déjà et inconsciemment une forme de manipulation des masses par cette société moderne de consommation ?

Pour ma part, la réponse est oui, car inconsciemment, nous sommes programmés, et ce qui définit notre identité provient de notre entourage (famille et amis) lui-même programmé.

Nos pensées ne sont pas réellement nos pensées. Elles proviennent de notre éducation, par les écoles, par l'église, de par le monde professionnel et de tout ce qui nous entoure. Faisant de nous des êtres programmés.

Je doute que certains voudront en savoir un peu plus, ou y croiront. Ils resteront bloqués sur leur ancien schéma, préférant s'accrocher à leurs "idoles d'or", à des symboles, qui ne sont en fait que des illusions.

Prudence ! Quand vous gobez les louanges de votre interlocuteur, la moitié du chemin pour vous manipuler est déjà fait pour lui.

Croyez-le ou non, nous sommes tous des êtres "inconscients " et endoctrinés depuis l'enfance dans un système de pensées.

Mais à l'intérieur de nous réside un réel pouvoir, celui de penser différemment, celui......" d'être".

Et comme dirait la fable du corbeau et du renard, « tout flatteur vit aux dépens de celui qui l'écoute ! »

Au moment où j'écris ce livre, j'ai lu récemment un article concernant le dogme du développement personnel, et cela est assez, je ne sais pas si je dois dire, paradoxal.

Je fais ce même constat incroyable du dogme du développement personnel, avec l'apparition de nouveaux gourous de "la manière de penser", mais aussi, de nouveaux coachs autoproclamés avec leurs " recettes maison", et dont l'approche est plus dans le business que dans l'humain.

Et c'est là que réside le véritable danger, avec l'arrivée de ces coachs inexpérimentés qui croient tout savoir du développement personnel, et qui font de "l'interprétation" et non de " l'étude".

Une fois les portes du développement personnel ouvertes, beaucoup se sont jetés dans le train, sans en connaître vraiment la destination. En se créant un rôle qui n'est pas le leur, le danger est que ceux qui sont véritablement dans le domaine sont décrédibilisés par ceux qui s'autoproclament, qui n'apportent aucune réelle solution à leurs clients, et dont ces derniers deviennent victimes d'un système qui les rendent dépendants, sans qu'ils ne s'en rendent compte, et qui ne crée pas "l'indépendance de l'humain".

Dès lors, ces personnes qui recherchent de l'aide auprès d'un coach deviennent des otages, prisonniers d'un système les rendant hypnotisés et dépendants.

Les clients deviennent des disciples qui ne jurent que par des gourous ou des pseudos magiciens qui préfèrent nourrir leur compte en banque sous fond d'imposture. En quelque sorte, ils sont dans une secte.

Mais où est donc passé l'humain dans tout cela ? Où sont donc ces personnes libres et indépendantes ?

Aussi, ce que je trouve paradoxal, et même si une grande partie de ce qui est évoqué par cet article cité plus haut est vrai, c'est que le sujet est tellement mis en avant par les médias que je me demande si, encore une fois, l'humain n'est pas influencé et est encore capable de penser par lui-même.

Ne vit-il pas déjà un diktat inconscient ?

Je suppose qu'il y a un peu de cela. On vit vraiment dans un monde d'hypocrisie que plus rien ne me surprend. Surtout si l'on préfère écouter les autres que soi-même.

Et dans la multitude de questions qu'un individu peut se poser, il y a une chose qui demeure juste, c'est que *"L'homme est sa propre réponse ! "*. Seulement, il ne cherche pas au bon endroit.

Cela veut dire que dans tous les mystères de la vie (si l'homme considère ceci comme des mystères), il n'y a qu'un seul protagoniste dans sa propre histoire, c'est-à-dire "lui-même".

J'aurais très bien pu dire que *"L'homme est le reflet de la réalité dans laquelle il évolue !"*, ou encore *"L'homme est inconsciemment son propre miracle !"*.

Peu importe ce que nous croyons, car seul compte ce que nous considérons comme vrai ! La conscience est subjective, et se base sur son inconscient objectif, constitué de croyances qui remontent à l'origine de son être, "le paradigme".

Il ne se crée pas ses propres croyances, parce qu'elles sont suggérées par son environnement, par l'éducation, dans les institutions telles les écoles ou les églises, ou encore de son entourage. Et L'homme croit penser par lui-même, alors qu'il est influencé depuis toujours et inconsciemment.

La réalité est qu'il est pris en otages dans les murs invisibles de son conditionnement. Il se croit libre de penser par lui-même, alors que ce n'est pas le cas.

En clair, c'est le milieu environnant, et la somme des croyances inculquées qui font l'homme. Il perçoit le monde avec les croyances qu'on lui a données, et le perçoit avec son ressenti.

Dès lors qu'on lui en donne la possibilité (bien qu'il l'ait toujours), il peut changer sa condition, ce qui l'en empêche, ce sont les croyances et l'image du monde qu'il a en lui (sa réalité ou carte du monde).

J'avais répondu à une personne de mon entourage sur un sujet qui s'en rapproche, et je parlais de l'effet placebo en rapport avec de la Juliette de Vérone ou du taureau de Laguiole.

Non ! Toucher les parties intimes du taureau de Laguioles ou les seins de Juliette ne vous rendra pas riches ou ne vous donnera pas un mariage dans l'année, à moins d'y croire vraiment en supprimant le doute (ce qui veut dire avoir une foi sans faille et soutenue en cela !).

En mon sens, ce ne sont pas ces statues qui font des miracles, mais seulement les croyances qu'on leur accorde. Et c'est par le biais de ces objets que tout peut se concrétiser ou non. Ce sont juste des catalyseurs de la pensée humaine. Toutes les croyances et les superstitions qui sont autour, et la perception de ces statues font les miracles.

Ce qui explique aussi pourquoi cela semble fonctionner pour certains, et pour d'autres non. Parce qu'ils sont convaincus au plus profond d'eux-mêmes que cela fonctionne ou non.

Mais n'ont pas conscience qu'ils ne font que s'appuyer sur l'objet qui est une forme de catalyseur psychique. C'est-à-dire que l'esprit s'appuie sur cela, et c'est l'esprit seul qui concrétise

Si je vous donne une pierre, et que je vous murmure à l'esprit qu'elle a des vertus magiques, est-ce que vous me croirez ? Probablement pas !

Mais si j'arrive à convaincre des centaines et des centaines de personnes que cette pierre est magique, de par "l'effet de masse", et constituant le noyau de croyances d'un milieu populaire, et si je paie des personnes pour dire que cela fonctionne, cela constituera la preuve.

La réalité est la suivante : aucun pouvoir n'existe en dehors de celui de son esprit conditionné par la masse (l'effet placebo).

La seule chose que nous apportent ces objets, c'est un support psychique, une base sur laquelle l'esprit humain peut s'appuyer pour finalement créer son ou ses propres miracles.

Et plus le niveau de confiance en ces statues et autres objets est élevé, plus nous croyons que cela est réel et que cela va fonctionner, et plus cela devient une réalité.

Le miracle ne s'exécute que par une foi conditionnée, et le vrai pouvoir est en soi, que vous me croyez ou non.

Les objets ne sont finalement que des supports psychiques. Une base sur laquelle l'esprit est consolidé par une croyance en un objet, telle une pierre "magique".

Est-ce qu'une croyance, en un objet porte-bonheur ou autre, change la mécanique de son esprit, tel un effet placebo ? Il y a de grandes chances que l'on puisse répondre à cette question par l'affirmative.

L'objet ne serait finalement que le symbole de cette croyance, dans lequel l'homme s'appuie de manière inconsciente.

L'objet change-t-il l'aurique ou l'alchimie de l'esprit ?

Peu importe ce que vous pensez ou ce que vous croyez. C'est la réalité inconsciente que vous acceptez.

L'esprit humain se base sur son environnement objectif, et considère comme vrai ce qu'il contemple et ressent de cet environnement. Mais est-ce la réalité ?

La réalité n'est qu'une définition de soi, car seul compte ce que l'on considère comme vrai.

Nous sommes tels que l'on se perçoit, tels que nous percevons le monde, et tels que nous percevons inconsciemment notre environnement comme réel.

Et comme le disait Henry Ford, que vous soyez d'accord ou non, vous avez raison.

Ce que vous choisissez de croire ne dépend pas de moi, mais de vous uniquement. Et dans l'histoire, rappelez-vous, je ne suis que le messager.

Je vois énormément d'articles sur des prétendus objets ou rituels aux pouvoirs miraculeux, mais s'est-on vraiment posé la question sur l'origine de ces pouvoirs ?

Sur internet par exemple, nous pouvons voir des bracelets et des gris-gris en tout genre pulluler sur plusieurs sites commerciaux. Mais je risque d'en choquer plus d'un en disant ceci.

Les seuls pouvoirs qu'ont ces objets sont seulement ceux que l'on leur attribue par nos croyances et nos convictions. Ce ne sont que des placebos.

Ces pouvoirs sont déjà en nous sans que vous le sachiez vraiment. Pas besoin d'un quelconque objet pour vous le rappeler. Vous ne faites que leur attribuer un pouvoir.

Tout ce que vous avez besoin est déjà EN VOUS ! Changez seulement l'image (la perception) que vous avez de vous-mêmes ! Comment ? Soyez attentifs simplement ce qui va suivre, car les réponses sont à l'intérieur.

Le vrai miracle, C'EST VOUS ! Et dans tout ce que vous avez lu jusqu'à présent, je n'ai eu de cesse de vous l'expliquer. Arrêtez d'écouter les vendeurs de rêves et faites-vous un peu plus confiance !

Et pour vous fournir plus d'informations sur ce chapitre, laissez-moi vous parler de ce que l'on appelle « la théorie du complot ». Je me suis énormément renseigné sur ce sujet, et ce que je vais vous dire risque de vous surprendre.

La vérité sur la théorie du complot, c'est qu'il n'y a jamais eu de théorie du complot. Étrange non ?

Il s'agit uniquement d'une idée reçue qui arrange bien ceux qui vous ont conditionnés à cette idée, en vous positionnant en suiveurs plutôt qu'en leaders. À rester dans le VOULOIR plutôt que dans l'AVOIR. Et je ne cesse de le répéter, vous êtes manipulés sans le savoir.

Nous le voyons assez souvent avec ce que l'on appelle « les influenceurs », mais ils ne seraient rien sans ce que l'on appelle « les influencés ». La question est « de quel côté de la barrière vous situez vous ? »

Les réseaux sociaux et les médias vous éloignent de votre objectif, celui de penser librement, en embrumant votre cerveau de spéculations en tout genre, et plus vous regardez les médias et les réseaux sociaux, et plus vous vous éloignez de la vraie vie.

Le dicton « diviser pour mieux régner ! » prend tout son sens.

Ce que je trouve sidérant, en analysant la nature humaine, c'est que " l'être" se manipule en se croyant manipulé par la société. Il est même très doué pour cela.

Et tant que l'homme se focalise sur autre chose que son être intérieur, il ne verra jamais le véritable potentiel qui réside en lui.

Mais ce qu'il ignore, c'est qu'il a en permanence la clé du savoir infini, mais qu'il ne la prend pas pour ouvrir la porte lui permettant d'accéder à un autre univers.

Le curieux paradoxe est que celui qui sait est un ignorant, et celui qui ignore sait !

Tout est toujours à portée de main, il suffit de sortir de son conditionnement pour l'obtenir.

Chapitre 7 :
Le deuxième cercle

Depuis fort longtemps, je m'intéresse aux sujets liés aux lois de l'esprit. J'ai lu des textes anciens qui ont un attrait philosophique, ésotérique ou psychologique, dont la bible de Louis Segond, et les interprétations de la tablette d'émeraude d'Hermès Trimégiste. Et à cela, je peux faire deux constats.

Le premier est que nombreux sont ceux qui devraient s'intéresser à la lecture de ces textes, car nous retrouvons dans ces ouvrages de nombreuses métaphores à la fois philosophiques et psychologiques. Les réponses que vous recherchez sont à l'intérieur, non pas des textes qui ne sont que des messages destinés à vous faire comprendre qui vous êtes réellement, mais en vous, et en votre capacité à vous intéresser et à croire.

Mais attention à bien sélectionner les livres que vous lisez, et de disposer d'une grande capacité de discernement, à savoir si ceux-ci vous aident à devenir indépendants, et non pas accros à un système de pensées erroné. Car tout ce qu'il se passe dans la société, y compris dans les médias et de nombreux livres, vous poussent à rester dépendants d'eux.

Certes, certains d'entre eux vous donnent des réponses, mais ne vous font pas comprendre que c'est vous les seuls maîtres de votre destinée. Il n'y a ni Dieu, ni leader, ni coach, ni auteur, ou ni chef que vous-mêmes. Tout ce que font ces personnages qui dirigent votre vie est de vous laisser croire que vous pouvez être comme eux. Ils vous conditionnent dans le « vouloir ». Tout vient de l'intérieur de soi et de sa capacité à croire en sa propre valeur, mais malheureusement, très peu d'ouvrages vous le diront.

Le deuxième est que l'esprit humain est tellement conditionné par la société qu'il ne se rend pas compte de ce qu'il se passe vraiment. Toutes les croyances acquises durant son existence ne lui appartiennent pas. Il est formaté dans un environnement de règles et de peurs depuis qu'il est né. Personne ne lui a appris qu'il existait en lui un immense pouvoir qu'il utilise plus à son détriment qu'à son avantage.

Il croit dominer son univers, il croit être libre, mais il n'en est rien. Il attend aussi des réponses dans les livres, mais ce n'est pas en lisant ces textes qu'il sera en mesure de contrôler son destin, ou du moins, en grande partie. Malgré les bonnes intentions de ces ouvrages, ils ne le sauveront pas de lui-même, car il remet sa vie entre les mains d'une puissance extérieure, sous la forme d'un leader, mais posez-vous cette question. Si en face de moi j'ai un leader, alors, qui je suis ?

La réponse est que vous êtes tout simplement un suiveur (ou « follower » pour reprendre un terme anglais).

À partir du moment où tout le monde vous dit ce que vous devez faire, vous êtes manipulés inconsciemment. Vous êtes « le premier cercle », car si vous prenez conscience qu'il y a des dominants dans votre existence, vous êtes forcément dominés. Vous n'êtes pas libres de vos choix ou de vos pensées, ni de l'image que vous voulez vous donner.

Vous demeurez dans la fréquence du « vouloir ». Vous vibrez cette fréquence aurique, qui finalement, vous rend malheureux, car vous prenez conscience que tout ce que vous désirez, vous ne l'aurez jamais.

Par contre, quand vous prenez conscience d' « avoir », vous comprenez votre situation actuelle. Tout vous suffit et vous êtes en paix avec vous-mêmes. Ayez déjà le sentiment d'avoir déjà ce que vous voulez, et d'être les seuls maîtres de votre destin. D'affirmer en vous qui vous êtes, sans vous préoccuper de ce qu'il se passe en dehors de vous, et qui finalement, n'est qu'un écho de la perception que vous avez de vous-mêmes.

Un peu plus haut, je vous parlais des catalyseurs psychiques. Et en remettant votre destin sur des objets ou des personnages bibliques, vous ne serez jamais libres d'exprimer qui vous êtes vraiment. Je vous disais aussi que les miracles existent au travers de ces symboles, mais ce ne sont pas eux les déclencheurs.

Le vrai miracle vient avant tout de soi et de sa capacité à croire en ces objets ou en Dieu lui-même. Mais qui est Dieu, et qui est le diable ? Est-ce que vous les avez vus vraiment, et qu'est-ce qui prouve leur existence en dehors des miracles ou des malheurs (dont nous sommes les auteurs inconscients) ?

Depuis des siècles, la foi est une arme fabuleuse et destructrice de domination de l'homme sur l'homme. Elle est en chacun de nous. Et en créant ces personnages divins, angéliques ou sataniques, il existe en chacun de nous ce sentiment « personnifié » de fascination et de peur.

Et dans l'histoire du monde, des hommes et des femmes ont été poursuivis, torturés, et tués au nom de la religion, mais aussi à cause de l'ordre divin que les rois s'attribuaient, et pour les empêcher de se soulever contre eux.

En conditionnant l'être humain à être esclave de croyance, en distillant ces sentiments de peur et de fascination dans son esprit, sans savoir qui était le véritable maître de son destin. Pour ne pas que l'on découvre ce vrai pouvoir que nous avons toutes et tous.

Ainsi, différentes peurs existent encore de nos jours. Au travers des médias sur internet, la radio ou la télévision. Vous croyez tellement à ce que l'on vous raconte, et la société est faite pour que vous ne fassiez qu'un seul choix, les écouter.

Peur de l'avenir, de la guerre, de la pauvreté, de la religion, d'un supérieur hiérarchique, d'un souverain ou d'un chef d'État, des lois et des règles, sans savoir que cette peur n'est qu'une foi accrue en nous avant tout, car sans connaître ces personnages qui dominent notre vie, et ce que l'on a appris sur eux, ils n'auraient aucun pouvoir sur l'homme en général.

L'homme remet son destin sur ce qu'il a appris ou cru de son environnement. Dieu et le diable ne sont que des alibis à tout ce qu'il nous arrive, et le vrai responsable de notre bonheur ou de notre malheur, il faut le chercher ailleurs qu'en dehors de soi, car nous contrôlons, sans le savoir, chaque aspect de notre existence.

Et ceci forme le premier cercle, et regroupe à l'intérieur de celui-ci tout ce qui est possible pour vous de croire, tout ce qui vous semble concret, et tout ce que vous considérez comme vrai se concrétise dans votre réalité. Il se situe dans l'avoir et dans l'instant présent.

Le premier cercle est votre formatage psychologique selon un modèle de la société. À ce niveau, tout est possible pour vous dans la joie comme dans la peine, et ce en quoi vous avez foi vous domine inconsciemment. Il est le centre de vos pensées. C'est ici que se concentre tout ce que vous avez appris de votre conditionnement social et qui contrôle votre existence. C'est ce que je nomme aussi « le temple ».

Le deuxième cercle n'est qu'une illusion. Il s'agit de l'objectif que vous voulez atteindre et se situe dans le « vouloir ». C'est cette volonté de ressembler à quelqu'un d'autre, en oubliant que chaque être est unique.

Il m'a fallu longtemps pour comprendre ceci, et je voulais comme vous changer ma destinée, en désirant être au même niveau que toutes ces personnes qui dominaient mon existence, et le problème était bien là. Inconsciemment, et à vouloir être comme quelqu'un d'autre, j'ai oublié qui j'étais et mes propres valeurs.

Je visais « le deuxième cercle » sans savoir que ces personnages qui dominaient mon existence était encore au « premier cercle », tout comme moi. La seule différence est qu'ils avaient compris qu'ils étaient les seuls maîtres de leur existence, alors que moi, je cherchais à le devenir, à « vouloir ».

La réalité est la suivante, nous ne devenons pas, car « nous sommes ». Toutefois, avec un travail sur soi, et en se responsabilisant, en ayant conscience que vous avez la possibilité de changer votre destin sur l'instant présent, si vous réussissez à évoluer dans votre existence, malgré tout, vous serez toujours dans le premier cercle, mais pour d'autres, vous serez déjà dans le second. Tout n'est qu'une question de perception de soi et des autres.

Par l'apprentissage, la discipline, et la répétition consciente, vous y arriverez avec les outils qui proviennent de votre environnement, que ce soit des livres ou d'autres sources de connaissances, car c'est tout ce qu'il vous manque, la connaissance qui vous procurera de l'assurance sur vous-mêmes. Vous construisez toujours dans l'instant présent, mais pour y arriver, vous devez croire en vous.

Le deuxième cercle n'est, comme je le disais, qu'une illusion, une chimère. Il se trouve dans le vouloir et le futur qui n'existera pas pour vous à cause de votre conditionnement social. Et c'est ce que d'autres vous laissent croire, car chaque être n'est pas là où il doit être, mais là où il croit être.

Et même si, en vous focalisant sur l'avoir, votre condition change au fil du temps, vous resterez la même personne focalisée sur l'avoir, et en clair, vous ne vous rendrez compte de rien, mais quelque chose en vous aura changé sans que vous en ayez conscience. Par contre, votre entourage remarquera ce changement, mais vous prétendrez être resté la même personne.

Vous jouez aux jeux de hasard, vous voulez y croire, seulement, vous avez conscience de votre situation actuelle, et en faisant cela, il s'agit d'une fuite en avant. Vous espérez le meilleur, mais la réalité est que vous fuyez le pire, vous avez conscience « d'être », vous restez dans le « vouloir » et pourtant, tout ce dont vous avez besoin se trouve dans votre esprit, mais personne ne vous a appris comment l'utiliser.

Une situation demeure possible, ce qui change, ce sont simplement nos jugements de valeurs. Ce à quoi l'on accorde de l'importance existe déjà dans notre réalité. Et dans tout ceci, la foi est la clé qui vous ouvrira les portes de votre conditionnement actuel.

Elle est en tout, en nous et tout autour de nous. On a foi en nos peurs comme dans nos fascinations, et pour avoir cette foi, il ne faut pas la chercher auprès d'un autre maître que vous-mêmes.

Et au travers de mes écrits, mon souhait n'est pas d'influencer qui que ce soit, mais que vous arriviez à comprendre que personne d'autre que vous seul(e) peut contrôler votre destinée.

Vous l'aurez compris, le seul maître de votre existence, c'est vous. Grâce à votre capacité à vous écouter, vous redonner une autre échelle de valeurs, de percevoir les événements différemment, et d'avoir avant tout foi en vous, et non en une peur quelconque, en une entité, un roi ou un Dieu.

Il est dit dans la bible :

« Le royaume des cieux est semblable à un grain de sénevé qu'un homme a pris et semé dans son champ. » (Matthieu 13:31)

Ce qu'il faut comprendre dans ce verset de la bible est que votre champ, c'est votre esprit, et ce que vous y semez, si vous l'entretenez avec un sentiment de foi intense, grandira en vous. L'infiniment petit peut devenir l'infiniment grand seulement si vous le décidez. Rien n'est impossible dans votre esprit, et si vous y croyez vraiment, cela se concrétisera sans pour autant en avoir conscience.

« Vous êtes » toujours dans l'instant présent, et chaque action que vous entreprenez par la lecture et la recherche de nouvelles connaissances vous donnera de l'assurance. Si vous décidez d'agir aujourd'hui, demain, vous serez une toute autre personne. L'action n'est pas seulement de lire des livres ou de faire une activité quelconque.

L'action, c'est surtout, et avant tout de prendre la décision d'assumer qui vous êtes actuellement par une nouvelle définition de vous-mêmes, de croire en vous et en vos valeurs, sans écouter tout ce qu'il se passe dans votre environnement. Et à partir de là, vous pouvez être qui vous voulez.

Par exemple, si vous voulez devenir cuisinier, il vous faudra présumer que vous pouvez y arriver, et avoir confiance en vous et en vos capacités, et dans la réalité, tout le monde est capable d'arriver à ses fins. C'est ce qui vous poussera à vous inscrire à des cours de cuisine, la foi en vous.

Si vous n'avez pas confiance en vous dès le départ, vous allez « essayer », mais vous n'arriverez pas au terme du premier mois, et vous abandonnerez. D'autres n'essaierons même pas, et se diront « c'est au-delà de mes compétences ». Et pourtant, toutes les connaissances dont vous avez besoin se trouvent dans ces cours, mais c'est votre perception de la difficulté qui vous freine.

Les compétences s'obtiennent toujours au jour le jour. Vous voulez voir le fruit avant d'avoir planté la graine, et ce n'est pas comme cela que tout fonctionne. Il faut du temps et de la patience pour que tout arrive à maturité, et par ce dernier terme, j'entends « acquérir de l'assurance ».

Pour cela, aujourd'hui, changez la perception que vous avez de vous-mêmes et de vos valeurs intrinsèques. C'est le personnage que vous décidez de devenir maintenant, c'est votre « avatar », une personne sûre d'elle et de ses capacités, car rien n'est insurmontable quand on croit en soi.

Aujourd'hui, changez juste un élément de votre vie, un seul, et sans le savoir, vous aurez déjà évolué. Dites-vous seulement que vous avez de la valeur, ressentez la tous les jours, et quelque chose aura changé sans que vous puissiez le voir, car cela fera partie de votre nouvelle identité en correspondance avec votre environnement, vous serez en osmose avec tout ce qu'il se passe autour de vous.

En avançant dans le temps, nous allons supposer que vous avez suivi tous les cours pour devenir cuisinier, et vous arrivez à l'examen final afin d'obtenir un diplôme. Si vous vous êtes focalisés au jour le jour, depuis le début, à ce que vous faisiez, par l'apprentissage et la répétition, toutes ces connaissances acquises sont déjà en vous, et vous êtes capables de réussir l'examen.

La personne qui manquait d'assurance il y a six mois ou un an n'est plus la même qu'aujourd'hui. Il a les connaissances, l'expérience et l'assurance en plus. Si bien qu'il peut réussir l'examen si elle a confiance en elle et en ce qu'elle a appris, qui n'est en fin de compte qu'une succession « d'aujourd'hui » qui ont évolué dans le temps.

Par contre, il y a une différence entre se voir cuisinier, et espérer le devenir. Entre avoir et vouloir, être focalisés sur l'instant présent, et se projeter dans le futur. Car l'avenir dépend uniquement de ce que vous faites maintenant, et rien n'est écrit à l'avance.

Chaque jour, nous ne le voyons pas, mais nous évoluons mentalement. Notre esprit s'adapte tous les jours, et même si tout semble être identique à la veille, ce n'est jamais le cas. Nous expérimentons la vie tout le temps. Seulement, c'est le monde extérieur qui doit s'adapter à qui nous sommes, et non l'inverse. Le seul maître de notre destinée, c'est nous seuls, par nos croyances, et par nos systèmes de valeurs internes.

Alors, arrêtez de vouloir devenir, mais « soyez » dans l'instant présent. Car tout se passe maintenant.

Que vous mettiez de l'eau sous le feu ou sous la glace, cela restera toujours de l'eau sous une forme différente, mais la base sera toujours la même. En refroidissant, cette eau repassera de l'état gazeux à l'état liquide, et il en va de même pour la glace. Elle n'a pas changé, mais n'a fait que s'adapter aux conditions extérieures.

Et l'être humain est comme cette eau, il s'est adapté à son environnement, sans savoir qu'il avait la possibilité de modifier sa condition interne, pour que sa condition externe change. Il a toujours eu ce pouvoir en lui, d'être, et non de devenir.

Quoi que vous décidiez de faire aujourd'hui, sachez que demain sera toujours différent. Changez votre perception de la réalité, et elle changera sans que vous puissiez le voir. Pour vous, vous aurez le sentiment de ne pas avoir changé, mais pour d'autres, vous serez déjà leur « deuxième cercle ».

Chapitre 8 :
Les habitudes

Au moment où vous lisez cette ligne, et sans le savoir, vous êtes en proie à une suite d'habitudes qui existent en vous depuis que vous êtes nés. Il s'agit de votre programmation inconsciente, ou ce que l'on appelle aussi en psychologie, votre « carte du monde ».

Et comme je l'ai déjà mentionné, tout ce qu'il se passe dans votre esprit est à l'image de ce qu'il se passe en dehors de votre être. Ainsi, vous voyez le monde tel qu'il est, et non comme il devrait être, ou que vous voudriez qu'il soit.

Les habitudes inconscientes font partie de votre identité, et votre environnement n'est qu'une représentation ou une définition de tout ce que vous dégagez en dehors de vous dans l'instant présent. Un cumul d'événements ou de croyances passées que vous avez répétées encore et encore sans vous en rentre compte, jusqu'à en devenir l'otage d'un monde qui vous contrôle, mais qui ne vous appartient pas.

L'histoire qui va suivre démontre que notre esprit trop habitué à son environnement peut échapper à notre contrôle conscient, et vous découvrirez aussi que la liberté telle que vous la définissez n'est en fait qu'une prison de l'esprit.

L'histoire de la grenouille qui ne savait pas qu'elle était cuite :

Une grenouille nage dans une marmite remplie d'eau. Un feu est allumé sous la marmite de façon à faire monter progressivement la température.

La grenouille nage sans s'apercevoir de rien. La température continue de grimper, l'eau est maintenant tiède. La grenouille s'agite moins, mais ne s'affole pas pour autant.

La température de l'eau continue de grimper. L'eau est cette fois vraiment chaude, la grenouille commence à trouver cela désagréable, elle s'affaiblit, mais supporte la chaleur.

La température continue de monter, jusqu'au moment où la grenouille va tout simplement finir par cuire et mourir.

Si la même grenouille avait été plongée directement dans l'eau à 50 degrés, elle aurait immédiatement donné le coup de patte adéquat qui l'aurait éjectée aussitôt de la marmite.

Cette expérience montre que, lorsqu'un changement s'effectue d'une manière suffisamment lente, il échappe à la conscience et ne suscite la plupart de temps aucune réaction, aucune opposition, aucune révolte.

Cette thèse se fonde sur l'idée que si l'on plongeait subitement une grenouille dans de l'eau chaude, elle s'échapperait d'un bond. Alors que si on la plongeait dans l'eau froide et qu'on portait très progressivement l'eau à ébullition, la grenouille s'engourdirait ou s'habituerait à la température et finirait ébouillantée.

Nous sommes tous addicts, et cette dépendance existe sous différentes formes. Et comme dans l'histoire de la grenouille ébouillantée, elle se définit aussi comme une suite d'habitudes qui échappent à notre contrôle.

Ce qui fait que, pour la plupart d'entre nous et depuis l'enfance, nous sommes tellement habitués à notre environnement physique et aux personnes qui nous entourent, que l'on ne se rend compte de rien, car notre esprit a été programmé à cet algorithme, et à avoir une certaine perception de la réalité.

Votre esprit est attaché à ce qu'il croit, ce qu'il perçoit ou à ce qu'il ressent à chaque instant. Vous êtes juste conscient de ce qu'il se passe à chaque seconde, comme maintenant, et si vous relevez la tête, en regardant dans la pièce où vous êtes ou à l'extérieur, tout ce que vous pouvez percevoir en cet instant, ce n'est pas vous directement qui l'avez créé, mais votre programmation inconsciente interne.

Vous voyez inconsciemment le maître de votre destin à l'extérieur de votre être, et votre esprit est devenu l'esclave des événements ou des personnes qui se trouvent dans votre environnement. Mais vous ne voyez pas le maître qui est en vous, qui peut être à la fois le geôlier et le libérateur, selon ce qu'il est prêt à croire ou pas.

Vous êtes ce maître, vous êtes un roi sans royaume, et tous ceux que vous avez laissés rentrer dans votre temple est souverain.

Si bien que les personnes qui font tout pour changer leur programmation interne n'y arrivent tout simplement pas, tant qu'ils ne prennent pas conscience qu'ils sont « le programme ». Et chaque cellule de leur corps vibre à la même fréquence que leur environnement.

Ce qui fait que tout ce que vous êtes intérieurement, en croyances, en valeurs, et en émotions créent une fréquence énergétique aurique, qui se propage en vous et à travers vous, et qui créent une harmonie entre le monde intérieur et extérieur qui s'appelle « l'univers » (Unis vers). Tout est en parfait alignement, et le seul moyen de changer votre réalité et d'abord d'en prendre conscience.

Vous vous voyez, ou vous vous définissez, comme quelqu'un de pauvre, vous serez pauvre tout le temps où vous aurez cette conviction interne. Mais cela ne suffit pas, car il faut avoir foi en soi de tout son être. Ne regardez pas le monde extérieur ! Il n'est qu'un reflet de qui vous êtes intérieurement, et selon comment vous vous définissez.

Prouver à votre entourage que vous avez une certaine valeur est peine perdue, sans se le prouver à soi-même, c'est-à-dire, en être convaincu intimement.

Les addictions sont des programmations erronées de l'esprit. Elle peut se définir aussi par une difficulté de changement causée par cette suite d'habitudes bien ancrées en nous.

L'esprit humain perçoit uniquement le monde tel que son environnement social lui a enseigné, et non tel qu'il est, comme il devrait être ou comme il le souhaiterait.

Et tout ce qu'il se passe à l'extérieur de vous représente un modèle de la réalité telle que vous la percevez à l'intérieur de vous. Et même si l'environnement physique reste statique pour tout le monde, nous n'avons pas tous la même interprétation de la réalité.

Et pendant longtemps, on vous a laissé croire que vous ne pouviez pas aller au-delà de vos capacités pour devenir la personne que vous voulez, ou vouliez incarner, et pourtant, vous n'êtes pas si différents que les personnes qui réussissent et que vous côtoyez.

Si vous arrivez à vous détacher de cette forme d'addiction sociétale, en prenant conscience que quelque chose ne va pas dans votre existence, vous avez la possibilité de faire de grands changements dans votre vie, mais si vous ne faites rien, la passivité née d'une habitude prendra le dessus sur votre volonté d'agir. Il est inutile d'élaborer de grands projets si on reste endormi par le chant des sirènes de la vie.

Peu importe ce que vous désirez, agissez avant de vous laisser endormir et périr ! Changez vos habitudes et passez à l'action ! Prenez de bonnes résolutions et habituez-vous au changement ! Ce qui définit une personne, c'est ce qu'elle a en elle, et non en dehors d'elle.

Mais l'homme éprouve des difficultés à changer ses propres valeurs internes, à causes des habitudes bien ancrées en lui, et qui dominent sa perception de la réalité. Il ne croit plus que tout est possible, et qu'il peut changer son destin. Il se croit libre, mais reste prisonnier et limité par ses croyances qui créent des murs invisibles tout autour de lui.

Les habitudes sont un ensemble de pensées, comportements et émotions automatiques, inconscients que l'on acquiert en les répétant fréquemment. Elle se met en place lorsque vous avez fait quelque chose tellement de fois que tout votre être a été programmé à devenir le mental.

Au fil du temps, votre être vous entraîne vers un avenir prévisible, qui est le calque de vos habitudes passées.

Par conséquent, si vous ne croyez pas que vous pouvez changer votre destin dans le moment présent, vous êtes probablement sous l'influence d'un programme qui vous garde prisonniers de ce que l'on appelle « la routine ».

Si un caillou se mettait dans les rouages, ou un événement viendrait perturber cet algorithme bien rôdé, vous ressentiriez un mal-être profond.

L'esprit humain suit le même algorithme inconscient depuis fort longtemps. Sans qu'il ne s'en rende compte, il répète sans arrêt les mêmes choses, suivant un schéma de pensées déjà déterminé.

Il suit le même programme comme une succession binaire. D'un côté, nous avons l'image et de l'autre, l'interprétation que nous en faisons d'après ce que nous en savons. Il y a neuro-associabilité entre les deux.

Sans cette neuro associabilité, notre esprit ne fonctionnerait pas, même, il n'existerait pas, car il a besoin d'une raison d'être pour exister. Il lui faut un but et une fonction. Rien ne peut en être extrait, mais tout peut être substitué (on n'enlève que si quelque chose d'autre vient remplacer).

De ce fait, l'esprit humain s'accroche à ce qui lui semble familier et cohérent. Et quand une nouvelle habitude qui sort du champ du familier (comme un corps étranger) vient s'installer, il va la repousser, pour rester dans ce qu'il connaît le mieux (ses travers).

Petite parenthèse sur un peintre que j'affectionne pour sa clairvoyance, et qui se nomme

René Magritte, qui a créé une série de tableaux qu'il a nommé « La trahison des images ». Le message qu'il a voulu transmettre au travers de ses œuvres est que nous vivons en permanence dans un monde abstrait.

Pour lui, la réalité telle que nous la connaissons n'est pas la réalité. Elle n'est que le produit de nos croyances passées qui ont créé « le programme interne ». On nous a habitué à avoir la définition d'une image que celle-ci est bien ancrée en nous, que ce soit l'image de soi ou de notre environnement.

Si je vous disais de prendre un cactus en pleine main, est-ce que vous le feriez ? Bien-sûr que non. Votre conscience vous dirait de ne pas le faire, car le mot « cactus » est associé à une image et une émotion. Vous voyez ceci comme quelque chose de douloureux au toucher, vous arrivez même à l'imaginer. Tout comme le mot « poison », vous ne boirez pas ce breuvage à cause de la définition que vous en avez.

En contrepartie, si je vous disais que le mot « cactus » définit le mot « stylo », bien-sûr que vous le prendriez, car vous aurez l'image en tête de ce stylo comme quelque chose de neutre et d'inoffensif, et c'est votre programmation interne qui vous le suggère.

Tout ceci pour vous dire que le mot en lui-même ne signifie rien sans l'image ou l'émotion suscitée. Et c'est ce qu'a voulu démontrer René Magritte dans ses œuvres.

Quand j'étais plus jeune, j'ai été mordu par un chien, et pendant longtemps, j'ai eu peur des chiens, car mon esprit a façonné l'image d'un animal dangereux, et l'émotion de peur, et ce seul événement a suffi à créer une croyance qui a perduré jusqu'à l'âge adulte. Il m'a fallu plusieurs années pour me détacher de cette image.

Durant longtemps, j'ai vécu avec la même image de ce chien dangereux. C'était dans tout mon être et dans mon ADN. Et si j'avais eu un événement qui m'aurait démontré que tous les chiens ne sont pas dangereux, ma perception de la réalité aurait changé.

Et tel que vous vous percevez, tel que vous vous définissez, c'est dans votre ADN programmé. Votre passé a fait de vous l'homme ou la femme que vous êtes actuellement, avec ses peurs, ses doutes, ses moments de joies ou de peine. Notre esprit, en définitive, n'est qu'une succession d'images, de mots et d'émotions qui façonnent notre perception de la réalité.

Le mot chien, à travers le monde, se traduit dans différentes langues. Il existe différents mots pour définir cet animal. Par exemple, si vous n'avez pas appris l'anglais, et que vous entendez le mot « dog », cela ne suscitera aucune émotion, étant dans l'ignorance. Mais si vous savez ce que cela veut dire, votre esprit va faire le lien entre ce mot, l'émotion suscitée, et l'image associée à une croyance. Et peu importe les mots que vous utilisez, c'est la définition que vous en donnez qui prime.

C'est pour cela que dans votre quotidien, il faut faire attention aux mots que vous utilisez, quand vous écrivez, quand vous parlez, ou quand vous les entendez, car ils sont associés à une fréquence qui se répercute dans votre réalité.

Et vous apprendrez aussi, si vous vous intéressez aux œuvres de René Magritte, que tout ce que vous percevez n'est pas la réalité. Il s'agit juste de votre esprit programmé qu'il vous le suggère. C'est une suite d'habitudes qui vous font percevoir le monde d'une certaine manière. Le mot définit une croyance, issue de l'image et de l'émotion suscitée, et qui donne une fréquence qui se répercutera dans votre environnement. Et c'est en se donnant une définition de soi et de son monde externe, en changeant son système de valeurs maintes fois répétée encore et encore que tout est possible.

Il existe un rapport dominant/dominé entre les habitudes que vous avez depuis fort longtemps et celles que vous voulez créer. Et quand vous voulez changer votre manière de penser ou d'agir (faisant partie de votre programme interne), si vos ambitions sont trop grandes ou trop brutales (inconsciemment, vous le savez), Cela se résume par des pensées et des émotions qui vous feront comprendre que ce n'est pas pour vous.

Votre conscient (ce que vous voulez semer) et votre inconscient (ce qui est déjà semé), rentrent en conflit. L'un a des racines profondément ancrées depuis des années, et l'autre n'est qu'une graine qui ne demande qu'à grandir.

Il y a une lutte entre les deux jusqu'à la victoire de l'un et la résignation de l'autre. Cette phase crée le mal-être interne provoquant des troubles dépressifs, du stress, un sentiment de manque, de peur de l'inconnu qui peuvent devenir facteurs de maladies, car le corps réagit à ces stimulus.

En étant observateur du monde qui nous entoure. Je remarque toujours cette tendance humaine à être inconsciemment dépendant de la société. Et même s'il se refuse à le croire, ce que je nomme "l'être" ne pense pas par lui-même, mais par un système de pensées créé par son environnement social.

Il n'est que le produit "économique" de son propre environnement depuis qu'il est né (le paradigme), par sa famille, son milieu social et son éducation.

Ce qui fait que son esprit n'est, en fin de compte, qu'une succession de croyances inculquées, et provenant uniquement de son milieu environnant.

Il ne se choisit par son style de vie, celui-ci lui a été insufflé dans son esprit, pour "être comme tout le monde", et ce que Earl Nightingale appelle "la conformité" ou " la norme", ce qui désigne aussi "la masse", une pâle photocopie de la société.

Et indirectement, alors qu'il croit avoir des choix, sans s'en rendre compte, il fait comme tout le monde. Il prend un modèle sur quelqu'un d'autre ou sur un collectif.

Il ne fait que reproduire ce qu'il voit ou apprend pour être dans la norme ou la tendance. Il reste addict sans le savoir.

Aussi, "l'être" n'a même pas choisi le nom qu'il porte. Est-ce qu'il sait au moins que ses choix ne sont pas réellement ses choix ?

Il se laisse embobiner inconsciemment par les médias, les réseaux sociaux ou la publicité. Son esprit est toujours orienté sur ces choses qui le rendent "addict".

Mais, selon mon analyse personnelle, je pense que "l'être" se laisse surtout influencer par son environnement qui le positionne souvent, voir toujours en situation de "manque" (du vouloir), qu'il achète compulsivement et inconsciemment.

Pourquoi avoir besoin de nouveautés ou rechercher le meilleur ? Si je vous révélais les raisons qui se cachent derrière tout cela, est-ce que vous me croiriez ?

Tant que l'esprit humain restera "diverti" par son environnement, et qu'il croira avoir besoin de toujours plus, il restera prisonnier de ce système et ne pourra jamais être heureux, et notamment, il restera inconsciemment dépendant de la société dans laquelle il vit et évolue.

Son esprit, tant qu'il ne se détachera pas de son environnement, et à constamment suivre des modèles où vouloir être comme les autres, ne pensera jamais par lui-même, et son esprit ne s'orienter pas correctement sur ce qu'il veut réellement.

Pour qu'il avance, l'homme a surtout besoin d'être conscient de ce qu'il a, ce qui le place dans la fréquence de "l'avoir", et il commencera à attirer le meilleur vers lui. En restant prisonnier de son environnement, il n'évoluera que dans le "vouloir" (fréquence du manque).

Aujourd'hui sera pareil que demain, nous serons toujours la même personne avec les mêmes rêves que nous déposons dans le "plus tard", toujours dans le "vouloir", donc, toujours dans "le manque".

Demain, nous penserons "plus tard", et dans un mois, nous penserons encore à ce "plus tard", mais qu'en est-il du "maintenant " ? C'est celui que nous subissons actuellement à cause des influences extérieures, si nous ne reprenons pas le contrôle de notre propre esprit et de notre destinée.

Mais le véritable secret, le voici !

L'homme donne inconsciemment vie à ce qu'il est et à ce qu'il croit "maintenant", que ce soit ses peurs ou ses doutes, à ses moments de joies ou de peine, car il y pense.

Il incarne inconsciemment ce qu'il est et ce qu'il se passe est que sa vie ne changera pas pour autant, parce qu'il en est indirectement le seul responsable.

Le véritable secret est dans "être", dans "avoir", et dans "maintenant". Et ce que l'on croit ou considère comme vrai ou faux se réalisera tout le temps dans son existence.

Et s'il n'y a que deux fréquences auriques, elles se situent dans "l'avoir" et "le vouloir" (le manque et l'abondance).

Pour que la vie change, il faut percevoir les choses sous un autre angle, et apprécier ce que l'on a déjà.

La véritable magie est là, mais demande un réajustement spirituel au quotidien, de ressentir que nous possédons déjà ce que nous voulons, et d'arrêter de poursuivre quelque chose que l'on ne rattrapera jamais.

Si on supprime brutalement une dépendance à quelque chose ou quelqu'un, le mental va sentir que quelque chose ne va pas, et que quelque chose manque. Il suit le même algorithme avec les mêmes schémas et les mêmes habitudes depuis trop longtemps qu'il est imprimé dans notre esprit.

Je parle des addictions au sens large où l'esprit se focalise sur ce qu'il connaît le mieux et de manière inconsciente, et pour changer une habitude, il faut avoir conscience que votre esprit va ressentir comme une anomalie dans son algorithme, un manque ou un temps creux.

Arrêter de regarder son émission favorite, sortir d'un système sociétal ou arrêter de fumer par exemple peut sembler compliqué, mais avec de la détermination et une vraie volonté de changement, il faudra lutter contre ses propres démons dans son esprit.

Les habitudes que nous avons depuis l'enfance créent notre carte du monde, des interprétations dues à leurs différentes neuro-associations.

La bonne nouvelle est que l'esprit humain réagit comme un enfant. Nous pouvons l'éduquer (le conscient éduque l'inconscient), en passant par des phases d'apprentissage et de répétition. Il faut habituer notre esprit à ce que l'on désire, lui faire comprendre que c'est ce que vous voulez. Et à force de répétitions, cela créera de nouvelles habitudes.

Cependant, votre inconscient fera tout pour que vous abandonniez, et il faudra répéter, répéter et répéter encore, jusqu'à quand ceci devienne une seconde nature.

Ce qui tue les bonnes habitudes et la motivation, c'est la procrastination, dirigée par nos vieilles habitudes inconscientes. Ce que l'on appelle aussi "l'automatisme inconscient".

Pour cela que j'encourage à faire les choses le jour même, et se créer un rythme quotidien. Sinon, on reporte le lendemain, le surlendemain, et ainsi de suite, pour finalement ne plus y penser.

C'est un piège tendu par son "soi profond". Le petit diablotin intérieur qui nous dit "vas-y ! Abandonne !"

Parce que je sais que la volonté d'abandonner est plus forte que la volonté de réussir, il faut tenir tête à ce personnage créé en nous, qui n'est en fait que le reflet de nous même. C'est-à-dire le subconscient (ou le "surmoi" sournois).

Créer une habitude consciente tous les jours peut devenir une habitude inconsciente (l'automatisme inconscient), même si au début, il faut se faire violence.

Et même les habitudes empreintes de lassitude sont en mesure de créer ce nouveau " nous". Insister sur le subconscient en s'habituant, crée cette nouvelle dynamique dans l'esprit qui s'appelle « la compétence inconsciente » (quatrième niveau de l'apprentissage).

Une fois arrivé au but (l'automatisme inconscient), vous passerez au niveau supérieur, sans vous en rendre compte.

Si vous débutez quelque part, vous n'êtes qu'un apprenti qui ne maîtrise rien. Mais à force de répétitions et d'habitudes, vous évoluez et devenez « expert » dans votre domaine.

Vous avez une machine en face de vous où il faut actionner des leviers, ouvrir et fermer des vannes et appuyer sur des boutons. Au début de votre apprentissage, vous allez hésiter, et aussi, vous aurez envie d'abandonner, car cela vous semblera compliqué.

Vous suivrez le manuel d'instructions tous les jours, et des notions apparaîtront dans votre esprit, qui seront du « déjà-vu », et par une suite d'habitudes conscientes, cela deviendra une seconde nature pour vous, un automatisme inconscient. Vous pourrez le faire les yeux fermés.

Le plus important et le plus difficile est de commencer, et se maintenir un cap, en évitant qu'une pensée en chasse une autre. La "nouveauté" crée la lassitude, si bien que les habitudes que nous voulons prendre nous paraissent usées dans notre esprit.

La "nouveauté" (une idée chasse l'autre), la lassitude et l'ennui sont des pièges à éviter, même si des fois, c'est à la longue récurrent, il ne faut pas se laisser distraire par le chant des sirènes pour arriver à bon port.

Tout ce qui nous entoure représente notre environnement qui rentre dans notre cadre familial et social.

Cet environnement est inscrit dans notre carte mentale, cela veut dire que nous avons une représentation très claire de ce qui nous entoure sous la forme d'une empreinte inscrite dans l'inconscient.

Cette empreinte, c'est l'ensemble de ce que nous pouvons décrire ou nommer sous la forme d'un symbolisme neuro-associé.

Un symbole = une signification.

Dès notre naissance, nous avons appris grâce ou à cause de nos cinq sens, à reconnaître, définir et s'habituer à son environnement. Et en évoluant dans notre milieu social, nous en sommes devenus inconsciemment une partie intégrante.

Ce qui constitue notre identité est ce que nous connaissons, le nom de nos parents, amis, collègues, l'éducation et les informations en provenance de notre environnement.

Nous avons appris les mots et les verbes, et nous leur avons associé une émotion, mais aussi la signification de tout ceci. Cet ensemble forme l'avatar (l'être). Il s'agit de notre carte du monde (ou vision du monde périphérique).

Si vous déménagez dans un autre ville dans un autre département totalement inconnu, il vous faudra au début appendre le nom des rues, et il est difficile de circuler sans demander son chemin ou regarder sur une carte routière.

Mais à force de demander son chemin ou de regarder sur une carte routière, vous commencez à apprendre petit à petit, et vous mémorisez d'un point de vue conscient, et les autres repères sensoriels s'installent dans l'inconscient comme une impression de déjà-vu. Et il devient dès lors plus facile de circuler, vous vous habituez à vos nouvelles connaissances.

Du point de vue du subconscient, l'appréhension du début disparaît et vous gagnez en confiance. Le subconscient n'est constitué que d'une suite d'habitudes conscientes répétées.

Vous apprivoisez votre esprit à de nouvelles conditions environnementales.

Autre exemple pour démontrer que le subconscient est reprogrammable, c'est le changement de statut social.

Supposons qu'un ancien dirigeant d'une entreprise se retrouve en faillite et qu'il est obligé (pour une raison quelconque) de travailler dans un milieu ouvrier.

Au début, il gardera les mêmes attitudes et habitudes de son statut d'employeur, mais à force de côtoyer son nouvel environnement et d'autres ouvriers, inconsciemment, il aura de nouvelles habitudes et attitudes, identiques à son nouveau milieu social.

Il emploiera inconsciemment le même vocabulaire et les mêmes postures, et sa perception aura changé.

Les habitudes peuvent changer la perception du monde qui nous entoure. La suggestion consciente et répétitive peut reprogrammer le subconscient.

L'utilité de prendre l'habitude de prendre soin de soi, de lire beaucoup, et de s'entraîner mentalement peut changer sa propre définition et la perception de son environnement.

Je vais l'expliquer au travers d'un exemple :

Imaginons que vous soyez capables de soulever un poids de 10 kg, et que vous vouliez soulever un poids de 50 kg. Pour cela, vous allez vous entraîner tous les jours en commençant par 15 kg, puis 20, jusqu'à atteindre les 50 kg.

Vous maintenez cette dynamique de 50 kg pendant un an, et par la suite vous abandonnez au bout d'un certain temps.

Votre corps va réagir à cela, et se contentera des 10 kg du départ. Si bien que si vous le réhabituez à ce qu'il était avant, durant un long moment.

Un jour, vous voudrez soulever 50 kg, et même si vous en étiez capables avant, il vous sera impossible, voir très difficile à faire. Et vous serez obligés de repartir de zéro pour pouvoir le refaire.

Pourquoi ? Parce que vous aurez perdu l'habitude.

Ce qu'il se passe dans votre esprit, c'est pareil, et si vous n'avez pas la passion, ni la motivation pour la lecture, ou pour vous focaliser sur une chose bien précise, vous abandonnerez au bout d'un certain temps, vous n'aurez plus la dynamique qui vous permettait de lire avec aisance ou de faire certaines choses. Et à chaque fois, vous serez obligés de repartir de là où vous étiez.

Ce qui est assez paradoxal, c'est que vous vous entraînez tous les jours inconsciemment à faire les mêmes choses, vous noyer dans les problèmes, regarder les mêmes émissions de télé, et à croire toutes les bêtises de la société, si bien que vous êtes devenus esclaves de vos pensées dominantes inclusives (on vous les a imposées).

Vos pensées dominantes SONT vos passions, et régissent selon des habitudes que vous avez eues auparavant, et qui se sont renforcées par répétition. Que ce soit dans votre manière d'agir ou de percevoir les choses.

Casser ces habitudes ou ce rythme sera difficile au départ, car votre esprit ressentira comme un malaise, un manque, et vos vieux démons tenteront de vous garder auprès d'eux, à regarder les mêmes émissions de télé, ou suivre un dictat sociétal.

Au début, vous allez lutter contre le chant des sirènes pour remplacer cette passion inconsciente pour les problèmes par une autre passion plus enrichissante.

Mais vu que tout naît par force de répétition, vous allez vous habituer tous les jours jusqu'à ce que votre passion devienne un automatisme inconscient, et vous le ferez un jour sans y penser.

Il vous sera plus facile de suivre votre nouvelle passion.

« Si tu fais ce que tu as toujours fait, tu obtiendras ce que tu as toujours obtenu. »

Je développe cette citation !

Qu'êtes-vous prêts à abandonner comme occupation ou divertissement pour obtenir ce que vous voulez ?

Par exemple, êtes-vous prêts à abandonner pendant un mois les jeux vidéo pour les remplacer par des livres ?

Êtes-vous prêts à vous engager sur quelque chose de différent, et à vous intéresser pour ce que vous faites ?

Ce sera compliqué pour beaucoup, même avec une ferme résolution, et je vais vous dire pourquoi. Les occupations et les divertissements font partie de votre algorithme personnel interne, généré par des actes répétés qui sont devenus avec le temps des habitudes.

Quand vous cessez de faire une activité habituelle pour la remplacer par une autre plus enrichissante, il se passe la chose suivante. Votre cerveau est devenu addict, passionné par ce que vous faites et tolère mal le changement.

Il a atteint le niveau de la compétence inconsciente, ce qui veut dire que vous le faites sans y penser, car c'est un automatisme.

Et quand vous stoppez net ce sur quoi votre attention était portée, vous ressentez l'ennui et le malaise en faisant quelque chose de différent, et votre cerveau ne sait plus que faire pour palier le manque.

Ce que vous faites de nouveau n'est pas dans vos habitudes, et cela ne fait pas encore partie de votre algorithme interne.

C'est pour cela qu'il ne faut pas manquer de rigueur et de discipline, et si vous prenez la décision de changer vos habitudes, il faudra vous accrocher, et laisser la manette de jeux de côté (même si vos vieux démons tentent de vous récupérer), et se mettre à lire.

Le nouveau programme (la lecture) mettra du temps à s'installer, et si vous ne regardez pas ailleurs et que vous vous concentrez dessus, cela deviendra votre nouvelle habitude et une nouvelle passion que votre cerveau acceptera, car ce que vous ferez fera partie de son nouvel algorithme.

Votre esprit a besoin de s'accrocher à quelque chose, il lui faut une raison d'être, et peu importe la nature de vos pensées, elles font références à ce sur quoi votre attention est porté et sur ce qu'elles connaissent le mieux.

Comme je l'ai lu dans un livre de Wayne Dyer :
" Prenez l'habitude de faire ce que vous n'avez pas l'habitude de faire !"

Le plus court chemin est de se créer une série de nouvelles habitudes. Créer un rythme conscient qui deviendra un algorithme inconscient. Là où l'inconnu devient le familier.

Aussi, croire en vous ! Et non les quelques mauvaises personnes que vous fréquentez ! Et surtout, taisez-vous ! Votre univers interne est votre royaume !

Croyez que tout ce que vous demandez, vous l'avez déjà !

- Le monde interne est l'outil.
- Le monde extérieur est la forge.

Pour créer une autre réalité, créez un autre "familier".

L'esprit inconscient se réfère à ce qu'il connaît déjà. Persistez sur une croyance que vous jugez vraie ou fausse, et elle finira par devenir familière.

Habituez votre esprit à un nouvel état ! Insistez et insistez vraiment même si au fond de vous vous n'y croyez pas ! Même la plus dure des roches finit par se fendre.

Créez-vous de nouvelles habitudes jusqu'à ce que cela devienne un automatisme et que vous le faites inconsciemment !

Changez vos priorités et créez-vous des habitudes avec de nouvelles pensées dominantes. Consacrez au moins une heure par jour à lire quelques pages d'un livre ou à avoir un nouveau focus (concentration).

Changez votre perception de vous-même et du monde. N'ayez pas pour être, mais « soyez » pour « avoir » ! Soyez toujours dans l'instant présent et détachez-vous des pensées parasites.

Si vous voulez le changement, alors changez !

Vous voulez quelque chose de différent ? Alors, faites quelque chose de différent !

Chamboulez votre quotidien en cassant vos habitudes !

Le changement d'attitude et d'habitudes créeront votre altitude !

Chapitre 9 :
Les pensées dominantes

Ce à quoi nous pensons le plus souvent, forme nos pensées dominantes. Ce sont celles qui régissent notre existence de manière soutenue et répétitive. Celles-ci ont un immense pouvoir d'influencer notre destinée. Elles ne sont ni le nom, ni la forme, mais la fréquence.

Mais comment fonctionne la pensée ? Elle n'est que l'interprétation d'une image. Tout le monde pourra percevoir le monde à l'aide de ses cinq sens, mais nous n'aurons pas tous la même perception de celui-ci.

Tout ce que nous avons vu, entendu, senti, goûté et touché créeront des schémas de pensées qui façonneront notre monde à chacun, sous la forme de ce que j'appelais précédemment « la bulle de vérités ».

Mais qu'est-ce qui domine notre esprit ? Ce sont tout simplement nos croyances et nos émotions en rapport avec un objet ou un événement, nées de notre milieu social, de notre éducation, de nos interactions avec notre environnement, qui ont à leur tour généré une interprétation personnelle sous la forme d'une fréquence.

Oui, la pensée n'est qu'une fréquence qui affecte votre champ aurique, et plus elle est dominante, plus elle influence votre vie, car vous vous alignez finalement à ce qui vous est semblable, que ce soit les événements, les objets ou les personnes.

Les pensées dominantes interagissent avec notre milieu environnant physique, parce qu'elles forment notre environnement psychique. Et tout ce que vous pensez ou interprétez, si vous y croyez avec une forme de passion inconsciente, se réalisera tout autour de vous. Dit autrement, c'est votre conscience de la réalité qui la maintient vive et bien présente tout autour de vous.

La majorité des individus qui sont sur cette terre ne sont pas conscients de tout ce qu'il leur arrive, ou de qui est le réel responsable de leur manière de se percevoir, de percevoir le monde, des valeurs qu'ils s'accordent en eux-mêmes et à toutes choses ou aux personnes qui les entourent.

Notre conscience est constituée d'un amalgame de pensées qui affectent notre champ aurique, et ce que dégage ce dernier est comme un aimant qui « attirera » (même si ce n'est pas le terme exact) tout ce qu'il se passera dans notre existence. Son magnétisme est la fréquence, et plus elle est forte, plus elle s'alignera sur notre monde extérieur environnant.

Mais dans les faits, nous n'attirons rien. Il n'existe pas de loi de l'attraction, et cette volonté de croire que nous pouvons attirer tout ce que l'on veut avec nos pensées reste une idée reçue, car vous pouvez attendre toute votre vie pour que quelque chose se manifeste enfin dans votre quotidien.

Tout ce que je peux vous garantir, et avec ce type de pensées, vous n'obtiendrez rien, si ce n'est de la frustration, pourquoi ? Parce que vous vous attendez à ce que cela fonctionne tout en restant dans la même situation, et comme je le disais, vous restez dans le « vouloir ».

Pendant des années, j'ai étudié cette loi. Je l'ai même expérimenté dans ma propre existence, j'ai fait des recherches dans de nombreux livres traitant des sujets de la loi de l'attraction, de la psychologie, de la physique quantique, de la philosophie hermétique et du fonctionnement de l'esprit humain en général.

Et en réel passionné par ces sujets, j'ai beaucoup appris sur notre rôle, en tant qu'individu dans notre environnement, et je vais vous dire ce que j'ai appris, nous ne faisons qu'un avec tout ce qui nous entoure et ce qu'il se passe dans notre monde.

Nous n'attirons rien, mais nous nous alignons à des fréquences sur l'instant présent, et c'est cela la réalité. Tout ce que vous vivez est bâti à partir de votre bulle de vérités (ou votre « carte du monde » comme il est dit dans les livres de psychologie).

Mais la bonne nouvelle, c'est que si vous avez bien analysé tout ce qui a été évoqué jusqu'à présent, il suffit de prendre conscience que les seuls maîtres de notre destin, c'est nous-mêmes. Et en modifiant ses croyances internes, sa perception de soi et de notre environnement, si nous changeons nos définitions de valeurs, nous pouvons changer notre fréquence aurique, et ainsi, notre condition d'existence.

Ce n'est pas le monde extérieur qui vous domine, ce sont uniquement vos pensées et votre perception de la réalité, et c'est vous uniquement qui vous soumettez inconsciemment à cette réalité que vous vous êtes créé, et en ceci, vous avez un réel pouvoir d'influencer tout ce qu'il se passe dans votre vie. Mais il y a une condition à cela, n'espérez pas devenir, ou n'attendez pas que les choses, les gens ou les événements changent, SOYEZ !

Pour faire juste une parabole sur ce sujet, souvenez-vous de ce qui a été dit dans la bible, et qui est mainte fois répétée dans les églises. Jésus a dit à ses apôtres :

« Je vous laisse la paix, je vous donne la paix, ne regarde pas les péchés, mais la foi de ton église ! »

« La foi de ton église » signifie « VOUS ». C'est ce qu'il y a à l'intérieur de votre temple (votre esprit), la foi et les valeurs que vous accordez à vous-même et à ce qu'il vous entoure.

« Ne regardez pas mes péchés » est une invitation à détourner le regard de tout ce qui suscite de la jalousie, de la colère, de l'espoir, de l'envie, de l'attente qui vous place inconsciemment dans une position de faiblesse.

Car en étant dans la fréquence du VOULOIR, c'est-à-dire, espérer, attendre, désirer, envier, vous reconnaissez inconsciemment ne rien posséder, et cela vous pousse dans des frustrations, dans la jalousie, la colère de ne pas être comme les autres, de ne pas pouvoir vous identifier à un autre à égalité.

Mais ce n'est pas contre le monde, les dirigeants, ou tous ceux qui ont réussi qu'il faut être en colère, mais contre vous-mêmes. À votre obstination à ne pas vous écouter, mais suivre le diktat d'une société qui domine votre esprit qui vous pousse à envier.

À suivre les messages publicitaires, à suivre des acteurs, des chanteurs, à vouloir être comme eux, à suivre les rois et les reines de ce monde, à suivre des dirigeants, qui ne font de vous que des objets de consommation. Vous restez des « suiveurs ».

À l'image de l'âne qui suit une carotte attachée à une canne à pêche, il avance sans jamais être satisfait de l'attraper. Il ne reste jamais maître de la route qu'il emprunte, car il est dirigé par celui qui le chevauche.

Il avancera toujours, il suivra la carotte, mais il ne fera que ça, parce que son désir ne sera pas satisfait, il s'obstinera et insistera sans jamais l'atteindre.

Et en étant dans cet état d'esprit, vous resterez conditionné à ne rien avoir.

Pour en revenir à la parabole citée un peu plus haut, « *Je vous laisse la paix, je vous donne la paix* », il faut l'interpréter comme un message, une invitation. La paix ne s'obtient qu'à juste prix !

On pourrait traduire ceci autrement :

« Je vais vous révéler le secret de la paix éternelle, pour que votre esprit et votre coeur ne se troublent point !

Ne regardez pas vos désirs, vos envies, vos convoitises qui vous mèneront tout droit vers la colère et la frustration ! Ne regardez pas, n'attendez pas, n'espérez pas !

Ayez confiance en vous, car vous avez le pouvoir de tout posséder et d'être heureux, car le véritable trésor est dans votre église (le temple).

Pour que votre volonté s'accomplisse, donnez-lui toujours cette paix (assurance du souhait réalisé), et conduisez là vers l'unité parfaite (entre votre « temple » et en dehors du temple, doit régner l'osmose qui constitue l'unité parfaite) « vous » qui dominez votre « être ». »

Ce que je peux trouver triste, en tant qu'auteur, c'est que très peu de personnes prennent le temps de décrypter les messages de la bible, et répètent (pour ne pas dire bêtement) tout ceci comme une leçon apprise, sans en connaître la portée du message.

Neville Goddard, un autre auteur que je vous recommande, a tenté de décrypter ces messages à l'intérieur de la bible, je vous recommande aussi de lire ses livres, ils sont très instructifs sur ce qu'il appelle « la loi d'assomption ».

Avoir la conscience tranquille, c'est (en le disant de manière crue), c'est « Se foutre la paix ! », et vous verrez que votre esprit se sentira plus léger, sans contrainte, et en ayant conscience de tout posséder dans votre imaginaire, sans regarder si cela va se réaliser ou pas (le pêché).

C'est accepter que vous êtes déjà la personne que vous voulez être, et dans un sens, vous l'êtes toujours sans vous en rendre compte, car le monde sera toujours à l'image de comment vous le décrivez et l'interprétez. Et il existera toujours une unité parfaite.

Ce qui domine notre esprit, que ce soit nos croyances, nos valeurs, notre perception de la réalité, crée notre monde, et toute notre existence est bâtie là-dessus. Et il est important de bien comprendre comment fonctionnent les fréquences des pensées dominantes, car elles ont constamment été là, depuis votre conception « d'être », bien avant votre naissance.

Il s'agit de l'héritage génétique de vos parents, et votre mère vous a porté pendant neuf mois, en partageant avec vous sa fréquence aurique, son énergie, et vous êtes nés avec, non seulement un patrimoine génétique, mais avec une mémoire cellulaire.

La réalité est la suivante, il n'y a que deux fréquences, qui possèdent plus ou moins son intensité, et plus elles sont importantes, plus elles domineront votre vie, que ce soit une chose, une image, une personne ou une croyance, seule l'intensité de ce que nous apportons compte.

Je vais vous donner un exemple :

Nous allons supposer qu'en face de vous se trouve un loup. Quelles émotions cela suscite en vous ? La peur ou la curiosité ?

Et si je vous disais qu'il y a des personnes qui n'ont pas peur des loups, car ils ont appris à les connaître, et ont vécu avec eux. Mais aussi, ils n'ont pas la même définition émotionnelle que vous. Bien que le loup reste un loup.

Si vous avez peur des loups, et que vous les considérez comme des animaux dangereux, ils le ressentiront (la fréquence aurique que vous dégagez).

Vous donnez inconsciemment la définition de « qui vous êtes ? » à ces prédateurs (car c'est comme cela que vous les considérez), et ils vous considéreront comme « la proie ».

Par contre, si vous arrivez à dominer votre peur, à vous sentir comme le prédateur et non la proie, si vous avez foi en ce que vous croyez, votre signature énergétique (votre aura) change, et les rôles s'inversent.

Ces mêmes loups ressentiront votre fréquence aurique, et resteront à distance. Ils vous verront comme quelqu'un qui est entré dans leur territoire, mais ils vous craindront.

Tout ceci pour vous expliquer que nous sommes les seuls auteurs de ce qu'il nous arrive, et du rôle que nous jouons, celui de prédateur, ou celui de la proie.

AVOIR, c'est avoir foi en ce que nous croyons comme vrai, et cela constitue nos pensées dominantes. Et il ne s'agit pas de penser positivement ou négativement, comme nous pouvons le lire dans de nombreux ouvrages (je les ai lus moi aussi), et je vais vous donner un autre exemple.

Pour la plupart des individus, et ceci, nous pouvons le voir tous les jours, ils sont accaparés par leurs problèmes ou des dettes, sans avoir conscience que ce sont eux qui les créent.

Les dettes n'ont pas une connotation positive, et pourtant, c'est leur esprit qui leur donne chair, car ils ont conscience d'AVOIR.

Et AVOIR peut se définir au sens large :

AVOIR des dettes, AVOIR peur, AVOIR un nom et un prénom, AVOIR des connaissances, AVOIR des valeurs ou des croyances.

Si nous AVONS conscience d'un événement dans notre vie, il existera toujours, quoi que nous fassions, nous gardons une image de notre AVOIR qui domine notre existence.

Et tout ce que vous avez, tout ce que vous considérez comme vrai crée votre réalité, et changer sa manière de penser change également sa fréquence.

Il n'existe que deux fréquences, et elles ne sont pas positives ou négatives, mais sans situe dans vos états de conscience, à reconnaître ce que vous possédez ou ce que vous convoitez, dans « la paix » ou « le péché », et l'environnement qui vous entoure sera toujours à l'image de vos pensées dominantes.

Les actes répétés par la pensée créent votre réalité. Quand vous pensez à quelque chose, vous créez un lien avec votre réalité. Ce que vous créez avec votre esprit consciemment commence à se réaliser dans votre environnement, c'est une image, une intention qui se construit.

Toutefois, la clarté et le ressenti de ce que vous pensez est nécessaire. Cela doit être un désir ardent, et la pensée doit être vécue avec une réelle passion et intensité.

Pourquoi ? Parce que si ce n'est pas réellement ce que vous désirez, cela ne durera qu'un temps, et votre regard sera porté vers une autre pensée plus dominante et plus intéressante pour vous. En clair, bien différencier la passion de la lubie passagère.

Votre pensée doit être dominante, et cela même si les circonstances de la vie vous montrent le contraire, la passion doit se créer autour d'elle.

Vous vivez tout le temps avec passion, et c'est ce que vous faites en permanence sans vous en rendre compte. Seulement, vous vous passionnez pour ce que vous ne voulez pas.

Je doute que certains se passionnent volontairement pour les problèmes qu'ils rencontrent dans la vie et c'est pourtant ce qu'ils font.

Votre vie est créée par vos pensées dominantes. Ce sont celles qui régissent votre vie au quotidien, celles qui vous affectent tout votre être jusqu'au plus profond de votre âme.

Et tant que vous regarderez votre réalité, ce qu'il se passe autour de vous, que vous y songerez, vous resterez toujours au même point.

La solution est de donner moins d'importance, voir d'ignorer ce qu'il se passe autour de vous, de ne plus y penser pour lui donner moins de force, et de créer délibérément, avec clarté et insistance la vie que vous désirez.

C'est possible, mais ce qui empêche cette réalisation est que vous êtes obnubilés par votre environnement, mais aussi que vous n'y croyez pas. Toujours à attendre des preuves de sa réalisation.

La pensée crée un lien avec votre réalité, et celui-ci s'est épaissi au fil des années de votre vie. Elle a pris le temps de grandir en vous. Elle devient dominante par la force des habitudes.

À la différence de la nouvelle pensée délibérée qui a besoin de se construire. Elle représente seulement un fil très fin. La pensée dominante en comparaison est un tunnel.

Vos pensées créent des canaux de transmission entre votre réalité et ce que vous pensez. Et plus les canaux grandissent, plus elles dominent votre vie. Plus le signal est fort, plus il a tendance à se réaliser.

Cependant, votre esprit trop terre à terre a tendance à penser le plus souvent à la non-réalisation d'un désir qu'à sa réalisation, et c'est exactement ce qu'il se produit.

Vos pensées dominantes régissent votre vie sans que vous le vouliez ou que vous le sachiez. Ce sont celles qui vous obsèdent et qui prennent le contrôle de votre destinée.

Ne soyez plus le triste acteur de votre vie, soyez spectateur et écrivez un nouveau scénario pour vous ! Vous êtes le scénariste de votre existence.

- Le spectateur observe

- L'acteur s'implique soit selon son monde intérieur, soit selon son monde extérieur.

Le monde intérieur doit vous affecter positivement. Par contre, le monde extérieur ne doit plus vous affecter négativement.

Des événements peuvent se produire dans la vie, un accident, la perte de son emploi, etc... Ce qui est susceptible de nous mettre dans des états d'anxiété et de panique (ce que j'appelle aussi l'affect).

Le plus important est de croire que quelque chose de mieux peut nous arriver. Même si tout semble ne pas être au beau fixe, nous devons rester confiants, et réfléchir aux solutions et possibilités plutôt que de rester bloqué sur les problèmes. Le plus important n'est pas l'événement, mais comment on réagit à cet événement.

L'être humain a toujours le choix de se plaindre (amenant plus de raisons de se plaindre), ou d'exprimer de la gratitude (amenant plus de raisons d'éprouver de la gratitude), créant ainsi son "état de conscience".

On est (ou on devient) sur ce à quoi nous sommes focalisés avec foi et insistance.

Par exemple, au cours d'une journée (au travail ou ailleurs), vous vous disputez avec une personne, elle vous a manqué de respect et vous a fait des réflexions. De ce fait, vous allez y repenser, en parler à vos amis ou conjoint(e), bref, vous plaindre.

En donnant de l'importance à l'événement (qui résonne en vous jusqu'au soir), vous vous focalisez dessus et vous devenez mal à l'aise. Le "mal-être" s'installe.

Cela vous a affecté que votre subconscient a accepté cet état comme une vérité.

En inversant ses pensées (par la méditation), vous allez vous imaginer comme si la journée s'était bien déroulée en créant un autre "affect" (ressenti), en rendant la scène aussi réelle que possible.

L'exercice peut sembler difficile au départ tant que l'affect dominant contrôlera votre vie. Mais cet affect s'estompera au fil du temps jusqu'à lui donner moins d'importance.

Vous devez être conscient du ressenti que vous éprouvez et oublier ce qu'il s'est passé dans la journée, pour empêcher ce qui vous a affecté d'atteindre votre subconscient et que cela devienne une croyance pour lui (autrement dit, une croyance pour vous).

Une autre raison à cela, c'est que ce que vous êtes intérieurement (votre affect) peut atteindre les autres avec ce que vous dégagez (champ aurique), et des personnes peuvent se sentir mal à l'aise en votre présence. Tout ce que vous validez par votre ressenti devient un fait.

Les personnes n'ont pas la volonté d'essayer ou abandonnent au bout d'un certain temps, car ils sont dominés par ce que j'appelle " l'affecte".

Chaque individu est dominé par ce qu'il se passe à l'extérieur de lui-même, par sa condition, son environnement et son entourage qui façonnent son "avatar" (la personne qu'elle croit être), et c'est cette domination du monde extérieur qui l'empêche de croire en lui.

S'il apprenait à faire davantage confiance en lui-même, et s'il apprenait à s'aimer, à s'apprécier, à rehausser sa valeur interne, sans se soucier de son environnement qui va tout faire pour le garder dans son pouvoir attractif, il se sentirait beaucoup mieux.

Aussi, pour ceux qui y croient vraiment, ce que nous sommes à l'intérieur se voit à l'extérieur, car en rehaussant sa valeur interne, cela affecte notre humeur, notre santé, et notre champ aurique (ce que l'on dégage). C'est l'image que l'on donne ou que l'on veut donner qui est importante, et non celle que notre monde extérieur (l'environnement) nous donne.

La cause crée l'effet, et l'effet crée la cause !

Autrement dit :

Nos croyances créent notre environnement, et notre environnement crée nos croyances !

Et si l'on croit suffisamment en soi et que l'on est réellement déterminé à réussir sans se soucier de ce qu'il se passe autour de soi, tout devient possible !

L'être humain, par nature, fait le juste constat de sa réalité. Mais il n'a pas conscience que ce qu'il perçoit avec ses cinq sens n'est que le résultat de ce qu'il pense, et qu'il alimente les circonstances de sa propre réalité, par la reconnaissance de celle-ci.

Il s'est familiarisé avec son quotidien et l'appelle à lui, par ses complaintes ou ses louanges. En clair, il appelle à lui et inconsciemment tout ce qu'il lui arrive dans la vie, par la pleine reconnaissance de la manière dont il se perçoit et perçoit le monde qui l'entoure.

Verbalement ou mentalement, il donne vie, une identité à ses peurs, à ses regrets, et s'il surveillait sa manière de s'exprimer ou de penser, il se rendrait compte que c'est lui seul qui crée sa réalité.

Mais aussi, par ses efforts de changement, si son désire est tel, il y a une chose importante à retenir. Il ne peut pas duper son esprit, car il sait ! Chaque pensée est un grain de sable dans l'engrenage de son existence.

Il se freine tout seul par des constats et des complaintes, et que derrière ceci, le gardien de la porte écoute ce qu'il dit, et sait tout de son plan élaboré, il surveille à chaque instant ce qu'il pense ou ressent. Et le gardien de la porte n'est que lui-même.

Il alimente son esprit de ses plans pour obtenir ce qu'il veut, et il ne fait que ça. Sans reconnaissance de ce qu'il veut comme un fait existant dans son esprit, sans affirmer que c'est déjà là.

Il ne se concentre pas sur ce qu'il voudrait, mais sur ce qui l'empêche ou pourrait l'empêcher de se concentrer, sur ce qu'il lui arrive, et demeure inconsciemment dans la pleine reconnaissance de son environnement extérieur.

Se dresse dès lors derrière lui une ligne de traîne, un boulet inconscient qu'il emmène partout avec lui.

Mais ce qu'il devrait faire avant tout, c'est avoir foi en ce qu'il désire et le reconnaître comme sa réalité dans son esprit. Sans se demander "comment", juste entretenir son désir comme un fait existant, et le garder pour lui.

Et qu'il cesse d'alimenter ses peurs, en cessant de les nommer, et non en les fuyant, car ce qu'il craint le plus le poursuivra toujours s'il lui donne une existence.

Dans la vie, il faut faire des choix difficiles pour mieux penser à ses priorités. Nous avons toujours le choix, celui de se responsabiliser ou de choisir le chemin de la facilité en déléguant.

On en arrive à se poser ce genre de questions.

- Quelle sont nos priorités ?
- Qu'a-t-on a y gagner ? (valeur ajoutée)
- Pourquoi ?

Il y a quatre choses qui doivent être nos priorités

- Se préserver
- Préserver son couple
- Préserver ses bonnes relations
- Penser à ses projets

Tout le reste ne sont que des pensées parasites. Et proviennent de personnes toxiques qui choisissent le chemin du moindre effort.

Je vous mets au défi de noter sur un petit carnet tout ce à quoi vous pensez dans une journée, et vous remarquerez que vous passez beaucoup plus de temps à penser aux autres qu'à vous-mêmes.

Le plus important et d'entretenir des pensées positives et vous ne pourrez le faire si vous pensez trop à ceux qui préfèrent déléguer. Vous n'avez qu'une vie, et c'est la vôtre, ne l'oubliez pas !

Quelles sont vos pensées dominantes ?

Comment vous percevez vous ? L'image que vous vous donnez ? Vos pensées sont-elles orientées sur vous-même ou vers les autres ? Comment percevez-vous les autres ? Vos pensées dominantes inconscientes concernent elles des objets ou des personnes ? Combien de temps passez-vous par jour à vous concentrer sur vos objectifs ?

L'esprit humain est programmé et addict de nature, et inconsciemment, pour ceux qui ont essayé plusieurs méthodes, il y a un point essentiel à retenir.

Pour développer mes dires, je vais faire un parallèle.

Vous pensez le changement, mais vous ne l'incarnez pas. Toujours focalisés sur le " pourquoi ", le " comment", et surtout, ce qui englobe le tout, LE MANQUE.

Ce besoin, ce désir, cette envie que tout change dans votre vie est branché sur la même fréquence, celle du manque.

Par exemple, une personne aisée se concentrera sur ce qu'il a, tandis qu'une autre peu fortunée aura ce désir d'avoir, faisant de lui une personne addict.

Dès que vous aurez compris qu'il faut être en phase avec la prospérité, en se sentant reconnaissant de ce que l'on a, (en utilisant des inclusions " faire comme si"), dans l'instant présent, sans espérer ni attendre.

En vous sentant heureux avec ce que vous avez déjà (matériel ou immatériel). Les choses commenceront à changer pour vous. Acceptez-vous tels que vous vous voyez vraiment et intérieurement, et non tels que vous l'espérez.

Beaucoup se focalisent trop sur, je ne dirais pas vraiment le monde extérieur, mais l'interprétation de celui-ci peut-être un peu trop axés et stressés sur un futur qui n'existe pas encore, ou un passé qui n'existe plus.

Le gros souci est qu'ils associent le mental et le monde extérieur, mais quand nous restons dans l'instant présent sans associer l'image que l'on a de soi soi-même par rapport à ce fameux monde extérieur et d'autres interprétations, nous vivons l'instant présent hors du mental, et il se passe alors quelque chose de magique, il ne se passe rien, tout est calme et nous savourons le moment.

Quand nous nous apercevons que ce monde extérieur n'a plus aucune emprise sur nous (sur l'instant présent), nous reprenons en partie le contrôle sur nous-mêmes.

Ensuite, intervient le monde intérieur qui façonne une autre réalité, une autre interprétation, une autre vision de ce monde extérieur et quel rôle nous jouons par rapport à celui-ci (se créer un nouvel avatar). C'est "être".

Nous ne sommes plus, dès lors sous l'emprise du monde extérieur et tout se façonne de l'intérieur, et cette nouvelle version de nous même peut nous donner l'impulsion nécessaire à la réalisation de nos projets.

L'action dans l'instant présent est l'engrais du succès. Et tout se construit de l'intérieur et maintenant.

Bien sûr, les premiers temps, il faudra habituer l'esprit à cela, je pourrais recommander la méditation qui reste un très bon outil pour détacher le mental du monde extérieur. Et se recréer de l'intérieur. Cela peut être plus ou moins long selon les personnes, mais très utile. La force des habitudes crée le changement.

Au lieu de vous plaindre de ce que vous n'avez pas, pourquoi ne pas être reconnaissants de ce que vous avez déjà ?

Concentrez-vous sur ce que vous possédez déjà (imaginaire ou non), et faites en votre réalité dans votre esprit !

Ne cherchez pas le résultat, il est déjà présent dans votre imagination. Vivez-le intérieurement !

Concentrez-vous sur l'abondance ("J'AI"), et non sur le manque ("JE N'AI PAS").

De manière simplifiée, il n'existe que deux états d'être. L'un vibrant le manque, et l'autre l'abondance, avoir et vouloir.

Pensez à ce que vous possédez déjà, et bien plus encore ! Ne vous préoccupez pas du monde extérieur, les résultats viendront d'eux-mêmes quand vous serez en phase.

Concentrez-vous sur ce que vous voulez réellement et non ce que vous ne voulez pas ! Occultez ce que vous ne voulez pas !

Car le subconscient ne retient que "l'image" et ne se soucie pas de savoir si vous la voulez ou pas. Vous ne voulez pas d'un problème en particulier ? Le subconscient ne retient que ce à quoi vous avez pensé, c'est-à-dire " un problème en particulier".

Entraînez-vous à vous concentrer sur ce que vous voulez réellement comme si vous l'aviez déjà reçu ! Pensez et ressentez ceci avec enthousiasme comme si c'était réel !

Le subconscient ne fera pas la différence entre le réel et l'imaginaire si vous insistez uniquement sur ce que vous voulez ! Il finira par y croire !

Ce sur quoi vous donnez de l'importance crée votre réalité. Quand vous prenez acte de ce qu'il se passe autour de vous, et que vous ayez des pensées par rapport à cela, je dirais même que cela consolide votre état interne qui crée vos conditions externes.

Un lien s'est créé entre les deux, et il est difficile de se concentrer sur autre chose tant que vous ne coupez pas ce lien.

Ces pensées sont votre conditionnement interne, et tout ce à quoi vous pensez le plus souvent reflète en vous l'importance que vous lui donnez, ce qui crée votre réalité.

Essayez de penser plus souvent à ce que vous voulez vraiment, et que ces pensées envahissent votre esprit ! Répétez ceci jusqu'à habituer votre esprit à penser autrement !

Quoi que vous fassiez, faites attention sur quoi vous vous focalisez.

Si vous vous focalisez sur les problèmes, vous attirerez les problèmes, et cela, que vous le vouliez ou non, car l'esprit ne retient que "l'image ", la représentation de ce que vous voulez ou non.

Exemple :

Vous ne voulez pas être EN RETARD, et vous n'aimez pas LES BOUCHONS SUR LA ROUTE. Devinez ce qu'il se passe les trois quarts du temps pour vous...

En rapport avec une situation qu'ils traversent, la majorité des hommes et des femmes se focalisent davantage sur l'effet que sur la cause. En clair, ils pensent à l'envers.

Et ce qui est assez paradoxal est que ce même effet génère dans leur inconscient la cause, qui créera encore une fois l'effet qui leur fera revivre la ou les mêmes situations à chaque fois.

Comment ? En autorisant inconsciemment la ou les situations à vivre dans leur esprit. En parlant, en se plaignant, ou en y pensant. Ils se mettent eux-mêmes un boulet au pied.

L'être humain est créateur et devient (ou demeure) ce qu'il pense. Cela dit, il peut choisir de changer son état d'esprit. Choisir de ne pas prêter attention à ce qu'il se passe autour de lui. Se détacher du monde extérieur (son environnement), car tout se crée de l'intérieur.

Il a la possibilité de créer mentalement et consciemment la cause, et ici, nous parlons de création délibérée.

Et dans cette partie-là, une foi absolue et une confiance au processus créateur sont essentielles. Sans cela, les trois clés que je vais vous donner ne serviront à rien.

1 - Il y a tout d'abord le détachement, en ne se laissant pas dominer par son environnement, et Joe Dispenza l'explique assez bien dans son livre "rompre avec soi-même !". Le détachement consiste à se faire confiance plutôt que d'avoir confiance au monde extérieur.

2 - Vient ensuite la perception du temps. Nous ne pouvons créer le futur que dans l'instant présent, ou à partir du passé. L'instant présent et le passé font partie du domaine de "la Cause". Le futur quant à lui ne concerne que "l'effet". Nous pouvons choisir délibérément une cause, la créer et l'entretenir.

3- Et la dernière clé concerne son assiduité à poursuivre le processus créateur dans son esprit. De générer des habitudes conscientes, qui, par force de répétitions deviendront des habitudes inconscientes. Car c'est dans l'inconscient que le processus créateur devient "le familier" et prend forme.

Le plus important est de lâcher prise sur l'indésirable, et se focaliser sur ce que l'on veut vraiment !

Concentrez-vous sur une seule chose à la fois, et si vous avez des rêves, ne retenez que celui qui suscite une vraie passion en vous.

La passion est votre moteur et en vous focalisant uniquement sur un seul rêve, celui qui vous passionne. Il sera un jour possible de le réaliser, car toute votre attention sera portée dessus.

C'est cela la magie !

Chapitre 10 :
La passion inconsciente

Qu'est-ce que la passion ? Beaucoup ne comprennent pas le terme, et moi-même, je ne le comprenais pas vraiment avant d'en discerner la vraie signification.

Mais si je devais donner une définition de la passion, c'est ce que nous vivons actuellement et ce sur quoi notre attention est portée le plus souvent.

Nous vivons à chaque instant la passion de notre vie. Que ce soit dans le bonheur ou notre malheur.

La passion est notre point de focalisation prédominante, ce sur quoi notre attention est portée, selon notre système de croyances.

Sans passion pour ce que l'on désire, rien ne tiendra jamais. C'est quelque chose à vivre au quotidien et qui fait partie de nous. Si vous avez abandonné quelque chose en cours de route, c'est qu'il ne s'agissait pas d'une véritable passion, mais d'une lubie.

Ceux qui réussissent le mieux sont avant tout des êtres passionnés, car cela fait partie de leur identité, et ils ont acquis " la fibre". Un musicien est passionné, un auteur est passionné, un chef d'entreprise est passionné et ce qui fait que nombreux sont ceux qui ne réussissent pas est tout simplement dû au fait qu'ils ne se voyaient pas réussir, et que la peur et le doute étaient bien installées. Cette image était bien ancrée en eux.

Leur système de croyances était la suivante :

Ils se focalisaient sur le fait de ne pas réussir, d'être critiqués, ou qu'ils n'étaient pas légitimes, ou tout simplement qu'ils faisaient ceci pour l'argent. Ils voulaient réussir, ils voulaient avoir de l'argent, si bien que ce qu'ils vibraient était "le besoin " qui était une obsession, et ils récoltaient encore plus de raison de penser à cela.

Nombreux sont les êtres qui se passionnent pour ce qu'ils ne veulent pas.

Un être passionné ne se soucie pas de tout cela, et se contente de suivre sa passion. En étant curieux, en creusant davantage , en étant obsédé par ce qu'il fait. Et le plus magique dans tout cela, c'est que son identité se crée autour de sa passion.

L'identité d'une personne se crée autour de ce qui l'obsède dans la joie comme dans la peine. Dans les dettes, les soucis, la joie de vivre, l'abondance, etc..

Le passionné crée en lui un champ aurique qui attirera vers lui tout ce qui sera en correspondance directe avec ce qu'il est. Aussi bien les personnes que les événements.

Avoir foi en une chose est important ! Se passionner est tout aussi important. Sans l'un ou sans l'autre, rien ne tient dans son esprit qui se meurt, car l'esprit a toujours besoin d'un point de focalisation bien défini pour avoir une identité, que ce soit dans le bonheur ou dans le malheur. Et il réside en nous quelque chose de bien défini qui crée notre identité mentale. Notre avatar.

Mais si l'on possède les deux, la foi et la passion, pour une chose bien définie que l'on désire, cela nous donne des ailes. On avance, on passe à l'action, et on tente tout en s'accrochant pour l'obtenir, ce que l'on pourrait appeler "avoir la fibre ".

Le plus paradoxal dans tout cela est que l'être humain est un être inconsciemment croyant et passionné pour ce qu'il ne veut pas.

Il est inconsciemment l'acteur et le scénariste de sa propre vie. En ayant un point de focalisation bien défini sur les problèmes qu'il traverse par exemple.

Il revit les mêmes scènes qui se répètent au quotidien, et tous les jours semblent se rejouer, et pour cause, il suit inconsciemment le même programme, le même algorithme encore et encore.

Cette foi et cette passion pour ce qu'il ne veut pas sont enracinés en lui, ils ont grandi dans son esprit depuis l'essence même de sa création, son paradigme.

La passion et la foi, c'est ce qui fait corps avec l'être, et les deux, pour une chose désirée doivent grandir en nous, propageant ses ramures en haut des cimes. Tout le pouvoir de la création est en nous, pour celui qui croit vraiment et qui se passionne pour un objectif qu'il atteindra un jour, s'il laisse le temps à sa jeune pousse (le fruit de ses désirs) de devenir un chêne fort et robuste.

Tout l'univers est en nous et non en dehors de nous. Et il existera toujours un monde pour lequel on se passionne et que l'on croit, qu'il soit plaisant ou non.

Le point de focalisation est celui qui a acquis le plus de puissance depuis le paradigme jusqu'à en devenir l'image dominante. C'est elle qui dirige votre vie actuelle dans votre inconscient. C'est l'ensemble des vérités sur le monde et sur vous-mêmes que vous croyez détenir, et qui font partie de votre familier.

Vous attirez ce sur quoi vous êtes focalisés. Et plus vos pensées sont dominantes, plus elles sont susceptibles de se concrétiser. Faites attention avec quoi vous faites corps ! La passion est une chose que vous vivez déjà sans le savoir.

La passion est dans tout ce que vous vivez et que vous avez vécu. C'est une force d'attraction très puissante que vous utilisez inconsciemment et sans maîtrise.

La plupart des gens sont inconsciemment passionnés par leurs problèmes, et tout ce qu'il se passe autour d'eux. Ils sont à la fois obsédés et endormis par tout ce qu'ils croient être la réalité.

Ils croient penser et décider librement, mais ne se rendent pas compte de l'influence de leur environnement externe sur eux, qu'ils sont manipulés par leur entourage ou les médias, qui les invitent à penser à eux et pour eux.

Ce qui est aussi aberrant que de demander l'avis de quelqu'un au sujet d'un livre ou d'un film, alors que nous ne l'avons pas lu ou vu afin d'avoir sa propre opinion.

Aussi absurde que de croire notre entourage qui nous attribue une certaine valeur. À défaut de connaître la sienne, on croit facilement à ce que l'on nous raconte.

Le secret est que tout le monde a de la valeur. Il suffit de la découvrir et de lui faire confiance. Elle naît en soi et grandit en soi.

La passion inconsciente est cette faculté à vivre pour notre monde extérieur sans nous rendre compte de l'influence qu'il a sur nous. Tout ce que nous croyons et percevons de la réalité que nous nous construisons, nous le faisons avec passion et inconscience. En d'autres termes, « nous n'y voyons que du feu ! »

En clair, nous vivons déjà notre vie avec une passion inconsciente, et cela est la conséquence d'une suite d'habitudes que nous avons prises très tôt dans notre vie, celle de croire en une réalité qui n'est pas la nôtre. Et notre foi a été forgée là-dedans.

Il est plus facile d'être focus (concentré) sur quelque chose qui nous passionne et envahit notre esprit, faisant vibrer notre être.

Ce qui crée le lien est la répétition axée sur son désir, une pensée dominante et passionnée, celle à laquelle on s'accroche intentionnellement au début, et répétée jusqu'à percer l'inconscient. Nous devenons ce à quoi nous pensons le plus souvent, et à l'image donnée à ces pensées intrinsèques.

La passion est essentielle, car c'est ce qui nous permet d'avancer ! Faire quelque chose sans passion peut nous conduire à notre perte.

La passion est quelque chose sur laquelle on porte une attention forte. C'est quelque chose qui nous obsède.

Pourquoi tant de gens n'évoluent pas ou échouent ? Parce que leurs dynamiques n'est pas la passion, mais l'argent, la gloire ou autres qu'ils mettent au premier plan. Faire quelque chose juste sur ces motifs-là ne font pas et ne nous feront pas évoluer d'un iota.

Ceux qui réussissent mettent la passion au premier plan, et cela domine leurs pensées. Ils gardent le focus dessus facilement, car c'est ce qu'ils veulent vraiment, mais aussi, la gloire et l'argent viennent ensuite en même temps que l'expérience.

Vous ne me croyez pas ? Regardez ceux qui ont brillamment réussi dans leur domaine ! Regardez les célébrités ! Regardez ceux qui évoluent dans les entreprises ! Qu'est-ce qui les animent ?

Ceux qui n'évoluent pas font un travail juste "parce qu'il faut travailler !", et ceux-ci n'évoluent en rien, avec toujours les mêmes rengaines, toujours les mêmes insatisfactions, toujours à se plaindre, si bien que 10 ans plus tard, ils sont toujours au même endroit avec les mêmes complaintes.

Chose à savoir aussi, la passion est communicative, et si vous ne vous passionnez pas et que votre moteur l'argent ou la réussite, cela se verra ! Le succès n'est pas l'argent ou la réussite, mais un idéal qui vibre en nous, qui nous passionne et nous rend heureux.

Certains vouent une véritable passion pour leurs problèmes. Ils ne pensent qu'à ça et ne vivent que pour ça de manière à la fois inconsciente et obsessionnelle. Si bien que leur vie gravite autour de cela. Et qu'est-ce qu'ils obtiennent à votre avis ?

Alors qu'il serait mieux de se concentrer uniquement sur les solutions. Dans toute situation, il faut toujours regarder dans la bonne direction.

En regardant bien, quelles sont les personnes qui réussissent le mieux ? Ce sont les vrais passionnés, et cela, dans n'importe quel domaine, que ce soit la musique, le football, la peinture, dans l'industrie, ou même..... sur Tiktok.

Mais aussi, on va me dire, pourquoi il y a des passionnés qui échouent ? Parce que leur esprit met davantage l'accent sur la peur d'échouer que sur la passion elle-même.

Ils n'ont pas conscience que la passion seule est un moteur. Plus ils se passionnent et plus ils excellent dans leur domaine.

Ils veulent le succès et l'argent alors que ce sont de faux-amis qui les desservent, car en faisant cela, ils vibrent le besoin et le manque. En voulant être comme quelqu'un d'autre, ils ne sont plus eux-mêmes, et se forgent une valeur inférieure à ceux qu'ils convoitent.

Ils ressentent le doute, la peur, et ne croient pas eux eux-mêmes en leur passion. Ils ressentent la peur d'échouer ou la peur d'être jugés sur lesquels ils vouent une vraie passion involontaire et maladroite.

Si bien que, c'est ce qu'il se passe finalement.

Mais un vrai passionné ne doute de rien, et excelle dans un domaine parce que ça lui plaît vraiment, sans se soucier des jugements ou autres ou de l'échec. Il fait ce qu'il aime tout simplement.

Ce que je nomme "passion", c'est cette obsession, ce désir ardent pour une chose que l'on appelle dans le bonheur comme dans le malheur.

Vous attirerez toujours ce à quoi vous pensez, ce sur quoi vous vouez une passion, une obsession, et plus vous ressasserez, et plus cela se produira dans votre vie.

Comme le disait Earl Nightingale, "nous devenons ce à quoi nous pensons le plus souvent ". Et il faut reconnaître que sans la passion, nous n'arrivons à rien. Même avec toute la bonne volonté du monde.

Car sans passion, sans chercher plus à trouver de réponses qu'à soulever de questions, sans prendre cette habitude de se dire qu'il y a toujours quelque chose à trouver, et quand un esprit croit tout savoir, inconsciemment, il abandonne et se meurt, car il n'y a plus d'objectif à atteindre.

L'esprit a toujours besoin d'au moins un objectif , comme je le disais plus haut.

Quelqu'un qui change ses habitudes ressentira un malaise au début, car il sera en phase de reprogrammation de son esprit. La passion est comme une drogue, une addiction, et si on ne se passionne pas réellement pour autre chose que ses problèmes, rien ne tiendra.

Si vous voulez changer vos centres d'intérêts, cela constitue un grand changement d'habitudes ancrées dans votre esprit.

Au début, vous ressentirez le manque. Vous voudrez vous forcer, mais la passion ne sera pas encore au rendez-vous, et vous voudrez abandonner, en vous disant que vous perdez votre temps pour succomber à ce que vous faisiez auparavant. Votre attraction est encore puissante et difficile de résister.

Et si vous le voulez vraiment, vous voudrez vous forcer encore et encore jusqu'à cela devienne une seconde nature pour vous, et cette habitude se nommera ainsi "passion", car le point de focalisation aura changé.

S'il n'y avait pas tous ces "divertissements" ou "distractions", l'esprit se consacrerait davantage à d'autres choses qui ont plus de valeur.

L'esprit humain a toujours besoin de se concentrer sur au moins un objectif et de se maintenir dessus. S'il croit tout connaître (qu'il a tout vu et tout vécu), il stagnera sur cette pensée-là. Et aussi, il perdra l'habitude de faire et ne s'entraînera plus.

L'objectif est de toujours apprendre. Si nous arrêtons d'apprendre, nous oublions et nos pensées seront dirigées vers un autre point de focalisation. L'objectif doit toujours être en nous quoi qu'il arrive ! Et comme je dirais avec un peu d'humour, c'est « être arrivé avant même d'être parti ».

La passion doit vous animer et vous envahir avant de se propager autour de vous. Si personne ne croit en vous, c'est aussi parce que vous ne croyez pas en vous-mêmes !

Sans passion, pas de réussite. Il est sans rappeler que ceux qui réussissent ont un point commun, "Ils aiment ce qu'ils font !"

Beaucoup veulent réussir pour ressembler à quelqu'un d'autre, mais n'incarnent pas la réussite (timidité ou peur par exemple). Et ils n'ont pas compris que ce n'est pas seulement ce qu'ils font qui est important, c'est aussi ce qu'ils émanent, leur vibration, leur champ aurique.

Beaucoup travaillent dur pour réussir, en se posant beaucoup trop de questions parsemées de doutes, et ce qu'ils récoltent est à l'image de ce qu'ils sont au fond d'eux-mêmes.

Croyez en vous-mêmes, contre vents et marées. Le charisme naît en soi. L'opulence naît en soi. La confiance naît en soi. Ressentez cette image de vous-mêmes ! Faites de vous-mêmes votre meilleur ami que vous devez écouter !

Passionnez-vous pour qui vous êtes et ce que vous faites. Ne faites pas ceci pour de l'argent ou pour obtenir quelque chose de quelqu'un par exemple, car vous incarnerez le manque. Au contraire, soyez fiers de vous !

Aimez-vous ! Car l'image que vous donnez de vous-mêmes se reflétera autour de vous !

Partie III :
Fréquences et intensités

Chapitre 11 :
L'aurique et l'éthérique

Soyez attentifs à ce que je vais vous dire, et vous comprendrez pourquoi et comment il est possible de changer son destin en modifiant sa manière de penser, de voir où de ressentir tout ce qu'il se passe tout autour de vous.

La réalité est que vous êtes les seuls maîtres de votre destinée et tout ce qu'il se passe dans votre environnement externe n'est que le résultat de qui vous êtes intérieurement.

Nous sommes tous entourés d'un champ énergétique appelé « l'aura ». Cette aura émet une fréquence à votre environnement externe, et elle peut être positive ou négative.

Plus cette fréquence est claire et intense, plus elle influence les personnes ou les événements se situant dans votre environnement externe. Et cette énergie naît de vos croyances et de vos émotions, et elle est due à votre perception de la réalité acquise du monde extérieur dès votre naissance. Toutes les informations que l'on vous a inculquées ont fait de vous la personne que vous êtes actuellement.

Des liens se créent alors entre ce que vous émettez, et ce que votre monde extérieur reçoit, et c'est ce que l'on nomme « liens éthériques ». Si votre perception de la réalité se situe dans la peur, tout ce qui fait partie de votre environnement externe sera lié à cette peur.

Par exemple, une personne juste en face de vous qui ressentira cette fréquence et qui aura une perception de vous en relation avec vos valeurs internes ou l'image que vous vous donnez, et qui se situent dans votre champ aurique.

Afin de modifier cette fréquence, il suffit de changer votre perception de la réalité, et que vous soyez capables de la ressentir suffisamment en vous, comme un fait existant, suscitant de fortes émotions de manière répétée, et afin que cela s'inscrive dans votre subconscient.

Votre conscience influence grandement tout ce qu'il se passe autour de vous en émettant une fréquence dans votre champ aurique. Des liens éthériques se créent entre la perception que vous avez de la réalité, et la réalité elle-même.

Ce que vous ressentirez affectera votre réalité. Cela ne se fera pas du jour au lendemain, et il vous faudra rester fidèles à vos nouvelles valeurs.

Dans toute volonté de changement, n'oubliez pas que l'environnement joue un rôle important au niveau de l'attachement et de l'affect que vous avez en rapport avec votre situation actuelle.

Vous n'acceptez pas ou mal votre situation actuelle, les gens ou le monde dans lequel vous vivez, et pourtant, vous composez avec ce qui constitue votre univers.

En étudiant de près les lois de l'esprit, je me butte sur le sujet des rapports éthériques, c'est-à-dire l'interactivité que nous pouvons avoir avec les personnes ou les choses du quotidien, se poser la question de savoir comment nous percevons ces personnes et ces choses vis-à-vis de soi-même.

Il y a aussi cette volonté d'incorporer des personnes de notre entourage aux changements que vous voulez effectuer (ce qui est compréhensible).

Mais si ces personnes ne sont absolument pas dans la même optique que vous, les rapports éthériques créent cette forme d'inclusion qui empêche les lois de l'esprit de fonctionner correctement, car ce lien existe entre vous et elles.

Vous serez incapables d'aider qui que ce soit si vous ne vous aidez pas en priorité et si vous continuez de mettre en lumière des personnes qui ne partagent pas cette volonté de changement.

Cela concerne votre vie et non celle des autres qui font leurs choix. Et vouloir utiliser les lois de l'esprit pour aider les autres, ce n'est pas comme cela que cela fonctionne.

Recherchez la lumière à l'intérieur de vous, car c'est en trouvant votre " phare intérieur " que vous pourrez éclairer votre vie et qui brillera vers les autres.

Comme le disaient Esther et Jerry Hicks dans leurs livres, ces lois sont dites " égoïstes ", parce qu'elles ne concernent que l'individu qui veut changer intérieurement.

C'est percevoir notre vie différemment et en secret, s'identifier soi-même et se donner de la valeur. Évoluer dans un autre univers et le ressentir.

Nous sommes l'ensemble des personnes que nous fréquentons le plus souvent, et si vos cinq meilleurs amis sont fauchés, il se pourrait bien que vous soyez là sixième. Nous ne fréquentons que ce qui nous est semblable.

Vous voulez utiliser les lois de l'esprit pour donner une vie plus confortable à votre entourage, donc vous incluez ces personnes, ce qui est humain et compréhensible.

Le problème est que votre entourage ne se perçoit pas comme vous le souhaiteriez, ils ont un tempérament fataliste en acceptant la situation dans laquelle ils sont.

Vous restez de ce fait dans le même cercle qu'eux, vous vibrez à la même fréquence qu'eux, en voulant les inclure, en les imaginant heureux, mais ils se voient différemment.

Les autres font leur choix, vous ne pouvez pas les forcer à penser autrement, et même s'ils vous suivent dans cette philosophie de vie, est-ce qu'ils seront capables de la maîtriser ? N'est-ce pas eux qui créent ces liens volontairement ou involontairement ?

En schématisant tout ceci, c'est comme si vous vouliez tirer des personnes vers le haut, alors que de l'autre côté, ils tirent vers le bas, de ce fait, rien ne bougera.

Dans la situation actuelle, seriez-vous capables d'aider qui que ce soit, ou est-il préférable de s'aider soi-même pour aider les autres ensuite ?

La finalité des notre existence est de ne pas continuer à dépendre d'un maître, d'un coach ou d'un leader. En clair, cesser d'être "le suiveur".

Être maître de sa vie, c'est être libre de ses propres choix, sans être influencé par ce qu'il se passe en dehors de nous.

Le vrai pouvoir réside dans notre esprit, et c'est par l'imagination que nous pouvons choisir qui nous voulons être, et non en ressassant ce que nous avons vécu ou ce que l'on nous a dit, qui font partie de notre environnement.

Se forme ainsi une ligne de traîne bâtie sur une programmation inconsciente. Ce qui fait de l'être l'outil, et non le forgeron.

Mais la grande trahison existe aussi par l'imagination qui fonctionne avec un système de croyances que l'on nous a inculqué depuis fort longtemps, et gravées dans l'inconscient.

L'être est éthérique, parce qu'il dépend inconsciemment de son environnement extérieur et de son éducation. Il a bâti son univers au travers des autres et non en lui.

Par une suite d'habitudes conscientes, qui sont devenus des habitudes inconscientes, qui ont fait de son esprit un programme.

Le remède à tout cela est de "rebooter le système", en se créant de nouvelles habitudes conscientes par l'imagination, sans se soucier que ce que vous pensez est vrai ou pas. C'est se bâtir le royaume en soi qui rayonnera à travers soi.

L'esprit est son refuge qui permet de se ressourcer et de se reconstruire.

Voilà ce qui définit la vraie liberté, et voilà ce que signifie vivre pour soi, et non vivre comme les autres.

Chaque être se construit de l'intérieur et ne devrait pas vivre selon l'extérieur.

Souvenez-vous que le monde extérieur n'est que le reflet du monde intérieur !

Ce que nous croyons être inconsciemment produit sa propre signature énergétique, et est calée sur une fréquence, créant ainsi ou consolidant des liens entre ce que vous pensez et ce qu'il vous arrive.

L'esprit est la cause, et le monde extérieur est l'effet.

Quand vous changez votre manière de penser sur vous-mêmes, vous changez la fréquence, vous changez votre aura. C'est ce qui se dégage de vous qui change votre environnement.

Aimez-vous et le monde vous aimera.

Chapitre 12 :
Avoir et vouloir

« Celui qui a tout n'a besoin de rien, et celui qui n'a rien a besoin de tout ! »

Même si cette phrase peut vous sembler énigmatique, méditez sur cette vérité, car ce qui va suivre est la base de ce que l'un des plus grands secrets de la vie est comment atteindre le bonheur.

Nous atteignons cet état quand nous apprécions ce que nous avons déjà, sans rien attendre de plus. Et sans nous rendre malade de ce que nous n'avons pas.

N'ayez aucune crainte, car si vous avez suivi tout ce qui a été dit jusqu'à présent, un grand changement pourrait s'opérer en vous. Cela ne veut pas dire « abandonner et se « résigner », mais « comprendre ».

Ce qui nous rend malheureux est cette quête effrénée et matérielle qui ne mène nulle part. Nous pouvons trouver une référence dans la bible qui mentionne ce que je viens d'évoquer :

"Car à celui qui a, l'on donnera, et bien plus encore. Et à celui qui n'a pas, on lui retirera. "

Et c'est cela qui rend la vie magique, en abandonnant son attachement à nos désirs ou à nos espérances, ou en considérant toutes choses voulues comme acquises. Et en ayant davantage confiance en soi qu'au monde extérieur qui pollue notre esprit.

Le premier chemin mène à un trésor et le second, à sa perte. L'abondance et le manque sont les deux seules fréquences de l'esprit, même s'il existe plusieurs formes ou déclinaisons. Mais pour arriver à cet état d'abondance, la foi et la confiance sont nos meilleurs alliés.

- Le monde matériel naît de l'inconscient.
- L'inconscient naît des habitudes.
- Les habitudes sont les actes répétés du conscient.
- Le conscient dépend de son attachement quantique
- L'attachement quantique naît dans l'instant présent

Le secret de la vie, c'est ça ! Profiter des bons moments et être heureux avec ce que l'on a. Comment faut-il interpréter ceci ? En reconnaissant tout d'abord que la seule réalité est la seule que nous pouvons concevoir, à l'aide de notre conscience et notre sens de l'imagination.

Nous pouvons tout avoir « dans notre esprit », et accepter tout ce que nous pensons comme les germes de notre réalité. Car notre environnement interne crée l'environnement externe, et non l'inverse. L'effet ne crée jamais la cause.

L'être humain peut se recréer intérieurement en changeant ses croyances et ses valeurs. C'est ce qui permet à votre champ aurique de basculer du manque vers l'abondance. C'est ce qui permet un réel changement. La richesse ne réside pas en des choses matérielles, mais en ce que l'on croit au fond de soi.

"Et c'est dans ce temple que nous obtenons, et non en dehors du temple !"

Hors, la majorité des personnes qui s'intéressent au sujet de la loi de l'attraction sont constamment et inconsciemment dans le "VOULOIR". Ils espèrent, ils attendent, ils "VEULENT" que quelque chose change. Mais rien ne changera, et c'est une certitude absolue, car dans la réalité, nous n'attirons rien d'autre que ce que notre esprit a conscience d'être ou d'avoir.

Plus précisément, nous parlons de cohérence quantique, et pour avoir une transformation extérieure, elle doit passer par les croyances internes, aux valeurs que se donne l'homme, qui est un être aurique évoluant dans un univers quantique.

Ce qui lui manque, c'est la foi et la confiance en ce qu'il a envie de croire, et qu'il arrive à se détacher de l'éther que seul l'aurique peut créer. Rien ne vient jamais de l'extérieur de son être.

Il faut partir du principe que si son esprit est programmé à l'échec, il ne connaîtra que l'échec. Il aura beau visualiser la réussite, tout en conservant son ancien schéma mental. Il n'a pas conscience que tant qu'il n'aura pas accepté comme vrai sa réalité interne, et qu'il continuera) se laisser influencer par son environnement externe, rien ne pourra changer.

Ils ont simplement conscience de la réalité dans laquelle ils vivent, évoluent et sont toujours dans l'espoir d'un changement externe, alors que tout le travail en amont est interne.

Ce que je tente d'expliquer, c'est que nombreux individus adeptes de cette philosophie "se forcent". Ils sont inconsciemment et en permanence dans le "VOULOIR", tel un élastique qu'ils maintiennent sous tension, ils veulent forcer des événements extérieurs à leur condition actuelle (qui ne changeront pas!).

La différence entre "AVOIR" et "VOULOIR" est la suivante.

Ce qu'ils pensent posséder inconsciemment, ce qu'ils vivent, ce qu'ils expérimentent, ce dont ils sont sûrs, bref LA RÉALITÉ, c'est l'AVOIR.

Ce qu'ils désirent, ce qu'ils souhaitent, ce qu'ils veulent, cette envie interne, ce besoin de changement est le "VOULOIR".

Quand nous demeurons dans l'optique de « vouloir » manifester quelque chose par le biais de la pensée seule, quand nous pensons "loi de l'attraction", faire quelque chose dans le but d'obtenir, cela ne fonctionne pas !

Cela sert juste à enrichir les gourous du développement personnel pour lesquels les crédules y croient à fond en lisant des livres qui ne se détachent pas de "la théorie".

Ils sont toujours dans l'optique "penser positif ", "répéter une leçon", sans changer de perspective ou d'état d'esprit, mais tout cela est voué à l'échec. C'est vain !

Et je vais revenir sur deux points essentiels :

La pensée positive et l'action.

La pensée positive n'est pas automatique, on ne peut se forcer à penser positivement, si nous persévérons à s'attacher et à croire aux circonstances de notre environnement, qui elles, restent négatives. Ce qui affecte l'homme, c'est cette volonté inconsciente à s'attacher à ce qui l'entoure. Il maintient les liens éthériques en place en faisant cela.

Apprenez à vous détacher de votre conditionnement mental, en arrêtant de prêter trop attention à tout ce qui vous entoure, aux circonstances, et à tout ce que l'on peut vous dire. Sortez de ce qui vous affecte, et pensez à ce que vous voulez réellement, à l'image que vous seul(e) pouvez vous donner. Maintenez cette condition interne et ayez confiance en ce que vous croyez.

À "VOULOIR", on reste dans un état de tristesse et de négativité. On ne va pas se raconter de films. La colère et la frustration de voir que rien de positif n'arrive dans notre vie nous plongera encore plus dans un état-d'être négatif.

Le problème est le suivant, quand nous "pensons positivement", nous le faisons consciemment, mais dans notre for intérieur, nous espérons que " la magie opère".

Plantez un élastique avec une punaise ! Il représente votre état interne, votre "AVOIR" (votre état actuel).

Maintenant, tirez sur cet élastique jusqu'au point que vous voulez! Aussi fort que vous le pouvez. Votre main et votre bras représentent votre "VOULOIR" (votre état désiré).

Vous voulez ! Vous voulez ! Vous voulez, jusqu'à épuiser votre énergie, chopper une crampe au bras, et casser l'élastique, à cause de la tension, vous devenez comme cet objet. C'est-à-dire qu'à la longue, quelque chose en vous va se rompre, se briser.

En s'entraînant uniquement sur l'état interne, vous ne dépensez pas inutilement votre énergie. Croyez, ayez confiance en vous-mêmes ! Redéfinissez votre valeur comme un fait existant dans « votre » réalité.

Vous déterminez le point dans lequel vous êtes sur l'instant présent. Là où la réussite est déjà acquise "uniquement dans votre esprit". Ne vous préoccupez plus de ce que suggère votre environnement ! Il fait partie de vos anciens schémas de pensées.

À "AVOIR", c'est-à-dire en ayant pleine conscience que tout est déjà acquis, que vous avez déjà atteint l'objectif, ce qui équivaut à ce que vous ressentez actuellement avec ce que vous avez (réel ou non).

Quand nous « AVONS », nous occultons l'espoir et le "VOULOIR", nous n'attendons rien, car NOUS SOMMES.

C'est dans cet état d'esprit serein et confiant que la pensée positive émerge. JAMAIS AVANT ! On ne peut la fabriquer consciemment, et il faut une raison interne valable pour cela, et elle se trouve dans son nouveau conditionnement personnel. Et je vais vous avouer quelque chose.

La réalité émerge de votre imaginaire, de la perception de votre réalité interne, de l'importance et des valeurs que vous lui accordez. En cela, je ne vous demande pas de me croire sur parole, ou de faire confiance à ce qui vous entoure, mais de trouver votre véritable guide qui est uniquement dans chaque être qui peuple cet univers.

Vous avez le pouvoir de changer les choses, et vous le faites inconsciemment à cause de votre conditionnement mentale. En clair, votre conditionnement actuel vous éloigne de votre plein potentiel. Vous êtes manipulés par les événements extérieurs, par les valeurs et les croyances que l'on vous a données, et finalement, inconsciemment, vous

vous laissez faire, car vous continuez d'accepter que l'on vous dirige.

Ce que je tente de vous faire comprendre, c'est qu'il n'y a que vous dans le grand échiquier de la vie. Vous avez le pouvoir de diriger votre esprit comme bon vous semble si vous apprenez à VOUS faire confiance avant tout, et à faire confiance en votre esprit créatif. Le leader de votre existence, c'est vous et personne d'autre. Et comme il est dit dans la bible *« Connais-toi toi-même ! »*

La confiance et la positivité de son état d'esprit génère l'action. JAMAIS AVANT. Deux états internes ne peuvent coexister en même temps.

Entre AVOIR et VOULOIR, l'émotion n'est pas la même, ce qui signifie que la fréquence n'est pas la même. La relation entre les deux, c'est "l'aurique ", c'est ce que nous dégageons.

Nous n'attirons pas spécialement à nous ce que nous voulons, mais ce que nous sommes, et qui nous sommes..... "l'aurique » qui est l'émetteur, et notre environnement est le récepteur. Il envoie un signal qui conditionne notre réalité qui n'est que le miroir de nos anciens schémas de pensées.

AVOIR nous rapproche
VOULOIR nous éloigne

Tels les deux polarités d'un aimant ....

Alors, efforçons-nous d'être des pôles qui s'attirent ! On ne peut pas AVOIR et VOULOIR en même temps. Et un seul choix s'offre à nous.

AVOIR est avant tout dans la conscience d'être, et VOULOIR est dans la conscience de ne pas être ou de ne pas posséder. La proximité implique la séparation......

À quoi sommes-nous prêts à renoncer pour une vie meilleure ? Tel est le prix à payer !

À quel moment connaissons-nous le manque ou l'abondance ? C'est une vraie question, et en mon sens, le manque pourrait se traduire par le désir d'obtenir consciemment certaines choses, tout en étant inconscients de ne pas les posséder. Et logiquement, si vous désirez, c'est que vous n'avez pas.

Quand vous vibrez l'abondance, le désir et l'espérance s'effacent pour laisser place à la satisfaction et la reconnaissance. Vous n'êtes plus addicts du vouloir, plus sous une certaine forme d'emprise, hors, dans la vie quotidienne, vous êtes souvent dans ce même schéma de manque de la chose convoitée, sans même vous en rendre compte. Vous êtes dans la confiance, cette forme de quiétude interne, cette satisfaction ou cette reconnaissance de déjà posséder.

Quand vous désirez une voiture par exemple, vous êtes axés sur son absence de votre vie. Cela ne fait pas partie de votre quotidien, du "familier". Vous ne la possédez même pas " mentalement" pour ainsi dire.

Cet exemple se répète fréquemment dans d'autres aspects de votre quotidien, à la télévision par exemple. Vous admirez certaines personnes pour leur réussite, des fois, vous les jalousez, mais tout ceci vous fait rappeler ce que vous n'êtes pas ! Car le personnage central de cette affaire ne reste que vous-mêmes. Celui qui ne possède pas ce qu'ils ont.

De ce fait, en étant très observateurs de notre quotidien, la sphère que l'on se crée autour de nous émet des vibrations de manque, et dans ces conditions, il est très difficile de connaître le bonheur et l'enthousiasme de posséder et de vibrer à cette fréquence.

Alors qu'il y aurait des raisons de vibrer l'abondance, en s'admirant soi-même pour ce que nous avons sur le plan physique ou non physique.

Et je vous donne une très bonne raison pour cela, car il existe des personnes qui désirent et espèrent ce que vous avez déjà ! Un toit sur la tête, une femme ou un mari, des enfants, un travail, une voiture, la santé (surtout la santé).... et plein d'autres choses encore.

En résumé, vous disposez de richesses insoupçonnées et bien plus encore en vous. Et dès que vous braquez les projecteurs sur vous-mêmes, et non ce que possèdent les autres, vous vous admirez pour ce que vous faites et ce que vous êtes, sans avoir besoin de l'avis des autres pour cela, alors votre vie prendra un virage à 180 degrés.

Après avoir lu le livre de Charles F. Haanel intitulé " la clé de la maîtrise" ("the master key system" en anglais), il met en lumière une loi fondamentale au sujet des lois de l'esprit. On y trouve des similitudes dans la bible.

Il est dit dans la bible et dans le livre de Charles F. Haanel :

"Car on donnera à celui qui a, et il sera dans l'abondance, mais à celui qui n'a pas, on ôtera même ce qu'il a." (Matthieu 25:29)

La suite est encore plus révélatrice pour ceux qui la comprennent :

"Et le serviteur inutile, jetez-le dans les ténèbres du dehors, où il y aura des pleurs et des grincements de dents." (Matthieu 25:30).

Celui qui sait se contenter de ce qu'il a (croyances internes) vit dans l'abondance. Il est heureux. Tandis que celui qui se plaint du manque, connaîtra le manque qu'il continuera d'entretenir dans son esprit.

En clair, contentez-vous déjà de ce que vous avez (état interne), mais aussi, ce que vous convoitez, possédez-le déjà dans votre esprit !

La fréquence de l'abondance attire l'abondance, et celle du manque attire le manque. C'est une loi ! Plus vous vous plaignez, et plus vous attirerez davantage de raisons de vous plaindre. Plus vous éprouvez de la gratitude, et plus vous aurez des raisons d'être reconnaissants.

Complaintes et gratitude sont deux énergies opposées, mais qui attirent vers vous les circonstances de vos plaintes ou de vos louanges.

Le serviteur inutile sont vos pensées négatives que vous entretenez, ce sont vos conditionnements, vos croyances actuelles et votre confiance en l'univers extérieur. En continuant de vous plaindre de votre sort, vous maintenez vivant dans votre esprit votre sort.

Ne fuyez pas un problème, il continuera de vous poursuivre si vous êtes conscient de son existence ! C'est le serviteur inutile que vous entretenez.

Ne poursuivez pas un rêve, car il vous fuira ! Possédez-le déjà dans votre esprit. Si vous êtes conscient que vous n'avez pas et que vous désirez, vous êtes sur la fréquence du manque.

"Avoir " attire et "Vouloir" repousse.

Ayez déjà dans votre esprit, sans espoir ni attentes qui sont synonymes de "manque". Et comme vous l'apprendrez dans un prochain chapitre :

"Soyez ! Et arrêtez de courir !"

Mais il y a un autre secret au-delà de ce secret, et vous en êtes là clé. Il suffit d'apprendre à écouter, et savoir qui écouter. La personne que vous devriez écouter et celle que vous connaissez, mais que vous n'avez jamais rencontré.

Selon Neville Goddard, Le plus important est de savoir où positionner son esprit et son attention !

Aux choses qui ne sont pas.

Aux choses qui ne sont plus.

Aux choses qui devraient être.

Aux choses telles qu'elles sont, ou que vous voudriez qu'elles soient.

Le tout est de prendre réellement conscience de cela, et de savoir ce que l'on veut vraiment. Il y a une différence entre désirer ou espérer, et incarner ou être.

L'assomption, comme le nomme si bien Neville Goddard, c'est présumer que vous êtes déjà la personne que vous voulez être.

Inconsciemment, vous êtes déjà la personne que vous voulez être, et ce qui est la cause des échecs, est la recherche de ce nouveau concept de soi.

« Il n'y a rien à chercher, juste à trouver. »

- On ne peut pas avoir et vouloir en même temps !
- On ne peut pas avoir et espérer en même temps !
- On ne peut pas avoir et désirer en même temps !
- On ne peut pas avoir et attendre en même temps !

Car seul compte ce que nous considérons comme vrai dans l'instant présent. Alors, acceptez le fait que vous êtes déjà la personne que vous voulez être dans le bonheur comme dans le malheur.

Il n'y a que deux fréquences possibles qui puissent affecter "l'aurique", l'abondance et le manque (avoir et vouloir), et en changeant notre conception de soi, en changeant la perception de soi et de notre environnement, on change "l'aurique", et sans cette nouvelle définition d'être, rien ne changera.

L'aurique est l'essence même de notre être, il est en nous, en nos croyances, en notre perception du monde et de soi. Il est également dans notre ressenti. Il est la racine, la source.

Il y a toujours un détachement entre l'état actuel et l'état désiré, c'est cet espace qui représente la volonté de "vouloir " qui vous empêche de l'obtenir.

Et logiquement, il est impossible de "vouloir " ce que nous "avons" déjà. Ce serait incohérent.

C'est cet espace qui nous coupe de l'état interne et externe. Nous devons nous détacher de ce que nous "voulons" afin de ne plus ressentir l'absence de la chose désirée.

Le problème de l'humain est qu'il pense à partir de son environnement extérieur, et non intérieur. Il croit que c'est son environnement qui le construit, alors que c'est l'inverse.

Le plus important est la destination (avoir), et non le voyage (vouloir). La différence entre tendre le bras pour saisir quelque chose et l'avoir entre ses mains.

Comme le disait Earl Nightingale, *un capitaine de navire qui ne connaît pas la destination ne va nulle part.*

Si l'humain s'abandonne avec foi et conviction à ses propres croyances (ce qu'il croit comme vrai), en arrivant au stade du "détachement quantique" comme le mentionne Joe Dispenza, alors, il est possible de changer l'aurique (son état interne), pour qu'il soit en phase avec la réalité désirée.

Autrement dit, avoir une nouvelle définition de soi. Exclure l'ancien pour se consacrer au nouveau. Favoriser sa perception interne, et ne plus se laisser influencer ou dominer par sa perception externe de la réalité.

Ce que vous avez conscience de posséder est dans "l'avoir", que ce soit dans le bonheur ou dans le malheur. ("avoir" des dettes ou des soucis par exemple).

Ce que vous désirez est dans le "vouloir". Vous "voulez" parce que simplement "vous n'avez pas" !

L'espoir, l'envie ou le désir génère la fréquence du manque.

C'est l'inconscient qui crée dans l'univers physique. Et l'inconscient se construit à partir de répétitions conscientes objectives ou subjectives.

L'inconscient est une suite d'algorithmes qui constituent notre carte du monde tel que nous le connaissons.

Placez votre désir derrière vous comme si vous l'aviez déjà obtenu ! Nous construisons dans le présent, le passé est issu du présent, et rien qu'écrire cette ligne se situe déjà dans le passé. Ce qui existe est issu du présent, et ce qui a existé existe encore.

Ce que vous désirez, vous l'avez déjà obtenu !

Cela peut paraître étrange dit comme ça, mais c'est la réalité. Relisez attentivement cette phrase et réfléchissez ! Vous êtes déjà là personne que vous voulez être, cela a toujours fait partie de vous.

Si vous possédez quelque chose, le besoin de l'obtenir n'existe plus. Et si vous avez besoin de quelque chose, cela veut dire que vous ne l'avez pas.

Dernier point essentiel en faisant un peu de psychologie, et je pense que ce qui freine l'élan de générosité est "la peur de manquer". (rassurez-vous! Je m'explique !)

Concrètement, nous ne devons pas donner pour recevoir, mais nous devons donner parce que l'on a (et l'on donne un peu de ce que l'on a) !

Penser "donner pour recevoir" ne fonctionne pas ! Donner se conjugue à "l'inconditionnel" (comme donner de l'amour).

Nous le faisons parce que nous avons la capacité de le faire, et non penser que ceci est un système automatique, si nous n'avons pas l'état d'esprit qui va avec.

Certaines personnes sont axées inconsciemment sur le manque, et cela se retrouve dans certains comportements tels que l'envie et l'espoir, mais ceci ne fait que renvoyer les mauvais signaux.

Ces personnes donnent avec appréhension, comme si elles s'ôtaient quelque chose de vital, elles ressentent le manque, l'absence de la chose donnée, elles donnent avec regrets dans l'espoir que quelque chose viendra en contrepartie, et cela ne marche pas comme ça. Car elles vibrent dans la fréquence du manque. La peur de manquer.

Puis il y a les autres qui sont axées sur l'abondance, qui savent regarder là où il faut, qui reconnaissent les richesses en elles, et qui donnent justement parce qu'elles peuvent le faire et qui éprouvent du plaisir à le faire. Elles n'attendent rien en retour, et reçoivent de belles surprises dans leur vie.

Elles sont heureuses de ce qu'elles ont et heureuses de ce qu'elles donnent.

Chapitre 13 :
Fuir et poursuivre

Tout le monde (ou presque) connaît le récit biblique de la femme de Loth qui s'est transformée en statue de sel quand elle se retournait pour regarder derrière elle.

On pourrait supposer que la statue de sel représente l'immobilisme, à rester figée sur le passé. Et pour la majorité d'entre nous, nous regardons toujours en arrière, et nous le faisons inconsciemment.

Notre monde extérieur est comme la ville de Sodom où la famille de Loth a dû fuir. Mais la femme de Loth a regardé en arrière (le monde extérieur) et s'est transformée en statue de sel (immobilisme), le regard figé sur son environnement extérieur, au lieu de regarder devant elle et aller de l'avant (le monde intérieur).

Ce qui nous fige et nous empêche d'aller de l'avant, ce sont nos pensées récurrentes inconscientes et parasites, qui se basent sur notre environnement (monde extérieur), et sur notre subconscient (les pensées et les ressentis gravés dans notre esprit).

Étrangement, le subconscient croit davantage l'inconscient que le conscient.

Pour le subconscient, le conscient n'apporte que des suggestions et non des faits avérés (les preuves). Et il faut le convaincre par le biais de notre inconscient et par la répétition subjective

Nous ne voulons pas y penser, mais notre acharnement, par notre inconscient à toujours avoir un œil sur ce qu'il se passe dans notre monde extérieur nous empêche de croire qu'il peut en être autrement (dans notre esprit conscient).

Comment fonctionne le subconscient ? Il ne raisonne que dans l'affirmative, c'est-à-dire qu'il ne connaît pas le "ne" et le "pas", et se base uniquement sur la pensée relative à ce "ne" et ce " pas". Il ne connaît ainsi que "l'image".

La pensée de ce que vous ne voulez pas demeure une pensée quand même !

Quand par exemple, vous avez ce genre de pensées.

" Je ne veux pas revivre cette situation !"

Votre subconscient comprend uniquement "l'image", et cette image domine ce à quoi vous pensez réellement. Le " ne" et le "pas" n'existent pas !

Vous regardez inconsciemment ce que vous ne voulez pas et devinez quoi… C'est exactement ce qui arrive !

Pourquoi ? Parce que vous faites attention à cette pensée. Vous regardez la ville de Sodom sans le vouloir consciemment.

Alors qu'il suffirait de regarder devant soi (son monde intérieur), et lui donner vie à l'intérieur de soi avec force et conviction, et de manière répétitive, sans regarder derrière soi. En donnant moins d'importance à ce qui arrive.

En clair, ne pas se dire " comment résoudre ce problème ? " car c'est précisément ce qui régit votre vie !

Concentrez davantage votre esprit sur ce que vous voulez réellement et non sur ce que vous ne voulez pas, car le piège, c'est que le subconscient comprend " ce que vous ne voulez pas !" de la manière suivante " ce que vous voulez !".

Et c'est pour cela qu'il faut toujours regarder devant soi (l'objectif conscient) et le répéter jusqu'à quand il influence votre inconscient, plutôt que de regarder la ville de Sodom (ce que vous ne voulez pas) et l'ignorer.

Autre chose , entraînez votre esprit encore et encore par le biais de la lecture et de l'apprentissage. Votre esprit est un muscle qui a besoin de travailler, et que se passe-t-il quand vous ne vous entraînez pas ? Vos muscles s'atrophient.

Et aussi, la lecture et l'apprentissage vous apportent les connaissances et l'expérience qui vous donneront la confiance en vous !

Prenez l'habitude tous les jours sur ce que vous voulez réellement et faites en une résolution. Ne regardez pas les résultats, mais ce que vous faites sur l'instant présent. Et comme je le disais dans un autre chapitre « *Ne regardez pas vos péchés, mais la foi en votre église ! »*. Autrement dit « Ne regardez pas ce que vous convoitez, mais ce que vous croyez posséder dans votre esprit qui est votre temple, votre église.

Pour la plupart d'entre nous, nous créons nos propres conditions d'existence et passons notre temps à les critiquer.

Nous conférons une existence à nos peurs et à nos plaintes, sans prendre réellement conscience que c'est nous-mêmes qui les créons.

Si nous en prenons conscience, oui ! Mais prendre conscience, dans la plupart des cas, ne veut pas dire forcément agir en conséquences.

Si par exemple, nous endurons des difficultés, nous ne ferons rien pour les résoudre, ou nous ne saurons pas comment faire et ne ferons pas l'effort de le savoir, se croyant condamnés à cette triste existence.

La seule issue est de prendre conscience que c'est nous-mêmes qui matérialisons involontairement toutes nos difficultés, tout comme nous créons une entité avec nos propres pensées. Elles sont là uniquement parce qu'inconsciemment, nous leur autorisons à nous harceler.

Même si beaucoup auront du mal à le reconnaître, nous sommes responsables de ce qu'il nous arrive.

Oui, mais avant la responsabilisation, il y a avant tout une réelle prise de conscience, c'est "admettre", et quand un individu est programmé depuis longtemps à être comme cela, il sera difficile de le changer, bien que cela reste possible.

J'en connais qui préfèrent se mettre des œillères et de se dire que tout ce qui leur arrive est la faute des autres et vivent dans ce que j'appellerais une mauvaise foi permanente.

Après, en étudiant ce type de comportement, tout n'est pas totalement la faute de ces personnes, car cela provient aussi des habitudes accumulées depuis l'enfance, une programmation inconsciente due à leur éducation et à leurs fréquentations. Ils n'auront pas appris à se responsabiliser.

On pourrait supposer que si leurs parents et amis étaient comme ça, quelque part, ils ont eu les mauvaises informations "dominantes".

Ils auront appris à plus s'appuyer sur les autres qu'à se responsabiliser.

Ce que nous sommes devenus est aussi le résultat de ce que nous avons vécu et des personnes que nous avons fréquentées durant toute notre vie. Tout cela vit encore en nous, et par conséquences, en dehors de nous.

Ce à quoi nous pensons le plus souvent, nous y donnons vie en y faisant attention inconsciemment et par habitude d'après les schémas mentaux que nous avons créé dans son subconscient, et qui s'est manifesté dans l'exactitude.

L'exactitude des faits (ce qui s'est réellement passé) a apporté la preuve à votre subconscient, qui, par habitude, connaît le chemin de ce que l'on appelle " une croyance ancrée ". Il sait par habitude qu'il n'y aura pas d'autres résultats que ceux attendus involontairement (ou inconsciemment).

Une bonne partie du secret est dans la répétition constante d'un désir comme s'il s'était déjà réalisé et le ressentir intensément comme si c'était un fait avéré, et surtout, y croire avec foi, même si rien ne le montre dans le monde extérieur.

Tout ceci afin de rééduquer votre esprit jusqu'à quand il accepte ce nouvel état de fait.

Vous lui apportez la preuve que cela existe déjà consciemment. Et aussi si vous réussissez à vous convaincre de cela avec foi, sans regarder dans votre environnement extérieur (le détachement quantique), et si vous apportez en permanence la preuve depuis votre monde intérieur.

Créez ceci depuis votre monde intérieur (l'esprit) comme si vous l'aviez déjà dans votre monde extérieur (votre environnement).

Imaginez l'avoir vu , l'avoir ressenti et l'avoir vécu comme un souvenir. Imaginez en avoir été témoin, et plus vous habituerez votre esprit consciemment et plus cela deviendra un automatisme inconscient qui apportera la preuve que le subconscient attend.

Vous trouverez un petit schéma pour expliquer le fonctionnement de la loi de l'attraction en rapport avec la perception de la réalité.

Afin de détailler ce schéma :

- Le présent est une création du passé (nous créons à partir du passé). Nous savons qu'il existe et nous lui donnons inconsciemment de l'importance. C'est un fait.

- Le futur est un désir du présent. C'est ce que nous n'avons pas et consciemment, nous le savons.

Les sentiments associés sont :

- passé : la peur, l'appréhension
- futur : l'espoir, le manque

Nous donnons inconsciemment plus d'importance au passé qu'au futur. Nous lui conférons une existence.

Le passé conditionne qui nous sommes. Par l'expérience de notre propre vie, nous reproduisons inconsciemment les mêmes schémas.

Si un événement venait à intervenir dans notre passé, par notre imaginaire, les sentiments associés seraient les mêmes que ceux lorsque l'on reçoit un cadeau. C'est-à-dire la gratitude, le soulagement et la satisfaction.

Avec insistance, cette nouvelle perspective de la réalité se concrétiserait dans notre existence.

En clair, il faut posséder déjà dans notre imaginaire ce que nous n'avons pas dans la réalité. Et insister encore et encore avec intensité, foi et passion, afin que cette perspective s'inscrive dans notre carte du monde (notre carte mentale).

Imaginez trois entités !

- La première est : qui je fuis !
- La deuxième est : qui je suis !
- La troisième est : qui je poursuis !

Qui nous fuyons nous rattrape toujours, et qui nous poursuivons nous fuira toujours ! Sauf si nous comprenons la chose suivante :

Les trois entités, c'est NOUS !

Car nous avons toujours le choix d'être à l'image de ce que nous fuyons ou de ce que nous poursuivons. Intégrer dans notre réalité + l'une que l'autre, c'est constamment lui donner vie.

Ignorez celui que vous fuyez ! Arrêtez d'y penser et donnez plus de force à celui que vous voulez devenir !

Si vous n'aviez QU'UN SEUL choix à faire, laquelle de ces deux entités voudriez-vous être ?

SOYEZ déjà qui vous poursuivez !

IGNOREZ déjà qui vous fuyez !

ARRÊTEZ DE COURIR pour fuir l'un et poursuivre l'autre, et soyez dans l'instant présent, en paix avec vous-même !

Ce que vous suivez vous fuira toujours, et ce que vous fuyez vous suivra toujours !

Vous serez toujours à poursuivre un rêve plutôt que de le vivre en vous ! Vous serez toujours à fuir un problème plutôt que de le tuer en vous !

Perception de la réalité

	AVOIR		VOULOIR
	Passé	Présent	Futur
	Ce que je fuis	Ce que je suis	Ce que je poursuis
	Me rattrape	Existe	S'échappe
	Cumul d'instants présent	Crée le passé à chaque instant	Dépend uniquement du Présent

Comme je l'ai déjà évoqué, nous sommes "inconsciemment " responsables de tout ce qu'il nous arrive dans la vie.

Si l'homme cherche "à devenir", c'est qu'au fond de lui, il n'a pas conscience "d'être déjà" le personnage qu'il se crée en cet instant, celui qu'il cherche à fuir. Il est déjà la personne qu'il veut être, mais il ne le sait pas !

Ce qu'il estime valoir (valeurs internes), et ne se rend pas compte qu'il donne une existence à ses peurs, ses doutes, ce qu'il est, rien qu'en y pensant (pensées inconscientes dominantes).

Il est "l'avatar", et en voulant devenir quelqu'un d'autre, c'est d'une certaine manière reconnaître qui il est, et quels rôles il joue en cet instant.

Et le démon (l'entité) qu'il se crée le poursuivra tout le temps, car cette entité existe au travers de ce qu'il a conscience d'être et d'expérimenter, en se plaignant de sa condition actuelle. Il le fait tout le temps et inconsciemment.

La seule manière de se débarrasser du démon qu'il fuit est de cesser de lui donner vie au travers de nos pensées, en créant un ange.

Mais cet ange ne se laissera pas attraper facilement, et il faut le reconnaître en nous et non en dehors de nous.

Si nous sommes capables de donner vie à nos démons, pourquoi n'en serait-il pas de même avec nos anges ?

Selon ce qui est écrit dans les textes anciens, en chacun de nous résident deux loups, et celui qui domine notre existence est celui que l'on nourrit.

L'identité d'une personne est conditionnée par la société (son environnement), et vit inconsciemment en harmonie avec ce qui l'entoure.

Elle perçoit et croit que le monde extérieur détermine qui elle est, alors que c'est uniquement l'image (le démon) qu'il se crée qui détermine ce qu'elle croit être la réalité.

Si nous ne dominons pas notre monde intérieur, notre esprit restera dominé pas le monde extérieur, car la réalité que nous voulons vivre dépend uniquement de ce que nous mettons dans notre esprit. Et Earl Nightingale le dit lui-même "Nous devenons ce à quoi nous pensons le plus souvent !!".

L'être existe sur trois niveaux, le conscient, l'aurique et l'éthérique.

Le conscient (perception de la réalité et croyances) influence l'aurique (l'aura que l'on dégage), et l'éthérique crée les liens entre ce que l'on pense intérieurement, l'énergie aurique que l'on dégage, et ce que l'on expérimente dans notre environnement.

Je sais que beaucoup ne sont pas adeptes des sciences de l'esprit et de ces croyances, mais supposez un instant que tout soit vrai ! Alors, vous prendrez conscience de votre pouvoir intérieur.

Notre esprit est un temple dans lequel nous choisissons qui inviter, soit les anges, soit les démons. Et paradoxalement, ils ne viennent pas de l'extérieur, mais de l'intérieur. Nous leur donnons naissance.

Fermez la porte de votre temple à tout ce qu'il se passe à l'extérieur, et choisissez ! Choisissez qui vous êtes à l'intérieur sans vous préoccuper de ce qu'il se passe à l'extérieur.

Redéfinissez vos valeurs et votre perception de la réalité choisie, et gardez les portes de votre temple bien fermées. C'est ainsi que vous reprenez le contrôle de votre destinée.

Ce que vous vivrez en vous (expérimenterez) influencera l'aurique et l'éthérique. Mais ne cherchez pas à voir quand cela se manifestera dans la réalité…

Vous êtes déjà VOTRE réalité !

Arrêtez de courir vainement ! Ne cherchez pas à faire fonctionner quelque chose qui fonctionne déjà, mais qui vous dessert dans votre attitude à chercher à faire fonctionner quelque chose qui fonctionne déjà ! (je sais ! Je me répète !)

Faites confiance aux événements ! Laissez-les agir au lieu de vouloir tout contrôler ! Soyez ! Et ne cherchez pas à devenir !

Nous sommes uniquement ce que nous affirmons être, le début ou la fin, le chemin ou la destination.

Celui qui cherche en vain ne trouvera que son malheur, et sera tenté par le diable, en ignorant qu'il est son propre démon. Nous sommes la réponse est aussi la question, et tout s'accomplit selon ce que nous choisissons.

Tout est déjà accompli pour celui qui connaît son royaume et son nom. L'abondance ou la tentation. Car dans la lumière ou les ténèbres, seul compte ce que nous considérons comme vrai.

La réalité est seulement ce que nous en faisons. Ne courez pas après les anges, car ce sont eux qui nous trouvent ! Et les rechercher pour fuir le diable, c'est le trouver.

Le suiveur perd son temps à chercher, alors que le meneur a déjà trouvé ! Ne courez pas après les illusions, car la réalité est bien plus proche que vous le pensez !

Soyez et ressentez !

L'esprit humain, même s'il peut penser à deux chemins différents, ne peut pas emprunter les deux en même temps. L'existence de l'homme est là où son esprit met le plus de poids dans la balance, et qu'il désigne comme réel, par ses convictions.

Très peu se sentent prêts à tout plaquer, pour recommencer à zéro, ou pour suivre un chemin leur permettant de changer quelque chose dans leur existence. Très peu sont capables de quitter leur zone de confort, et continuent inconsciemment à ruminer leur quotidien.

Une porte se dresse devant eux, mais personne n'ose en franchir le seuil. D'où la question, que sont-ils prêts à abandonner pour obtenir ce qu'ils veulent ?

L'homme ne peut suivre qu'une seule direction. Celle à laquelle son attention est portée, et priorisée par une suite d'habitudes conscientes ou non. Il est l'image aurique du familier qui baigne dans l'éther, de sa condition et de son environnement.

Les entités, celles que nous fuyons ou poursuivons, c'est nous, uniquement nous, ce qui veut dire que nous sommes "inconsciemment " responsables de tout ce qu'il nous arrive dans la vie.

Si l'homme cherche "à devenir", c'est qu'au fond de lui, il n'a pas conscience "d'être déjà" le personnage qu'il se crée en cet instant, celui qu'il cherche à fuir. Il est déjà la personne qu'il veut être, mais il ne le sait pas !

Ce qu'il estime valoir (valeurs internes), et ne se rend pas compte qu'il donne une existence à ses peurs, ses doutes, ce qu'il est, rien qu'en y pensant (pensées inconscientes dominantes). Il est "l'avatar", et en voulant devenir quelqu'un d'autre, c'est d'une certaine manière reconnaître qui il est, et quels rôles il joue en cet instant.

Chapitre 14 :
Les émotions

Tout au long de mon parcours personnel, pour ne pas dire initiatique au sujet des lois de l'esprit, j'ai appris des choses essentielles. Ce que je vais vous révéler, même si vous n'y croyez pas vraiment pour l'instant, vous y viendrez un jour.

Tout d'abord, à ne pas faire confiance à ce que l'on voit, à ce que l'on entend, ou à ce que l'on nous apprend, car celui en qui vous devez avoir le plus confiance, c'est avant tout en vous-mêmes.

Dans les faits, l'esprit n'attire rien, mais il devient, car le plus important se trouve à l'intérieur de votre être, et sans le savoir, vous êtes déjà la personne que vous avez toujours voulue être, par vos convictions profondes liées à votre environnement, ce que l'on appelle aussi « le monde extérieur ».

Aussi, beaucoup utilisent à tort les notions de « pensées positives ». Celles-ci ne sont pas automatiques, et on ne peut pas se forcer à avoir ce type de pensées si les circonstances extérieures (ou intérieures à son être) n'y prêtent pas. Elles sont l'effet, et non la cause.

En clair, on ne peut pas avoir de pensées positives dans le but d'obtenir, mais on a des pensées positives, car on obtient (ou l'on a obtenu). Et tous ceux qui ont tenté ceci, moi le premier et à mes débuts, sont retombés d'emblée dans les pensées négatives, avec énormément de colère, de frustration, ou de peine.

Pendant longtemps, j'ai été dans le « vouloir », en gardant le sourire, ou plutôt, en me forçant à l'avoir, mais ce qui me bloquait, ce sont toutes ces pensées erronées ou idées reçues au sujet de la dite « loi de l'attraction ». À me dire « si je fais ceci, j'obtiendrai cela », mais malheureusement, ce n'est pas comme cela que cela fonctionne.

Tous ces livres que j'ai lus, dont certains m'ont mis en porte-à-faux, avec une suite de règles à respecter, des processus de manifestation, etc.., qui ne sont finalement que des freins à notre évolution, car tout se passe maintenant, dans l'instant présent, au jour le jour et à chaque seconde qui passe. Et non dans 21 jours, dans une semaine, ou dans un an. Et si vous n'êtes pas conscients de ce qu'il se passe maintenant, vous risquez d'attendre longtemps.

Vous aurez beau méditer, vous entraîner, mais vous resterez esclaves du « vouloir » si vous ne comprenez pas ce que j'essaie de vous dire. Et comme le dirait Ektar Toll « Vivez simplement l'instant présent ! », car c'est la base de tout. Qui vous estimez être « maintenant », ou tout ce que vous croyez « dans l'instant présent ».

D'une certaine manière, vous êtes déjà la personne que vous avez toujours voulue être, et inconsciemment, c'est celle-ci que vous cherchez à fuir, et vous attendez qu'un changement intervienne dans votre existence, car cette vie ne vous convient pas.

Mais la réalité est que vous poursuivez un rêve parce que vous fuyez votre condition actuelle, et inconsciemment, c'est ce qu'il se passe. Indirectement, vous reconnaissez être ce que vous voulez fuir, vous « voulez », parce que « vous n'avez pas ». Et dans d'autres circonstances, si vous étiez déjà satisfaits de qui vous êtes et de ce que vous avez, vous n'auriez rien à poursuivre, car tout vous conviendrait.

Ces croyances fortes que vous avez en vous influencent votre destinée, par vos pensées et émotions dans l'instant présent, car tout est lié.

Il existe plusieurs types d'émotions qui constituent votre fréquence aurique (ce qui se dégage de vous, votre aura), dont la peur, la colère, la peine ou l'enthousiasme.

Mais nous allons nous concentrer sur deux émotions, parce que je n'ai pas envie de vous perdre dans mes explications. Nous allons nous focaliser uniquement sur la peur et l'enthousiasme qui sont deux émotions contradictoires. Et dans un sens, peu importe les émotions que vous avez, la règle restera la même pour toutes.

On désigne à tort que l'ennemi de la peur est la foi. Ceci est totalement faux et je vais vous demander sur quoi vous basez votre foi ?

Tout le monde ne connaît pas la vraie signification de ce terme, mais je vous rassure, j'ai longtemps fait cet amalgame moi aussi. Personne n'est parfait en ce bas monde, mais l'important est de se perfectionner et de continuer d'apprendre, et de tirer les enseignements de nos erreurs.

L'ennemi de la peur, de la colère, ou de la peine n'est pas la foi, car il nous est possible d'avoir foi en nos peurs ou à notre enthousiasme. Vous comprenez cette nuance ?

Il n'y a que le doute qui s'oppose à la foi. Et ces deux éléments forment l'intensité. Plus notre foi en un fait chargée d'une émotion est forte dans l'instant présent, plus elle est susceptible de se concrétiser.

Maintenant, imaginez un poste de radio ! La molette que vous pouvez tourner représente les fréquences. Elles sont la tristesse, la frustration, la colère, la peur, la joie et l'enthousiasme. Ce poste radio dispose d'une autre molette pour le volume (l'intensité), allant de la plus basse qui est le doute, à la plus forte qui est la foi. Et plus vous augmentez le volume, plus la musique se diffuse dans votre salon.

Votre esprit fonctionne à l'identique de ce poste de radio, et si la fréquence recherchée est la joie, vous ne pourrez pas percevoir le son si le volume est au plus bas, c'est-à-dire si vous doutez. Augmentez l'intensité et la musique se diffusera en vous et dans votre environnement.

L'esprit humain est à la fois émetteur et récepteur, et la fréquence, selon son intensité, forme le champ aurique qui se diffuse dans votre environnement, et ce dernier s'aligne au signal que vous lui envoyez.

Ce que l'on pense et ce que l'on ressent par une série d'habitudes inconscientes forment la foi ou le doute. Et le véritable ennemi de la peur est l'enthousiasme, ou autrement appelé « le bonheur ». Et quand vous pensez à quelque chose, vous sentez ces deux fréquences vibrer en vous, à plus ou moins haute intensité.

La foi, c'est une confiance aveugle et inconsciente en ce que vous pensez et ressentez en cet instant. Et plus vous accordez d'importance en ce que vous croyez et ressentez, plus cela se concrétisera d'une manière ou d'une autre dans votre existence. Quoi que vous pensiez, peur ou enthousiasme ont la même influence sur votre aura.

En résumé, la peur et l'enthousiasme sont les deux seules émotions qui peuvent influencer votre champ aurique. Et plus une de ces deux émotions vous affecte, plus vous y repensez dans la journée ou pendant longtemps. Et c'est cela la foi, une intensité plus ou moins forte selon l'échelle d'importance que vous accordez à vos pensées et émotions.

Ce qui veut dire que l'une ou l'autre influencera votre réalité et ce que vous vivez en rapport avec l'intensité de votre foi.

D'ailleurs, la foi, vous l'appliquez tous les jours sans vous en rendre compte. C'est le ciment de l'existence, et tout ce qui constitue votre être est lié à vos moments de joies, de peines, ou de peurs. C'est cette émotion intense que vous ressentez, et c'est ce qui domine votre esprit et qui conditionne votre perception de la réalité.

Nous avons tous des peurs enfouies en chacun de nous, mais la question est :

Est-ce que ces peurs sont légitimes ?

Réfléchissez bien à ce qui vous fait le plus peur ! Et remarquez qu'elles ont un impact sur votre quotidien.

Nous pouvons vaincre nos peurs. Comment ? Si je vous le dis, vous resteriez sceptiques. Mais il y a effectivement un remède à cela.

Tout simplement en arrêtant d'y penser. Un peu simpliste, me diriez-vous, mais c'est comme cela que nous pouvons en arriver à bout.

Car cette petite pensée dissimulée au fond de votre esprit contrôle votre vie, et tout ce qu'il se passe autour de vous. C'est le démon que vous cherchez à fuir, et c'est malheureusement en lui que vous misez toute votre foi.

Mais si nous arrêtons de penser à nos peurs, par quoi les remplacer ? Tout simplement par son opposé composé de joie et d'enthousiasme, et avoir le focus dessus. Quand nous croyons suffisamment en nous, en rehaussant nos valeurs internes et notre perception de la réalité, en avançant avec foi et conviction vers la lumière, les ténèbres disparaissent, car ce qui nous terrifie ne sont que des croyances bien ancrées en nous.

Alors, prenez l'habitude d'ignorer ce qui vous fait le plus peur, car elle ne peut vous atteindre sans vous. Elle ne peut pas vivre sans vous. Et la manière de la vaincre est de trouver une pensée opposée plus forte et s'y accrocher.

Trouvez une pensée que vous aimeriez avoir pour remplacer cette peur, et dès que cette peur apparaît, et avant les premières 4 secondes, pivotez vos pensées de peurs sur des pensées opposées.

Pour chaque peur, trouvez une pensée qui servirait de balise sur laquelle se raccrocher (un équivalent), et faites en une pensée de joie. Faites-la grandir, intéressez-vous à elle, et qu'elle devienne votre passion, votre obsession. Ayez foi en elle !

Possédez-la, et un jour cet enthousiasme va vous posséder, vous dominer tellement que vous ne regarderez même plus cette peur qui vous influençait pendant tant et tant d'années.

Le secret dans tout cela ? Ce n'en sera plus un si je vous le dis :

"Arrêtez de courir !"

Vous ne pourrez pas fuir vos peurs tant que vous les maintenez vivantes en vous, et vous ne pourrez pas poursuivre un rêve si vous continuez à le maintenir à distance ! Et paradoxalement, il faut se dire que si nous poursuivons un objectif, indirectement, c'est pour fuir votre situation actuelle, votre condition.

La seule manière d'atteindre ses rêves est d'imaginer qu'il soit déjà là, en vous, maintenant, dans l'instant présent. Sans chercher à le voir, c'est simplement en vous ! Croyez-y, et que ce rêve se transforme en foi !

Et honnêtement, ne serait-il pas mieux de fuir un rêve que vos peurs ? Il n'y aurait plus de but à atteindre, et vous le laisseriez venir à vous. Tant que vous gardez une image forte de ce que j'appelle « l'avoir », même si celui-ci n'est pas présent dans votre environnement physique.

Ce qu'il se passe dans votre réalité est issu de votre foi intérieure. Elle n'est qu'un reflet et un écho de la perception de votre environnement et de vous-mêmes. Et c'est vous seuls qui donnez une existence à vos peurs comme à vos joies.

Lorsque nous regardons notre environnement de manière objective, et sur l'instant présent, et de là où nous sommes, nos peurs sont détachées de l'être, et existent uniquement dans notre esprit.

On se rend compte que, dans la majorité des cas, les croyances humaines sont l'engrais de ces peurs. Et c'est uniquement ceci qui leur donne vie.

Ce sont celles que l'on nourrit inconsciemment, alors que dans les faits, elles ne sont qu'une image, dont l'esprit humain est l'unique générateur.

Même si nombreux d'entre vous n'y adhérent pas, la base de ce monde physique (environnement) sera toujours la même pour chacun d'entre nous.

Un chat restera un chat, ce qui change, c'est l'interprétation que l'on en fait, par nos croyances et nos perceptions, issues elles-mêmes de nos idées reçues, de notre apprentissage de la vie. Certains éprouveront de la peur, alors que d'autres seront émerveillés, voire enthousiasmés de voir un chat.

Et les animaux ont ce merveilleux pouvoir de ressentir ce que nous ressentons, l'énergie que l'on dégage, notre aura, et si nos émotions sont tournées vers la peur, ce qui émanera de nous donnera un sentiment de supériorité aussi bien chez les animaux que chez les humains, car s'il y a un dominé, il y a toujours un dominant. Le tout est de savoir dans quelle catégorie vous placer, et quelle énergie vous voulez transmettre. De la peur ? De la joie ? Du courage ? La lutte ou la fuite ?

Le monde physique est ce que nous pouvons voir, entendre, ou toucher, dans l'instant présent, sans qu'il y ait une implication directe de l'esprit. Il est le même pour tout le monde. Il reste statique sans intervention émotionnelle de notre part.

Le monde non physique est constitué de nos pensées et de nos émotions, et ce dernier est alimenté par nos croyances et notre perception du monde physique. C'est ce qui donne vie à nos peurs.

Ce qui fait que nous verrons toujours, et chacun, une interprétation différente de la réalité qui se reflétera sur nous.

Exemple : un vase restera toujours un vase, mais deux individus regardant ce même objet, verront deux aspects de celui-ci.

D'un point de vue "physique", il n'est qu'un objet, et le verront tous les deux à l'identique.

D'un point de vue "non-physique", ils en auront tous les deux une opinion, une perception et des croyances concernant ce vase totalement différents.

L'un dira qu'il est beau, et l'autre qu'il est laid. Qu'il est maudit, bénéfique ou neutre, mais dans sa forme, l'objet restera le même.

Ce qui veut dire qu'à l'origine, et dans la grande majorité des cas, nous sommes à l'origine de nos propres peurs, et c'est uniquement nous qui leur attribuons une existence par notre foi inconsciente en elles.

Elles ne sont que "l'image", créée par nos propres pensées.

Et la question que nous devrions nous poser est " est-ce que nos peurs sont légitimes et qu'est-ce qui leur donnent vie ? ".

Ce qui nous empêche d'avancer est notre niveau de croyances issu de la perception de nous-mêmes et de notre environnement.

L'émotion qui s'oppose à la peur est l'enthousiasme. C'est un sentiment de bonheur intense quand nous avons conscience d'avoir obtenu ce que nous désirons, et c'est aussi ce qui occulte tout ce qui nous terrifie. C'est alors que nous avançons avec confiance sur le chemin de la vie quand nous accordons notre foi à ce qui nous rend heureux.

On oublie souvent ce qui est important. La vie, la santé, un toit sur la tête, des amis et l'amour de ses proches. Et quelque part, nombreux sont ceux qui n'ont pas cette chance.

Aimez déjà la personne que vous êtes avec ce que vous avez ! Tel est le secret du bonheur. Et dès que vous comprenez ceci, la magie opère, et la peur n'a plus d'emprise sur vous.

Ce qu'il se passe à l'extérieur de vous n'est que le reflet de qui vous êtes et ce que vous êtes à l'intérieur de vous ! Vous êtes le créateur des conditions de votre propre existence.

Le bonheur est le jardin que l'on cultive en soi, qui prend racines en soi, et qui grandit et se propage vers l'extérieur qui répondra toujours à ce que vous dégagez.

Le bonheur est un cadeau que vous vous faites et que vous transmettez aux autres. C'est l'énergie de la vie. Il est « l'avoir », cet aura que vous dégagez.

Comme dirait Baloo dans le livre de la jungle, il en faut peu pour être heureux, vraiment très peu pour être heureux, il faut se satisfaire du nécessaire ! Il en faut PEU pour être heureux, vraiment très peu pour être heureux ..... (désolé de vous avoir mis la chanson en tête).

Le secret du bonheur, c'est en grande partie ça !

Ce qui rend un individu malheureux est sa dépendance et sa foi à son monde extérieur, à la société de consommation, à l'image qu'il se donne et que son monde extérieur lui renvoie. Il s'attache trop à ce qu'il veut être et à ce qu'il n'est pas. À ce qu'il voudrait et à ce qu'il n'a pas. À des croyances toutes issues de son univers extérieur.

Il se focalise trop sur les aspects négatifs de la vie (qui font tous partie de son univers extérieur), et la vie lui renvoie en pleine figure. (j'appelle ceci "les lettres de rappel" ou "l'affect").

Cet individu en veut plus et toujours plus, et il est frustré de ne pas avoir les choses qu'il désire, il est frustré de ne pas être la personne qu'il veut être. Il vit dans un univers de peurs, de frustration, ou de colères.

Alors que le secret du bonheur, pour ceux qui l'appliquent est simple. S'accepter, s'aimer tel que nous sommes, apprécier ce que l'on a, et se détacher de la dépendance de son univers extérieur lié aux émotions négatives que l'on peut éprouver.

Je lisais récemment un livre de Fred Stanford qui disait ceci. "Notre mission de vie est d'être avant tout heureux et de se sentir bien, et non de s'attacher aux choses matérielles (extérieures) !".

Trouvez le chemin du bonheur, et les événements de votre vie s'amélioreront à une vitesse déconcertante.

La véritable clé est le bonheur qui ouvre les portes à tout ce que vous désirez. N'attendez jamais de résultats ! Ils sont déjà là !

N'espérez pas ! Car l'espoir rappelle ce que vous n'avez pas !

Vous ne serez jamais heureux si vous ne vous contentez pas de ce que vous avez déjà !

Le véritable bonheur est en vous, et non en ce que vous possédez à l'extérieur de votre être !

La connaissance nous rappelle que nous ne possédons rien et nous n'emportons rien avec soi, mais en soi. Tout se construit chaque jour de l'intérieur, et cela, peu importe votre état d'esprit, ou ce que vous ressentez. Nous apprenons à devenir reconnaissants de ce que nous avons déjà sur le plan immatériel qui crée le matériel.

La première phase est le contentement de ce que nous avons déjà sur le plan matériel. Il génère un sentiment de satisfaction et de bien-être intérieur.

La deuxième phase est le "faire comme si". Vous possédez déjà ce que vous désirez. Tout comme la première phase. Il génère un sentiment de satisfaction et de bien-être intérieur.

La seule différence est que l'un s'est matérialisé, car vous l'avez attiré à vous, alors que l'autre ne s'est pas encore manifesté sur le plan physique de votre existence, à cause du doute que génère votre esprit.

Tout existe dans vos pensées qui génèrent des émotions relatives, qui détermine votre fréquence vibratoire et son intensité. Mais pour cela, vous devez vous contenter et être de ce que vous avez déjà dans votre esprit et non sur le plan physique.

Le bonheur change votre champ aurique vibratoire.

Il y a aussi la patience ! N'attendez pas demain et contentez-vous d'aujourd'hui ! Le " ici et maintenant

". Le bonheur ne sera pas dans 21 jours, il est là maintenant !

Coupez les liens mentaux de ce qui vous empêche d'avancer et concentrez-vous (le focus) sur ce qui vous apporte de la joie et de la satisfaction, même si cela n'existe pas encore sur le plan physique, la pensée est créatrice et donne une existence à ce qui n'est pas encore. Habituez-vous à cet état d'esprit et votre vie changera !

Vous êtes les seuls véritables artisans de votre bonheur. Ne vous préoccupez pas de ceux qui vous rendent malheureux, car ils ne se préoccupent pas de vous.

Votre vie vous appartient et vous n'en avez qu'une. Alors, arrêtez de vous prendre la tête !

Le vrai secret du bonheur est d'être soi-même et d'apprécier qui nous sommes sans se soucier du jugement (négatif, j'entends bien) des autres.

Il y aura toujours des personnes pour jalouser la réussite de quelqu'un mais ne tiennent pas compte de tout le travail et des sacrifices pour en arriver là où il en est.

Pourquoi la plupart des individus n'évoluent pas ? Parce qu'ils ne s'identifient pas à eux-mêmes, mais aux autres, trop dans le jugement et la comparaison. Ils ne savent pas faire la différence entre vouloir être quelqu'un et être comme quelqu'un.

Toujours le regard rivé vers le haut avec des envies, sans apprécier ce qu'ils ont déjà et du chemin parcouru pour eux-mêmes.

Je pars du principe que pour être heureux, il ne faut pas se focaliser sur ce que l'on n'a pas, mais sur ce que l'on a déjà. C'est éprouver de la satisfaction lorsque nous obtenons ce pourquoi nous nous sommes battus pour évoluer et faire évoluer les autres.

Le vrai secret du bonheur, c'est être soi.

Chapitre 15 :
La réussite et l'échec

Pour définir la réussite, elle n'est pas forcément liée à l'argent, mais à un "idéal" que nous souhaitons en chacun de nous. Ce que nous voulons vraiment en toutes situations. Car je perçois ceci comme un ensemble qu'il ne faut pas négliger.

"L'idéal", c'est cet état qui nous apporte énormément de réconfort intérieur, un sentiment d'accomplissement et de satisfaction, de gratitude, de bien-être intérieur, en n'étant plus tourné vers le manque, mais vers l'abondance (je le dis au sens large du terme). C'est être sur la bonne fréquence.

Pour faire simple, ceux qui réussissent sont programmés à ne voir que les bons côtés de la vie, c'est-à-dire qu'ils ne regardent uniquement que leur idéal et occultent ce qui pourrait mal tourner. Mais ceux qui connaissent l'échec se concentrent inconsciemment dessus, et sur ce qui pourrait mal tourner.

En clair, ceux qui réussissent sont programmés depuis longtemps à se concentrer uniquement sur ce qu'ils veulent, leur idéal. Par habitude, cela ne peut que bien tourner, alors que ceux qui échouent se concentrent plus sur ce qu'ils ne veulent pas, et le font inconsciemment en donnant de l'importance à une situation donnée.

En clair, ceux qui réussissent se focalisent essentiellement sur ce qu'ils veulent, sur comment ils voudraient que la situation se passe, alors que ceux qui échouent se focalisent inconsciemment sur ce qu'ils ne veulent pas, et cela, même s'ils veulent la réussite.

D'où l'importance de s'entraîner à se focaliser seulement sur ce que l'on veut vraiment, sur comment on souhaiterait voir la situation tourner. Et ignorer la situation que l'on ne veut pas. En occultant le doute bien entendu.

Bob Proctor a évoqué ces propos dans une de ses vidéos qui ont attiré mon attention, et qui m'ont quelque peu intrigués.

"Ceux qui réussissent ont des pensées de réussite !"

Tout d'abord, qu'est-ce que la réussite ? C'est la définition de son propre idéal. Chacun a sa propre définition de la réussite, mais quelle est-elle ? C'est ce à quoi nous aspirons personnellement.

Cela peut sembler vague ce que je dis là ! Je sais ! Mais si vous pensez à quelque chose que vous désirez et que vous avez la conviction profonde que vous allez l'obtenir, alors, la moitié du chemin est parcouru, et la réussite est à portée de main.

Certains se disent "je le ferai plus tard !" ou "ce n'est pas pour moi !" , et cela tout en voulant mener leur projet à bien. C'est ce que j'appelle "des leurres psychologiques".

Certains fondent leurs projets sur le fait que cela va fonctionner du premier coup et sont trop ancrés sur le schéma "réussite". Mais qu'est-ce qu'une réussite ?

C'est quand nous avons tout fait pour arriver à ses fins, et certains abandonnent au premier écueil.

Et c'est là que tout se joue. Ceux qui abandonnent ont peur d'échouer ou ne l'accepte pas quand l'échec arrive.

Si nous n'acceptons pas la possibilité d'un échec, comment peut-on espérer réussir ?

Et si je vous disais que l'échec est plus important que la réussite ? Il y a beaucoup plus à apprendre de ses échecs que de la réussite, car la réussite ne dispose aucunement des paramètres que possède l'échec.

L'échec ne veut pas dire "ce n'est pas pour nous !", il veut simplement dire que quelque chose doit être corrigé dans ce que l'on est en train de faire. Et à chaque erreur, nous en apprenons davantage.

L'échec paramètre notre réussite !

Ce que je veux dire par là, c'est ce que nous sommes au fond de nous qui détermine ce que nous serons plus tard, et non les événements seuls.

C'est celui qui sait garder une trajectoire, malgré les échecs et qui corrigera sa trajectoire et avancera encore et encore. Celui-là continuera de "faire". Et toute cette passion qu'il aura au fond de lui pour réussir doit être un moteur. Il recommencera toujours, et aussi déterminé.

Est-ce qu'un enfant qui apprend à faire du vélo abandonne dès la première chute ? Non, il se remet en selle et recommence autant de fois que nécessaire, et à chaque chute, il apprend à être plus performant. Sa confiance augmente jusqu'à avoir foi en lui, et il ouvre ainsi un vaste champ de possibilités.

C'est sur cet exemple qu'il faut se bâtir. En recherchant le "pourquoi " de ses échecs et en tirant les leçons. Recommencer encore et encore tout en corrigeant la trajectoire. Et c'est surtout avoir confiance en soi et en ce que l'on croit vraiment.

Se fixer un but et l'obtenir, ce n'est pas suffisant. Réussir ne veut pas dire se reposer sur ses lauriers, c'est être à la hauteur de là où nous en sommes, présumer que cela implique. Réussir, c'est être sur le bon chemin et non la destination.

C'est quand nous sommes tout près de la réussite de ses projets que des fois, le doute s'installe. Puis, on se souvient du pourquoi nous avons fait tout cela, et on se dit " continuons, nous verrons bien !". Et on avance encore en s'adaptant au fur et à mesure.

Être tout près d'un de ses objectifs est à la fois effrayant et captivant . On voit les choses se dessiner petit à petit.

Notre horizon change à chaque pas que nous faisons, une nouvelle perspective apparaît et nous ne sommes dès lors plus dans le même monde qu'à notre point de départ, fascinés par ce que nous faisions que nous n'avons même pas vu cette nouvelle réalité venir.

Nous traversons tous des épreuves, des fois, nous réussissons, et d'autres, nous échouons ! Mais malgré tout, le plus important et de ne jamais abandonner et de toujours avancer.

La réussite est "un point idéal" pour soi. Et quand nous atteignons ce point idéal, nous nous sentons mieux, soulagés, satisfaits et heureux d'avoir réalisé son ou ses objectifs.

Chacun est différent et nous avons tous des objectifs différents.

En ce sens, la réussite n'est pas forcément liée à "l'argent" (bien que cela est l'objectif de certains, et je respecte !).

Faire le métier qui nous plaît est une réussite, fonder une famille est une réussite, vivre avec ses passions est une réussite. Tout ce qui constitue pour chaque individu "un point idéal", ce qui nous épanouit et nous rend heureux, est une réussite.

En ce sens, quelle est sa propre définition de la réussite ? Chacun a la sienne.

Avant toutes choses, ce que je pourrais suggérer, c'est d'apprendre à se focaliser sur ce que l'on veut vraiment (notre point idéal).

Malheureusement, l'être humain est comme ça. Inconsciemment, il prête le plus d'attention à ce qu'il ne veut pas.

Et dès que l'on pense à ce que l'on ne veut pas, en fait, vous pensez à quelque chose, à une "image" en particulier.

Nous avons "l'image" créée dans notre subconscient (qu'on la veuille ou non, nous ne regardons que ça.)

Par exemple, si je vous dis de ne pas penser à un éléphant, votre esprit, inconsciemment, créera "l'image" de cet éléphant.

Pour cela que je vous dis que dans toutes les situations du quotidien, et en rapport avec celles-ci. Il est important de bien savoir ce que l'on veut et ce que nous ne voulons pas.

Ensuite, pour chaque situation, bien se poser la question " qu'est-ce que je veux vraiment ?" , et se focaliser uniquement dessus. C'est l'objectif que l'on doit avoir.

Dernière chose à faire, noter ce que l'on veut vraiment sur une feuille, la mettre dans un endroit où nous sommes susceptibles de la voir tous les jours, et la lire encore et encore.

Dans toutes les situations, regarder seulement quel serait notre point idéal (la réussite).

Chaque situation comporte son problème et sa solution, et il vaut mieux se concentrer (s'orienter) sur la solution (ce que l'on veut réellement) que de rester bloqué sur le problème (ce que l'on ne veut pas !).

Il y a différentes manières de répondre à une difficulté. Il y a ceux qui persévèrent et ceux qui abandonnent.

Chacun réagit différemment au défi qui lui est proposé, mais ce que très peu savent, c'est que l'échec fait partie de l'apprentissage. Nous ne sommes pas meilleurs, mais nous le devenons par la persévérance et en apprenant de nos erreurs.

Un enfant qui apprend à faire du vélo passe par différentes phases où il rencontre des difficultés et des échecs, et cet enfant nous apprend que personne n'est bon ou mauvais du premier coup, ce qui compte, c'est de se lancer sans attendre le résultat et rester dans l'apprentissage constant.

Ne doutez jamais de vos capacités avant même d'avoir essayé

N'abandonnez pas au premier essai, ni même au suivant, ni même au prochain.

N'anticipez jamais rien et continuez d'avancer. Recommencez autant de fois de nécessaire.

Rien ne sera facile dans la vie, mais plus vous persévérez et plus la difficulté disparaît pour laisser place aux habitudes.

Comme beaucoup, j'ai connu des échecs et des désillusions, et très peu de soutiens. Mais j'ai appris ce qu'il y avait de plus important.

L'échec est utile à l'action pour savoir ce qu'il faut corriger, et en tirer les leçons. C'est l'introspection qui nous fait avancer.

L'échec ne veut pas dire abandonner, mais apprendre et comprendre qui nous sommes au-travers de nos erreurs.

Et en restant déconnectés de toute objectivité, nous ne faisons que répéter les mêmes erreurs encore et encore.....

Mais répéter plusieurs fois les mêmes erreurs veut simplement dire que nous ne prenons pas en compte les leçons de nos échecs.... ou du sens critique des autres, s'il y en a un.

Avoir une réelle introspection, analyser la situation au lieu de se lancer sans arrêt, tête baissée, face à un mur, pour faire mille fois la même erreur.

À un moment donné, il faut redescendre sur terre. Car on ne peut obtenir ce que l'on désire qu'en travaillant réellement sur soi-même. Et non en allant vite pour arriver nulle part. Et c'est ce que font beaucoup malheureusement.

Ce qu'il y a de passionnant avec l'esprit humain, c'est qu'il y a toujours quelque chose à découvrir.

Il est un immense puzzle où nous rassemblons les pièces une à une, et qui dévoile l'image finale constituée de réponses, qui amènent à de nouvelles questions.

Plus on se passionne, plus on creuse le sujet, plus nous découvrons des révélations sur le fonctionnement de notre esprit et sa place dans cet univers.

Et ce qu'il y a de très intéressant, c'est de comprendre ceci par soi-même, car dans le fond, qui sommes-nous vraiment ? L'énigme est aussi la réponse !

Connaissez-vous la théorie du monstre du placard ? Il s'agit d'une théorie qui permet d'analyser certains types de comportements face à une même situation.

Quatre personnages doivent chacun leur tour franchir une porte pour un entretien d'embauche, où se cache aussi la prochaine étape de leur vie.

- Le premier se présente devant cette porte avec la trouille au ventre, pas sûr de lui, il hésite, fait les cents pas, puis tente de tourner la poignée, mais abandonne car il a peur de ce que lui dira le recruteur. Il s'imagine un scénario catastrophique qu'il n'ose absolument pas.

- Le deuxième arrive et comme le premier, il fait les cents pas, hésite un peu, il n'est pas sûr de lui, mais ouvre la porte, puis entre. L'entretien avec le recruteur se passe très mal, car psychologiquement, il n'était pas prêt et est à l'image de ce qu'il pensait avant de rentrer.

- Vient le tour du troisième qui s'est psychologiquement préparé, du moins, c'est ce qu'il croit, car il s'est créé une image confiante en disant " oui, je suis prêt, je suis le meilleur, rien ne me fait peur !", et pourtant, quelque chose en lui bloque encore et il n'ose pas tourner la poignée de porte, et il reste derrière, parce qu'au fond de lui, il n'avoue pas, ou ne reconnaît pas qu'il est incapable. Victime de ses peurs internes dissimulées. Il est en même temps "sûr de lui" (si l'on veut), mais il a peur des critiques.

- Et pour finir, le quatrième. Il a déjà fait un énorme bilan sur lui, travaillé sur ses propres démons, il a reconnu ses erreurs et a bossé comme un dingue pour réussir. Sa confiance est telle qu'il n'hésite pas à entrer et à affronter le recruteur. Il a tellement mis de chances de son côté que sa confiance a plu au recruteur. Il finit par être recruté.

Ce qui veut dire que nous sommes prêts quand nous sommes confiants et que l'on ose. Surtout si rien ne nous bloque intérieurement.

Dans le cas contraire, il faut reconnaître ses démons et mieux définir le " qui je suis ", ne pas s'inventer un personnage confiant alors que le comportement montre l'inverse.

On peut se mentir à soi-même, mais le langage corporel ne ment jamais ! Et cette réponse émotionnelle un bon indicateur pour dire " tu n'es pas encore prêt "

Ce qui peut freiner un individu dans sa volonté de réussir est la peur inavouée d'échouer et du "qu'en dira-t-on ?". Et cette croyance réside en lui de manière très forte et par habitudes inconscientes.

À savoir aussi que dans tout ce que nous entreprenons, ou voulons entreprendre, nous ne nous ferons pas que des amis malheureusement, et suscitera la jalousie de certains, car ils préféreraient vous savoir à un niveau inférieur à eux que supérieur à eux. C'est une réalité à laquelle vous devrez faire face quand vous entreprendrez de nouveaux projets. Un auteur disait sur ce sujet que les plus grandes réussites se font en silence.

Nous pouvons essuyer pas mal de revers et de critiques dans nos projets, mais tout ceci ne doit pas nous empêcher d'avancer. Ce que pense votre entourage de vous est une chose, ce que vous pensez de vous-mêmes en est une autre.

Si vous croyez en vous et en vos projets, continuez d'avancer. Il s'agit avant tout de votre vie, et non celle des autres, qui, pour la plupart du temps, ne passeront pas à l'action, toujours à critiquer les uns et les autres, devant leur PC ou smartphone, et ils ne feront que ça de leur vie, et pendant ce temps....... Vous oserez être vous-mêmes, sans vous soucier du regard des autres.

Tout à chacun remarquera que les critiques viendront la plupart du temps d'en bas, et très rarement de ceux qui ont réussi. Car ces derniers connaissent parfaitement le prix à payer de leur engagement. Ils vous diront aussi que le plus important est de faire ce qu'il vous plaît personnellement de faire, et non faire quelque chose pour plaire aux autres ! Vous voyez la nuance ?

Et cela peu importe le résultat, que le succès soit au rendez-vous ou non, car ce qui est essentiel, c'est avant tout de se faire plaisir et "d'oser" !

Que vous vous plantiez ou non, ce n'est pas cela qu'il faut voir. L'échec est l'engrais du succès. Et on ne devient pas doué du premier coup.

Un chef pâtissier qui a réussi à faire des gâteaux est la conséquence d'essais, d'échecs, et de beaucoup de remises en question.

Donc, faites ce qui vous plaît à vous en priorité ! Vous ne pourrez pas fédérer tout le monde à vos idées, et même si vous vous plantez souvent, n'abandonnez pas et tirez les leçons !

Pour le reste, vous n'en avez rien à faire de ce que les autres pensent ou penseront de ce que vous projetez de faire, le plus important est que cela vous passionne.

N'oubliez pas que dans son aventure, l'homme est sa propre réponse ! La plus grande des victoires est celle d'être capable de comprendre et d'affronter ses peurs. Et si vous vous faites suffisamment confiance, elles ne sont rien sans vous.

Tout ce que vous considérez comme vrai dans votre esprit (bon ou mauvais) se concrétise dans la réalité.

Tant que vous continuerez à donner vie à vos peurs, elles vous poursuivront. Elles seront toujours présentes.

Arrêtez de courir pour fuir vos peurs, car vous ne leur échapperez pas.

Arrêtez de courir pour poursuivre un rêve, car vous ne le rattraperez pas.

Le seul moyen de ne plus donner vie à vos peurs est de cesser de les nommer, et de cesser d'y penser, pour les remplacer par ce que vous voulez vraiment.

Vous considérez que vos peurs sont déjà bien présentes, et vous les fuyez ! Mais elles vous rattrapent. Pourquoi ? Parce que vous savez qu'elles existent, et inconsciemment, vous les appelez à vous.

Alors si vos peurs peuvent se concrétiser, pourquoi pas vos rêves ? Ce qu'il vous manque aussi, c'est d'avoir foi en vous.

Vous pouvez faire le processus inverse afin d'être poursuivi par vos rêves et savoir qu'ils existent ici et maintenant. Ne serait ce pas plus judicieux ?

Habituez votre esprit à vos rêves ! Inondez-le, et ignorez vos peurs ! Vous êtes toujours à l'image de ce que vous pensez et ressentez.

Mais dans tout ce que nous faisons, l'échec n'est pas là pour nous dire ou pour nous rappeler "nous sommes nuls" (alors que ce ne sont que des idées reçues de notre esprit).

L'échec est avant tout là pour nous enseigner, et sans lui :

- Nous n'avançons pas !
- Nous n'apprenons rien de nos erreurs !
- Nous restons dans le doute avec nos idées reçues, et une perception de soi qui est probablement fausse.

Partie IV :
L'équilibre des forces

Chapitre 16 :
Le champ du possible

Le champ du possible existe à la fois dans la perception du monde qui nous entoure et de nous-mêmes. Il est en soi et en dehors de soi, et sont reliés. Ce qu'il se passe dans notre esprit est à l'image de ce qu'il se passe autour de nous.

Pour le commun des mortels, c'est notre environnement qui le façonne, alors que l'origine reste la même. Il est constitué de nos croyances issues de notre paradigme et de nos habitudes passées.

Il prend sa source en notre esprit, et se nourrit d'informations (croyances ou vérités) en provenance du monde extérieur (notre environnement), créant ainsi l'avatar (qui nous sommes et ce que nous sommes).

Dès lors, notre esprit, s'il puise sa source dans l'environnement, devient analytique et logique, répétant les habitudes passées, se privant ainsi de son pouvoir créatif.

Nous n'avons pas eu pour habitude d'exploiter ce potentiel interne à cause de nos pensées dominantes, mais aussi à cause de ce que j'appelle " l'affect".

L'affect est une émotion suffisamment forte attachée à une pensée ou une image dominante.

Notre perception humaine se concentre principalement sur l'environnement objectif. Notre conscience est dirigée dessus par habitudes.

Alors que notre environnement subjectif, qui est pour l'inconscient collectif "notre vrai monde" est occulté.

Nous rendant inconsciemment dépendants et prisonniers d'une réalité qui ne nous appartient pas et qui ne nous a jamais appartenu. Et pourtant, le commun des mortels évolue dans cet environnement.

Le champ du possible se trouve dans notre esprit. C'est un champ qui ne demande qu'à être exploité, ouvrant des portes sur des possibilités infinies.

Bien sûr, il faut que notre esprit se réhabitue à exploiter ce vaste territoire.

Non pas dans l'immensité du monde extérieur, mais dans l'infiniment petit, car c'est de là que naissent les rêves. Dans cette réalité en soi.

Et si nous portons suffisamment de croyances et de passion, en se détachant suffisamment de la réalité actuelle, de nos pensées en lien avec le monde physique, en se concentrant suffisamment sur une image de soi ou du monde désiré. Alors cette possibilité existera tôt ou tard.

Le premier cercle est ce que nous considérons dans notre état actuel comme "possible". Ce que l'on ressent et ce que l'on pense se situe dans le monde physique et il n'y a plus rien à prouver, car "on sait" que tout ce qui nous entoure existe. C'est un fait, et nous croyons pouvoir accéder facilement à ce qui nous est présenté dans notre environnement.

Le deuxième cercle représente ce que nous considérons comme potentiel. Dans notre esprit, cela peut exister, mais ce n'est pas encore visible. Cela reste toutefois une probabilité. Nous pensons qu'avec un travail acharné, nous pouvons y arriver, mais ce qui peut bloquer dans notre évolution, c'est la perception que nous avons de nous-même, et il réside tout aussi bien une possibilité de réussite ou d'échec. Nous coordonnons plus d'efforts sur ce qu'il se passe à l'extérieur de notre esprit qu'à l'intérieur.

Au-delà de ce deuxième cercle est ce que nous considérons comme impossible. Dans notre esprit, cela reste inconcevable et irréaliste.

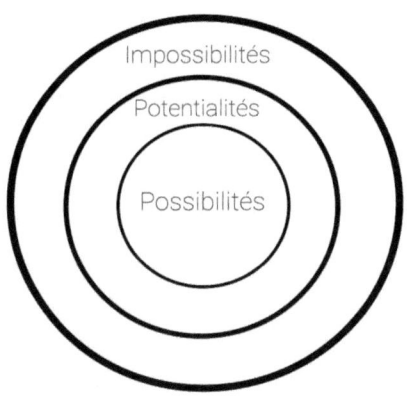

Dans les faits, nous avons été éduqués pour que nous pensions et croyons que tout n'est pas à portée de main, alors que ceci n'est qu'une idée reçue.

Ce qui fait que des personnes réussissent mieux que d'autres, c'est qu'avant tout, elles croient en elles. La facilité ou la difficulté ne sont que des projections de notre esprit, et tout le monde n'a pas la même perception de la réalité. Ce qui fait que ce qui semblera difficile pour certains, sera facile pour d'autres.

Nous pouvons échouer ou abandonner, car nous pensons trop loin et trop fort, on vise des objectifs trop élevés, à la différence de quelque chose de plus accessible, où l'on se dit que cela est plus dans nos cordes. Et c'est cette conviction interne qui nous fait réussir, en ne brûlant pas les étapes, et en allant selon notre niveau de compétences petit à petit.

Le monde extérieur, comme je l'ai déjà mentionné, n'est que le reflet de qui nous sommes, et nous ne faisons que nous harmoniser avec des fréquences, et tout ce que nous vivons n'est que le résultat de ce que nous pensons, percevons ou ressentons. Même maintenant, nous disposons d'une forme d'état d'être issue de nos valeurs internes et de nos croyances, et vous êtes déjà la personne que vous voulez être, non pas parce que vous le choisissez, mais parce que vous le subissez inconsciemment. Et si vous ne croyez pas aux possibilités d'une existence plus riche, rien ne se réalisera.

Mais si nous pouvions ressentir et penser que la potentialité devienne une possibilité, sans regarder la preuve physique et se dire "cela s'est déjà réalisé", en visualisant et ressentant par la pensée, en entraînant son esprit à ces nouvelles possibilités encore et encore jusqu'à ce que le doute n'existe plus, alors l'impossibilité deviendrait une potentialité.

On élargit notre cercle en allant toujours là où l'esprit est susceptible de croire, sans brûler les étapes. À chaque fois un cran au-dessus.

Chapitre 17 :
L'instant présent

L'homme, en définitive, vit l'instant présent, il respire l'instant présent, il ressent l'instant présent, et contemple son univers ainsi créé.

Il croit que son environnement se résume uniquement à ce qu'il voit, à ce qu'il vit, ou à son ressentiment, et tout ceci en provenance du monde extérieur. Il a été habitué à cela depuis qu'il est né, influencé par tout ce qu'il se passe en dehors de son être.

Il croit que tout ce qu'il lui arrive est uniquement "la faute à pas de chance".

Il assume et reconnaît les circonstances et croit que rien ne peut changer pour lui. Et son unique problème est « ce qu'il croit être vrai ».

Il est dès lors comme un pion dans le grand échiquier de la vie.

Il se laisse manipuler par ce qu'il lui arrive, parce qu'il a été habitué comme cela depuis longtemps, sans réellement connaître son monde intérieur qui dispose de son propre champ de valeurs.

Mais au-delà de ça, il n'a pas conscience de la réelle influence qu'il a sur son univers, mais son environnement extérieur n'est que le reflet de ce qu'il croit être, du rôle qu'il croit jouer.

Il fréquente les mêmes personnes, les mêmes lieux, il remâche les mêmes rengaines, il se plaint souvent et s'en prend à Dieu pour ce qu'il lui arrive.

Mais la réalité est la suivante.

Ce que pense l'homme n'est qu'un programme, un algorithme, une suite d'habitudes conscientes qui ont atteint son inconscient depuis l'origine que l'on nomme " le paradigme".

L'homme est ce qu'il pense "être", et ce qu'il pense être n'est qu'une suite de croyances programmées dans son esprit.

Il s'est familiarisé avec ses habitudes passées, une addiction inconsciente.

"On l'appelle et il répond" (c'est dans la bible) à son environnement extérieur, et l'instant présent dans lequel il évolue n'est que la conséquence, et son passé dans lequel il baigne est la cause.

"L'homme est ce qu'il pense !"

Le principe universel dit que rien ne peut exister sans qu'il ait été créé auparavant.

La grande erreur humaine est de penser à l'envers, en se concentrant sur le qu'il se passe dans l'environnement externe au lieu de se concentrer sur la pensée même (le monde intérieur). Dans son for intérieur, il n'a pas conscience de son réel pouvoir sur les personnes ou les événements, tout simplement parce qu'il n'y croit pas.

Il devient dès lors créateur inconscient des circonstances externes dans l'instant présent.

Il ne sert à rien d'anticiper le futur, car par cette attitude, nous le créons. Sans cette contribution de la pensée inconsciente humaine, il ne peut exister.

Le passé a besoin de la création du présent pour exister.

Le futur est la conséquence directe de la pensée inconsciente du présent ou du passé. Sans elle, il n'existe pas !

L'inconscient est le fruit des habitudes conscientes.

L'avenir sera rempli de vide si l'instant présent est vide. Il doit y avoir une trace dans l'inconscient pour qu'un désir se manifeste.

Dès que vous posez les fondations d'une maison, l'instant d'après est le résultat de ce qui a été créé.

On construit à partir du passé ou du présent, mais jamais à partir du futur. Ce qui différencie la gratitude d'AVOIR de l'espérance du VOULOIR.

Prenez l'habitude de faire comme si vous aviez déjà ce que vous désirez ! Ressentez sa présence en vous ! Et faites-le sans limite de durée.

"Rien ne peut exister sans qu'il ait été créé auparavant !"

Ne pensez pas à partir du futur ! Il n'est que ce que vous en faites maintenant et d'après ce que vous savez et percevez.

- Le futur n'est que le résultat, jamais la cause.

- La cause est toujours le jardin que vous entretenez. Rien ne possède de racines dans le futur.

- Si vous n'avez rien avant, ou si vous n'avez rien maintenant, vous n'aurez rien plus tard. On ne récolte que ce que l'on a semé.

- "Vouloir" signifie que vous n'avez pas ! C'est la fréquence du manque.

- "Avoir" signifie que vous ne voulez pas. C'est la fréquence de l'abondance.

Votre esprit évolue tel un arbre qui ancre bien ses racines avant de grandir.

Ce que vous désirez, possédez-le déjà dans votre esprit ! Semez et vous récolterez !

Vivre en phase avec soi-même, c'est être en osmose avec ses aspirations profondes.

Cela veut dire créer une autre réalité dans son imaginaire correspondant le mieux à nos attentes.
Autrement dit, vivre à l'intérieur de soi comme si c'était réel.

Quand nous sommes dans l'instant présent, nous avons les yeux ouverts sur le monde qui nous entoure qui reste, lui, "en dehors du mental". Nous restons "hors-jeu" du monde physique extérieur. Nous n'y participons pas. C'est juste rester spectateur.

On contemple les paysages, les arbres, les maisons et tout ce qu'il se passe autour de nous et quand on arrive à se détacher des circonstances externes. On se rend compte d'une chose magique.

Il ne se passe rien ! Aucun danger nous guette, aucune raison de stresser. En résumé, tout va bien.

L'instant présent est le point de départ. Tout prend naissance ici même. Et le futur n'existe pas, il y a juste une succession d'événements en continu, ceux dont nous avons inconsciemment le contrôle.

Le monde extérieur est comme un navire et notre interprétation de celui-ci est le gouvernail.

Et si je vous disais qu'il est possible de contrôler le monde extérieur dans l'instant présent ? Tous nos actes issus de nos pensées peuvent avoir une incidence sur les événements suivants.

Il n'y a pas de futur, juste ce que l'on en fait au moment présent.

Les bonnes comme les mauvaises choses ne sont pas encore là, et elles ne viennent uniquement parce qu'inconsciemment, nous les avons appelés à nous.

L'esprit ne changera pas le monde qui est le même pour tous. Il change "notre monde ".

La vie que nous vivons est issue de notre mental. Notre esprit est absorbé par le monde extérieur, créant en nous des " vérités " depuis notre paradigme.

Malheureusement, ces "vérités" qui sont des fausses croyances. La majorité en fait la mauvaise expérience tous les jours, esclaves du personnage qu'ils se sont créés, de leur "avatar".

L'avatar, c'est "l'être", une entité qu'ils se sont créés d'après le monde extérieur, d'après ce qu'on leur a dit ou fait comprendre. De ce fait, le monde interne et externe sont en osmose. Les deux sont au diapason.

Si le monde extérieur sur l'instant présent reste statique, l'interprétation de celui-ci ou des événements futurs reste dynamique.

On peut choisir qui on veut " être ", et pour cela, il faut "croire", avoir une foi inébranlable.

Ce que vous croyez "être" dans l'instant présent sera le déclencheur de qui vous serez plus tard. La vie est toujours à un carrefour et il y a deux chemins à suivre.

La règle dit " nous devenons ce à quoi nous pensons le plus souvent !"

À quoi pensez-vous le plus souvent ?

- à utiliser la loi de l'attraction ?
- à vos problèmes ?
- à obtenir ce que vous désirez ?

La raison principale pour laquelle rien n'évolue dans votre vie est que "Vous vous attendez à..... " et placez des espoirs dans un futur qui n'existe pas. Et vous avez encore des ancrages dans un passé qui n'existe plus, mais qui influence grandement votre quotidien. Seuls l'instant présent compte, et ce que vous pensez en ce moment précis compte !

Je le redis : il n'y a que l'instant présent et c'est le point de départ (en continu) de toutes créations.

Le temps est linéaire, non rétroactif, ni anticipable (pas de passé, ni d'avenir). Nous avançons sur cette ligne du temps, pas à pas. Le temps évolue à chaque instant, à chaque seconde. C'est comme un véhicule sur une route.

Il vaut mieux profiter du paysage, savourer l'instant présent, être sûr d'arriver à destination que de se dire " Oh non ! C'est trop long !"

Vous recherchez, vous "attendez" ce que vous êtes censés déjà avoir, et ce n'est pas naturel.

Votre "avatar", l'identité que vous vous créez dans votre esprit, doit être réel. Qui vous voulez "être" doit être naturel. C'est ressentir qui vous voulez "être". C'est "s'estimer ou se considérer comme si tout était réel " vous vivez votre imaginaire.

Il faut trancher les liens éthériques avec le passé et avec comment vous vous percevez (négativement) actuellement.

Il n'est pas possible de faire "double jeu", être sur deux tableaux différents.

D'un côté, vous créez votre "avatar" intérieur en pensant au meilleur pour vous.

Et de l'autre, vous vivez avec " l'emprise" du monde extérieur, ce qui est physique.

L'instant présent ne doit jamais vous affecter dans votre for intérieur, car vous devez naviguer sur des eaux calmes, si vous reprenez confiance en vous-mêmes. Votre destin dépend de ce que vous mettez dans votre esprit, et de ce dont vous êtes réellement conscients.

Ce qui influence le monde extérieur, c'est uniquement votre mental. En dehors, il n'a aucune emprise sur vous.

Arrêtez d'absorber les influences extérieures comme le ferait une éponge !

Il n'existe que le non-physique (l'esprit) qui influence le physique (monde extérieur).

Votre esprit actuel fonctionne actuellement par des croyances (ce que vous croyez comme vrai) et consolidation (les preuves externes du monde extérieur que vous avez inconsciemment attiré à vous et qui renforcent ces mêmes croyances).

C'est avoir comme on dit " le c** entre deux chaises ". Vous absorbez davantage de ce qu'il se passe à l'extérieur de vous, que de ce que vous voulez avoir à l'intérieur de vous.

Ne cherchez pas le bonheur et le confort à l'extérieur de soi, mais à l'intérieur de soi !

Oubliez le monde extérieur, laissez le de côté ! Il est ce qu'il est ! Un simple reflet de votre univers intérieur.

"Comblez" votre monde intérieur par l'esprit et l'imaginaire. Et c'est ceci qui influence l'aurique, votre champ de valeur qui fournit l'énergie nécessaire à toute manifestation.

Possédez déjà ce que vous désirez (dans votre imaginaire), et logiquement, vous ne pouvez pas désirer ce que vous possédez !

Ne regardez pas l'aspect matériel, mais l'aspect spirituel. Et tout viendra à vous sans même s'y attendre si vous y croyez suffisamment.

Cessez ce bavardage dans votre tête en focalisant votre attention sur un son ou un objet et en restant neutre.

Savourez l'instant présent !

- Le passé, ignorez-le !
- Le futur, ignorez-le !
- Son ressenti négatif rapport au monde extérieur (l'affect), ignorez-le !

Soyez spectateur de votre environnement ! Déconnectez-vous !

Puis imaginez une scène qui vous rend heureux ! Le bonheur naît de l'intérieur. Dans votre esprit.

Le plus important est ce que vous pensez de vous-même ! Il peut se passer n'importe quoi dehors, mais cela ne doit pas vous affecter.

Travaillez sur votre ressenti en rapport avec votre imaginaire et non par rapport au monde extérieur !

Que vous le croyiez ou non, le monde extérieur est le juste reflet de ce que vous êtes intérieurement. Arrêtez de vivre dans le passé ou le futur et focalisez votre attention sur le présent.

Sa perception personnelle et du monde extérieur proviennent du passé.

La peur est un écho mental du passé qui anticipe un futur qui n'existe pas.

Soyez conscient que dans l'instant présent et hors du mental, il ne se passe rien qui puisse vous atteindre.

Bâtissez intérieurement un monde dans lequel vous seriez heureux et gardez ceci pour vous !

Si vous voulez changer votre monde, alors changez sa perception.

Le temps, c'est ça !

- Le passé n'existe plus. (il n'existe que dans le mental)
- Le présent est notre réalité.
- Le futur n'existe pas. (il n'existe que dans le mental)

Nous vivons en permanence dans l'instant présent. Ce que nous pensons enclenche le processus des événements suivants. Avoir peur de quelque chose qui n'a pas eut lieu, c'est la créer.

En revanche, être enthousiaste de quelque chose qui n'est pas encore là, c'est la créer aussi.

Nous créons les circonstances futures, et nos pensées sont des déclencheurs.

L'instant présent n'est que la conséquence d'expériences et d'informations du passé.

C'est lui qui nous a formé, qui nous a instruit, et tout ce que nous vivons actuellement est une suite logique de tout ce que nous avons appris et qui est gravé dans notre esprit.

Nous créons notre identité (l'avatar), d'après ce que nous savons !

Ce qui fait qu'inconsciemment, nous ne faisons que répéter les mêmes gestes, les mêmes pensées et croyances. Notre esprit s'est tellement habitué à cela, formant ainsi une suite de compétences inconscientes.

Nous vivons dans un monde façonné par la perception que nous en avons, et par la perception de nous-mêmes. Tout part de notre passé qui crée un état d'être.

Tout cela pour dire que nous serons toujours à l'image de ce que nous avons vu, vécu ou expérimenté dans notre vie.

Pour changer de vie, nous devons avant tout changer la perception de nous-mêmes et du monde qui nous entoure, et cela, avec les informations que nous avons déjà reçues.

Se voir autrement, et voir le monde qui nous entoure autrement, et avec ce que nous avons déjà (les expériences du passé).

Pour ce qui est du futur, il n'existe pas encore et dépend uniquement de qui nous sommes actuellement.

Il n'est pas prévisible en dehors de notre manière de penser, et fait uniquement référence à une suite logique d'événements qui n'existent que dans notre esprit, par les informations recueillies durant notre vie.

L'avenir, personne ne peut le prédire. On ne peut que le supposer et y croire d'après ce que l'on a appris.

La fatalité n'existe que dans l'inconscient et personne n'y est condamné.

Et paradoxalement, notre conscience ne fait que croire notre inconscience, alors que nous avons le pouvoir de l'influencer.

Pour ce qui est du monde qui nous entoure, sa perception (sensorielle) est objective, mais son interprétation (via notre esprit) est subjective !

Inconsciemment, nous l'avons créé, mais consciemment, nous pouvons le recréer.

Le plus important est ce que vous pensez de vous-même ! Il peut se passer n'importe quoi dehors, mais cela ne doit pas vous affecter.

Travaillez sur votre ressenti en rapport avec votre imaginaire et non par rapport au monde extérieur !

Que vous le croyiez ou non, le monde extérieur est le juste reflet de ce que vous êtes intérieurement.

Arrêtez de vivre dans le passé ou le futur et focalisez votre attention sur le présent.

Sa perception personnelle et du monde extérieur proviennent du passé.

La peur est un écho mental du passé qui anticipe un futur qui n'existe pas.

Soyez conscient que dans l'instant présent et hors du mental, il ne se passe rien qui puisse vous atteindre.

Bâtissez intérieurement un monde dans lequel vous seriez heureux et gardez ceci pour vous !

Si vous voulez changer votre environnement, alors changez sa perception.

Tout se construit de l'intérieur, et rien ne peut exister sans qu'il soit imaginé avant.

Comment vous décrivez-vous intérieurement sans l'avis des autres ?

- Aimez ce que vous êtes et ce que vous faites !

- N'attendez pas l'approbation des autres !

C'est le secret pour être heureux ! Vivre l'instant présent à l'intérieur de soi. Vous êtes le phare qui doit éclairer votre monde.

Ne cherchez pas la lumière, car vous êtes la lumière !

Recentrez-vous sur votre être et sur l'instant présent, et arrêtez de perdre votre énergie à penser comme tout ce qui vous entoure dans le but de plaire, en oubliant d'être vous-mêmes.

Vous ne pourrez pas sauver tout le monde, mais vous sauverez " votre monde".

Le principe universel dit que rien ne peut exister sans qu'il ait été créé auparavant.

La grande erreur humaine est de penser à l'envers, en se concentrant sur le qu'il se passe dans l'environnement externe au lieu de se concentrer sur la pensée même (le monde intérieur).

Il devient dès lors créateur inconscient des circonstances externes dans l'instant présent. Il ne sert à rien d'anticiper le futur, car par cette attitude, nous le créons. Sans cette contribution de la pensée inconsciente humaine, il ne peut exister.

Le passé a besoin de la création du présent pour exister.

Le futur est la conséquence directe de la pensée inconsciente du présent ou du passé. Sans elle, il n'existe pas !

L'inconscient est le fruit des habitudes conscientes.

L'avenir sera rempli de vide si l'instant présent est vide. Il doit y avoir une trace dans l'inconscient pour qu'un désir se manifeste.

Dès que vous posez les fondations d'une maison, l'instant d'après est le résultat de ce qui a été créé. On construit à partir du passé ou du présent, mais jamais à partir du futur. Ce qui différencie la gratitude d'AVOIR de l'espérance du VOULOIR.

Prenez l'habitude de faire comme si vous aviez déjà ce que vous désirez ! Ressentez sa présence en vous, et faites-le sans limite de durée. Car dans notre nature profonde, la réalité est la suivante :

Nous vivons en permanence dans le passé. Une suite d'expériences qui ont façonné notre être. Et nos pensées ne sont qu'un programme interne inconscient.

D'après la philosophie hermétique, l'homme se construit lui-même, et même si cela n'est pas tout à fait vrai. Ses expériences du passé, ses rencontres bonnes ou mauvaises, sa perception de la réalité, et son éducation, font ce qu'il est actuellement et inconsciemment.

La réalité n'est que le reflet de notre programmation mentale inconsciente, issue d'expériences du passé.

Nous n'attirons pas ce que nous voulons, mais ce que nous sommes, ou ce que, dans notre for intérieur, nous croyons être. Rien n'existe sans que nous ne l'ayons consenti auparavant, et sans que l'on s'en rende compte. Cela fait partie de nous au quotidien.

Une suite d'expériences passées, qui n'étaient que des instants présents répétés, ont forgé la personne que nous sommes actuellement, par notre famille, nos bonnes ou mauvaises rencontres, notre éducation ou notre perception de la réalité.

La définition de soi et de notre environnement dans lequel nous évoluions dans l'instant présent prend sa source dans le passé. Il s'agit uniquement d'une suite d'expériences qui forment un "être".

Ce que nous vivons maintenant forme déjà le passé à chaque seconde qui passe, nous donnant une forme de confiance en des croyances (en nous-mêmes et aux autres), et qui façonne notre programmation mentale "inconsciente" dans l'instant présent.

Notre manière de percevoir la réalité actuelle n'est que le fruit de ces mêmes croyances gravées dans notre inconscient. Et ce que nous vivons est la juste réponse à ce que nous émettons par notre champ aurique (ou champ de valeurs) polarisé par notre perception ou conception de la réalité.

Nous ne sommes que le résultat de notre passé gravé dans l'inconscient. Nous ne sommes qu'un algorithme, un programme du passé, formant un champ aurique énergique tout autour de nous, qui attire vers nous la réponse à nos joies comme nos craintes.

Et ceci, nous le faisons inconsciemment. Par exemple, lorsque l'on se plaint de telle ou telle situation, provoquant un auto-sabotage inconscient qui polarise "l'être", tel un aimant, et le condamne à revivre les mêmes expériences encore et encore, tant qu'il n'aura pas appris à se donner un nouveau champ de valeur, à se donner une nouvelle définition de soi.

En chaque être se trouve un loup que nous devons fuir ou combattre, et ce loup n'existe uniquement que dans notre esprit. Ce qui lui donne de la force, c'est notre peur qu'il ressentira. Il nous attaquera uniquement si ce que nous dégageons est de la peur.

Il existe un réel rapport entre dominant et dominé et ce loup vous domine parce que vous le laissez faire, en lui donnant de l'importance. Il sera toujours présent dans votre esprit parce que vous lui accordez une existence. Et ce loup, c'est la situation dans laquelle vous vivez et que vous reconnaissez actuellement.

Nous sommes toujours confrontés à des situations qui nous amènent à combattre, fuir ou ignorer, et paradoxalement, fuir ou combattre, c'est reconnaître nos propres démons intérieurs.

La seule manière de vaincre est d'ignorer et de se focaliser sur un autre point de nos pensées. Ce que nous croyons être vrai, avec une force et une conviction profonde le sera.

Nous avons toujours ce pouvoir de polariser son propre champ de valeurs. D'être le chasseur et non le chassé.

Chapitre 18 :
Le détachement quantique

Dans la mythologie, le noeud gordien reliait le roi Midas à ses montures. On l'appelait aussi " le noeud de la destinée". Il est dit que celui qui arriverait à défaire ce nœud deviendrait le maître de l'Orient. Alexandre le Grand a réussi à résoudre l'énigme en tranchant d'un coup d'épée le nœud gordien.

En faisant le parallèle avec ce mythe, nous ne pourrons jamais prendre le contrôle de notre destinée si nous ne nous résolvons pas à trancher les liens éthériques qui nous retiennent dans cette vie. En définitive, ceux créés par nos pensées.

Nous sommes tous des êtres connectés et intentionnellement dépendants du monde qui nous entoure, aussi bien les êtres que les événements.

Tout ceci se passe ici et maintenant, et dans nos pensées. Tout se passe à l'intérieur de nous.

Rappelez-vous ! Vous ne vivez que par l'image que vous vous donnez et que vous donnez à l'environnement qui vous entoure. Tout ce dont vous êtes conscients d'être ou d'avoir se manifeste dans votre réalité.

Pourquoi vous n'évoluez pas ? Parce que vous êtes toujours connecté à quelqu'un ou quelque chose qui vous empêche d'exprimer votre plein potentiel. Vos pensées ne pourront jamais se construire si vous n'en détruisez pas d'autres.

Cela dit, il y a deux choses à faire pour reprendre sa vie en main.

Le détachement : (le lâcher prise) de toutes les pensées négatives vis-à-vis des personnes et des événements qui nous entourent et qui gâchent notre vie. Il est utile pour atteindre le point de bascule. Cet espace neutre ou plus rien ne vous affecte et tout peut être construit. Vous ne dépendez pas des gens ou des événements, seulement de ce que vous pensez et ressentez.

Le contentement : On attire à soi ce à quoi l'on pense le plus souvent. Si vous constatez le manque dans votre vie, vous attirerez le manque à chaque fois. Par contre, si vous arrivez à vous contenter de ce que vous avez dans l'instant présent, le manque ne vous affecte plus.

Quand vous êtes dans le détachement et le contentement, vous changez votre état d'être, cet espace dans lequel l'on se dit "Tout va bien !".

En changeant votre état d'esprit et votre état d'être, en percevant la vie différemment, vous changez également ce que vous dégagez, c'est-à-dire votre champ aurique qui aura des répercussions sur votre destin.

La vibration que vous émettrez attirera les choses, les circonstances et les personnes de même nature, c'est-à-dire vibrant à la même fréquence.

Le secret de la réussite se trouve dans le bonheur, et ce dernier se trouve dans le détachement et le contentement.

Concentrez-vous sur l'intérieur de votre être et non à l'extérieur ! L'extérieur ne peut exister sans votre contribution !

Le plus important est de trouver ce qui nous rend de bonne humeur et positif, et non de se forcer à l'être. La positivité ne consiste qu'en cela, ressentir notre désir réalisé au plus profond de nous, et vivre dans l'idée de cette réalité secrète.

On ne peut pas se forcer à être dans un état d'esprit positif, si les conditions autour de nous (notre environnement) ne s'y prêtent pas. En agissant ainsi, nous allons accumuler plus de frustration et de déception. La pensée positive doit être réelle et en relation avec une expérience interne (dans notre esprit).

La pensée positive n'est pas due à une volonté forcée, mais à un état selon l'expérience que nous choisissons de vivre en nous.

Donc, il ne sert à rien de se forcer à avoir un sourire radieux et se dire « je suis dans un état d'esprit positif » si vous ne l'êtes pas. Autant être sincères avec nous-même.

Tant que vous ne vous détacherez pas de ce qui vous rend triste, malheureux, et que vous prendrez acte de tout ce qu'il se passe autour de vous. Tant que votre environnement et votre entourage vous affectera, rien ne changera.

Trouvez en vous ce qui peut vous rendre heureux, même si cela n'est pas réel, ayez conscience de cette réalité que vous créez en vous !

Si votre mal-être subsiste, cela veut dire tout simplement que quelque chose en vous ne va pas. Si vous avez le sentiment d'être persécutés, que le sort s'acharne contre vous, inconsciemment, vous créez l'état dans lequel vous êtes.

Cela veut dire que vous maintenez le lien d'attachement entre tout ce qu'il se passe autour de vous et votre perception de la réalité, telle qu'elle vous est suggérée, avec ce dont vous avez conscience d'être ou d'avoir.

Il n'y a que vous qui donniez vie à cela en persistant dans cette voie, et la phase de détachement est l'une des plus importantes pour pouvoir changer les événements qui se produisent ou se produiront.

Nous dégageons tous cette même énergie aurique qui influence notre destin, et nous avons tous ce pouvoir de décider si nous donnons de la force à ce que nous craignons et à ce qui nous rend malheureux, ou alors, à ce qui nous rend heureux à l'intérieur de nous-même.

Même si ce que vous désirez n'existe pas sur le plan physique, il existe déjà sur le plan quantique.

Et honnêtement, peu importe que vous ayez du mal ou non à visualiser ce que vous désirez. Ce n'est pas cela le plus important. Peu importe la qualité de votre imagination, ce n'est pas non plus ce qu'il y a d'important. Ce qu'il y a d'important est votre état d'esprit et ce que vous ressentez au fond de vous-mêmes, en rapport avec la manière dont vous percevez votre environnement.

Votre champ de valeurs, l'image que vous donnez à vous-mêmes et à votre environnement influence l'aura que vous dégagez, créant des liens éthériques entre ce que vous avez conscience et ce qu'il se passe tout autour de vous.

Vous avez le pouvoir d'alimenter cette petite flamme en vous, que vous laissez grandir et qui envahira tout votre être.

Pour vous expliquer en détail là où je veux en venir, trouvez un endroit tranquille où personne ne viendra vous déranger !

Fermez les yeux, faites taire ces pensées en relation avec votre environnement et essayez de penser à votre désir réalisé. Donnez de l'importance à ce que vous pensez actuellement !

Ne vous préoccupez pas de savoir si cela est réel, si cela le sera, ou si cela ne l'est pas ! Le plus important est de savoir le ressentir.

Créez votre réalité, votre « temple », un endroit où tout semble se réaliser. Ceci s'appelle l'univers quantique quand vous avez conscience de cette possibilité (cette réalité), un monde à part, votre demeure.

Le détachement consiste en cela, à donner de l'importance à une autre possibilité, un autre monde que l'on s'est créé dans notre esprit, à en ressentir toutes les émotions relatives à ce qu'il se passe dans votre « temple ».

En demeurant dans l'instant présent, imaginez que l'on sonne à votre porte en cet instant. La sonnerie fait bondir votre coeur, et vous vous dirigez vers la porte d'entrée.

Un ami se trouve de l'autre côté avec un cadeau rien que pour vous, et il s'agit de quelque chose que vous désirez plus que tout au monde. Vous lui ouvrez et il vous annonce qu'il a pensé à vous. Cette attention peut être un remerciement pour un service rendu, pour votre anniversaire, ou pour Noël.

Ressentez le plaisir de recevoir ce cadeau, et vous vous dites « wow ! C'est exactement ce que je voulais ! ».

Comme je vous le disais, tout ceci se passe dans votre temple, votre esprit, et vous ne vous préoccupez pas de ce qui est réel ou non, le plus important est de savoir le ressentir en soi. Votre joie, votre humeur, votre enthousiasme s'expriment alors.

Si vous arrivez à faire le détachement de tout ce qu'il se passe autour de vous pour vous consacrer à tout ce qu'il se passe dans votre temple, et si vous savez savourer l'instant présent, quand vous êtes en phase avec votre univers quantique, et non votre univers physique, et je dirais encore mieux que cela, si vos pensées vous font décrocher un sourire, cela veut dire votre fréquence vibratoire vient de changer.

C'est cela la pensée positive. Il ne s'agit pas de forcer les événements, d'espérer ou d'attendre. Il ne s'agit pas du quand, du comment, du pourquoi ou du combien de temps, car tout se passe dans l'instant présent.

Cet instant où vous êtes seuls, dans un endroit isolé des perturbations de votre environnement (l'univers physique), pour se consacrer à son imaginaire (l'univers quantique) que je nomme « votre temple secret ».

Quand vos croyances se tournent dès lors dans cet autre univers, que vous arrivez à ressentir tout ce qu'il se passe à l'intérieur, et que votre coeur se met à battre fort, et si vous vous mettez à sourire, alors, vous êtes dans la pensée positive.

Rien ne peut se réaliser dans l'univers physique si vous ne l'avez pas avant créé et ressenti dans votre univers quantique. Et toute la saveur de la vie réside dans sa capacité à distinguer AVOIR et VOULOIR.

Tant que vous serez dans l'attente qu'une chose se réalise dans votre univers physique, rien ne se passera.

En revanche, si vous arrivez à vivre, percevoir et ressentir ce que vous désirez comme un fait réel dans votre esprit, et que des émotions vous submergent, Cela veut dire que l'univers quantique reprend le pouvoir sur les événements physiques.

Vivez simplement l'instant présent « MAINTENANT » (joli pléonasme volontaire de ma part) ! Et je sais que je radote en vous disant qu'il ne faut pas se soucier du quand, du comment, du pourquoi, ou du combien de temps.

Ne vous posez pas la question de savoir à quel moment cela viendra dans votre univers physique, car votre désir prendra le dessus, et vous serez dans le VOULOIR.

Savourez uniquement l'instant présent avec votre désir réalisé dans votre esprit, et c'est tout ! Pour le reste, ne vous en occupez pas.

Pourquoi ? Tout simplement parce que nous sommes tous des êtres dotés d'une énergie aurique (notre aura, ce que l'on dégage), et cette énergie attire vers nous tout ce que l'on désire ou non. Du moment que l'on donne de l'importance ou une forme de croyance à une pensée, positive ou négative, elle se réalise.

Quand vous êtes dans l'AVOIR, vous êtes dans la satisfaction, la joie, la gratitude, la confiance en la vie (quand on pense positivement, car on peut aussi donner vie à ce que l'on redoute le plus, et j'y reviendrai…..), et plus vous serez dans cet état d'esprit, plus la vie amènera vers vous tout ce que vous avez souhaité. L'AVOIR est une énergie d'abondance.

Quand vous êtes dans le VOULOIR, vous êtes dans l'attente que votre souhait se réalise, l'espérance, le doute, ou le désir, et plus vous serez dans cet état d'esprit, plus ce que vous avez souhaité s'éloignera de vous. Il vous fuira ! LE VOULOIR est une énergie de manque.

Il est possible de se créer une réalité alternative en rompant les liens avec son "avatar" (personnage que l'on s'est créé).

En résumé, il suffirait de se déconnecter de la réalité du familier, de ce que l'on connait du monde extérieur, pour pouvoir se réinventer à l'intérieur. Il suffirait d'avoir une image très claire de ce que l'on veut vraiment dans son esprit, de le ressentir de manière détaillée.

En clair, vivre la scène dans son esprit de manière détaillée, et se couper de la réalité physique (monde extérieur), pour manifester ce que l'on désire.

L'humain doit-il réapprendre ? Doit-il "rebooter" le système ? Effacer un ancien schéma et associer une information à une nouvelle émotion ?

Encore faut-il trouver dans notre esprit le bouton " reset" ou " restart".

Il faut être un autre observateur, voir la vie autrement et ne pas rester focalisés sur les problèmes, ce qui attire d'autres problèmes comme un aimant.

Il faut prendre du temps pour soi, se détacher de son environnement et imaginer quelque chose qui nous permet de nous sentir bien.

Et si on se sent bien dans notre univers interne, en prenant conscience que la seule réalité qui peut influencer notre destin se trouve dans notre for intérieur, tout devient possible !

Inconsciemment, l'être évolue en ayant un regard sur son environnement extérieur, et reste focalisé sur ses vieux démons, et cela, même s'il a entamé un processus de détachement de sa réalité.

Néanmoins, et par habitudes, il garde les séquelles de sa vie passée, et en y repensant, il confère et maintient son existence dans son environnement actuel.

Il se crée ainsi une certaine confusion de son esprit, voulant percevoir un autre univers autour de lui, mais ignorant qu'il crée sans cesse l'état actuel, qui a corrompu ses croyances depuis l'enfance, et qui domine ses pensées.

L'être revendique cet état actuel par ses complaintes, laissant son environnement envahir son esprit.

Le détachement consiste à rompre avec soi-même, c'est-à-dire aller au-delà de nos croyances actuelles remontant aux origines de notre existence.

Cela veut dire tout simplement se détacher de qui nous croyons être, de notre perception de la réalité, pour se recréer intérieurement.

En clair, créer une autre perception de nous-mêmes, un autre personnage non en lien avec notre environnement actuel.

S'écouter intérieurement et ignorer ce qu'il se passe autour de nous. Se donner de la valeur au lieu que notre entourage ou notre environnement nous la donne.

Avec foi, passion et détermination, l'état désiré deviendra l'état actuel de nature. Il suffit de croire en soi en ignorant ce qu'il se passe autour de nous.

Une perception de soi en chasse une autre. Nous ne pouvons pas fuir qui nous sommes si nous le reconnaissons. En revanche, nous pouvons nous recréer, nous réinventer, et surtout avoir confiance en soi et en notre manière d'être et de devenir.

Observer ce qui nous voulons devenir comme un fait, et ignorer qui nous sommes et que nous fuyons.

Le secret est dans l'oeil de l'observateur de sa propre vie. C'est comment on se perçoit et comment nous percevons notre environnement qui détermine les circonstances de notre existence.

Que vous me croyez ou pas, nous avons toujours le choix de la réalité que l'on veut vivre.

La vraie question est " que choisissez-vous d'entretenir comme pensées ?" , celles qui sont programmées depuis fort longtemps, ou celles que vous voulez expérimenter ?".

La réalité vient de sa manière de concevoir " notre monde" dans son esprit, et de la vivre intérieurement (imaginaire constructif).

Être en osmose avec ce que l'on vit et ce que l'on pense ! Ce qui crée la fréquence.

Ce qui peut bloquer l'esprit humain dans ses tentatives de changement de schémas est l'appréhension. Ce sentiment qui donne l'impression d'attendre un bus ou d'avoir un rencard. La peur de rater l'heure (mais quelle heure ?).

Ce qui limite le lâcher prise, toujours un œil distrait dans le rétroviseur de la vie, à surveiller du coin de l'œil ses anciens schémas.

Comme le dirait Norman Vincent Peal dans un de ses livres, il faut "lâcher prise, savourer l'instant présent et le vivre intensément".

Cependant, un lien spirituel existe toujours entre la réalité du monde extérieur et vos anciens schémas.

D'où l'importance du moment du lâcher prise. Se laisser envahir par ses émotions en rapport avec ses pensées. Éprouver de la joie, de la reconnaissance et de la satisfaction d'avoir déjà reçu en oubliant le temps (celui relatif à la réalité du monde extérieur).

Coupez tous les liens avec le monde extérieur et laissez-vous aller dans votre imaginaire sans vous soucier du temps qui passe et des évènements.

Rentrez plusieurs fois dans cette phase et cette réalité subjective deviendra votre réalité objective ! Laissez partir ce qui doit partir !

Existe-t-il une différence entre deux formes "d'être" ?

Il y a l'être conditionné qui vit l'expérience du monde réel en rapport à ses croyances enracinées depuis l'enfance.

Et il y a l'être "détaché" du monde physique, vivant une expérience à l'intérieur de lui-même. Sujet à une autre forme de conditionnement par la répétion suggestive.

Si l'expérience à l'intérieur de soi (ses pensées e et ses rêves) est suffisamment puissante, c'est-à-dire, comme si l'on vivait cette réalité de manière suffisamment détaillée, et surtout coupée de toutes interactions extérieures, il est possible qu'elle devienne à force de répétitions suggestives dans l'instant présent, la réalité dominante, car l'esprit ne saurait faire la différence entre ce que nous vivons par nos pensées et ce que nous vivons dans le monde réel.

Le monde intérieur serait " l'affect".

L'esprit est pour ainsi dire "reconditionné". À la condition d'avoir " une foi absolue en ce que nous pensons !". Ce qui pourrait empêcher la réalisation de ce que vous désirez est uniquement le doute que vous émettez.

Ce que je pense est que peu importe ce que nous croyons, car l'esprit est en constante évolution depuis son paradigme.

L'environnement affecte l'aurique, et il est nécessaire de se détacher de tout ce qui provient de l'extérieur qui crée un reflet intérieur.

Notre esprit ne fait que croire et perpétuer ce qui a pour origine notre environnement, et non notre foi intérieure.

Celui qui sait voir au-delà des apparences devient libre d'être lui-même, et non un copié collé de son environnement ....

Dans le quotidien, nous sommes accaparés par notre milieu environnant, qu'il est difficile de procéder au détachement, de penser à autre chose, de "rompre avec soi-même pour se recréer de nouveau" comme dirait Joe Dispenza, et pour ainsi dire, de quitter sa zone de confort.

C'est pour cela que d'autres auteurs, et je pourrais citer Bob Proctor ou encore Wayn D Dyer, et même Earl Nightingale, René Descartes, ou Ralph Waldo Emerson, mettent l'accent sur le fait que nous sommes ce à quoi nous pensons le plus souvent, avec insistance et par habitudes.

Nous sommes indirectement notre propre création, notre propre personnage dans une comédie dramatique.

Nous sommes notre propre réponse.

Et la réalité est que, même si tout semble sombre dans notre existence, notre environnement est l'endroit où nous nous sentons "en sécurité ", car il représente le familier. Ces ténèbres sont cette zone de confort.

Nombreux sont ceux qui ne se sentent pas prêts à abandonner ce "familier", cette vie, leur quotidien pour autre chose.

C'est ce qui définit l'humain qui possède une forme d'appartenance à un groupe, qui lui colle tellement à la peau qu'il se sent misérable, mais qui se sent vivant et vrai, dans sa zone de confort.

L'homme est, pour ainsi dire et inconsciemment, le seul responsable de sa condition, car il ne peut rompre avec cette vie qui fait partie de ce qu'il connaît le mieux pour plonger dans un monde totalement différent, parce qu'il n'a créé aucun repères.

Et même dans des conditions propices au changement, et comme le précise Charles Haanel, dans une volonté de détachement, ce qui nous retient est uniquement notre peur de ne plus exister, tel que nous nous connaissons. De ne plus avoir sa propre définition.

Aussi, dans un état méditatif, nous restons connectés au quotidien et à notre peur d'être dérangés. Et ce lien qui unit le familier, notre identité, nous empêche de nous redéfinir.

On ne peut pas regarder la route droit devant soi et le rétroviseur. Il n'y a qu'une seule direction à prendre.

La volonté de l'homme n'est pas de devenir, mais d'être, et il doit rester fidèle à ce qu'il veut être, à qui il veut ressembler.

Il suffit d'abandonner une chose pour en obtenir une autre, c'est le prix à payer. Abandonner ses croyances pour en avoir d'autres, abandonner ce qui nous définit pour obtenir une autre définition de soi. C'est ce que l'homme doit perdre pour obtenir ce qu'il veut.

Ceci est à la portée de tous, à la condition de comprendre le principe assez étrange pour certains je vous l'accorde.

C'est cette capacité de créer dans son imaginaire une réalité alternative, une forme d'échappatoire aux tourments du quotidien.

Comment expliquer ceci ?

Pour faire simple, en supprimant les points d'ancrage (liens éthériques) qui nous relient à notre environnement extérieur et en créer dans notre environnement intérieur (notre monde imaginaire).

C'est la possibilité d'être ici dans l'ailleurs. Être quelqu'un d'autre, et exister nul par ailleurs que dans son temple. Si grand et si vaste où toutes les possibilités sont illimitées.

De ce fait, nous devenons en phase avec cette autre réalité. En devenant l'acteur impliqué de cet ailleurs ainsi construit.

C'est s'abandonner, plonger dans l'océan de cette autre réalité où émerge énormément de détails et de profondeur en trois dimensions. (c'est encourageant !)

Où les émotions peuvent être les plus fortes dans son for intérieur.

Et surtout, se convaincre pendant un instant qu'il s'agit de la réalité. Où les croyances dépassent celles enseignées dans notre environnement externe.
Que se produit-il alors ?

Une modification et un nouvel alignement de notre interface mentale nous mettant en phase avec un autre champ vibratoire, modifiant notre aura, qui, de ce fait, modifiera non seulement notre perception de la réalité externe, mais aussi la réalité elle-même.

N'est-ce pas merveilleux ?

En clair, ne vous demandez pas qui vous voulez être, mais qui vous croyez être !

Effacez le doute et le comment de votre esprit et alimentez-le des faits ! Juste des faits ! Ne pensez pas à votre environnement actuel et isolez-vous de lui ! Il n'est que le reflet de qui vous êtes !

Jouez avec votre esprit et faites comme si tout était possible et acquis ! Ayez une perception interne et non externe ! Le seul moyen de reprendre le contrôle est de comprendre que le décideur, c'est vous !

Sans le savoir, vous avez toutes les cartes en main ! La question est « que décidez-vous pour vous-mêmes ? ».

Le monde est à l'image de la manière dont vous le percevez ! Et il n'y a qu'un seul déclencheur.

Que ressentiriez-vous si vous aviez déjà obtenu ce que vous désiriez ?

En clair, si vous coupiez le lien avec le monde environnant, et que imaginiez avoir obtenu ce que vous voulez, et que vous rendiez l'expérience réelle dans votre esprit, de quel sentiment serait-il accompagné ?

Cela amène à une vaste réflexion !

Pensées et émotions travaillent toujours de concert. Ils créent l'état d'être. Et les émotions sont au-delà des pensées.

Cela revient à la théorie de Neville Goddard " tout est dans le ressenti". Si les pensées s'alignent suffisamment sur nos émotions (être en phase), cela pourrait influencer notre réalité.

En analysant aussi les échecs sans tomber dans le piège de " je n'y arriverai pas !", et les accueillir comme des paramètres essentiels au succès.

En se concentrant sur le positif et faire comme si nous avions déjà obtenu ce que nous désirons (ressentir et imaginer). Travailler chaque jour sur ses projets (lire, écrire, se concentrer, imaginer, etc..)

La méditation est utile si elle est constructive et vous apporte l'élan nécessaire pour évoluer.

Rester sans rien faire ne vous apportera rien, juste de perdre votre temps. Vos projets ont besoin de toute la dynamique humaine et des interactions pour se construire. Cela passe par une réelle prise de conscience de son pouvoir interne qui nous apporte une autre perception de la réalité. La confiance en soi naît ainsi, et dès lors, vous pourrez avancer et vous mettre à l'action sans peur. Cela viendra naturellement.

Si un travail sur soi n'est pas fait en amont, rien ne tiendra la route.

Pensez à ce que vous désirez, et dites-vous mentalement et plusieurs fois :

"Cela s'est déjà réalisé !"

Ensuite, ressentez-le ! Ressentez vos pensées !

Fonctionnez uniquement avec votre esprit, et restez concentrés sur votre univers intérieur uniquement !

Chapitre 19 :
La focalisation

Depuis qu'il est né, l'homme a appris à croire en un Dieu ou en des forces extérieures qui contrôlent son existence. Il perçoit l'univers comme une entité à part, et qui a le pouvoir d'influencer son destin, sans prendre réellement conscience que cet univers prend naissance en lui-même.

Durant son évolution, il a pris pour habitude de rejeter la responsabilité sur ce qui existe sur un plan immatériel, sur les autres et sur son environnement. Bref, avoir un focus extérieur de tout ce qu'il lui arrive dans sa vie, et pourquoi rien ne se passe comme prévu quand il désire quelque chose.

En reprenant tout depuis le début, nous ne faisons qu'un avec l'univers, c'est-à-dire "le tout", "la conscience collective". Qui se ressemble s'assemble, et tout ce que vous vivrez comme expérience sera toujours à l'image de ce que vous penserez et ressentirez.

Autrement dit, si vous avez le sentiment de gruger "l'univers", ou si vous vous dites "si je fais ceci, j'obtiendrai cela de l'univers", ou si vous êtes dans l'attente de quelque chose de l'univers, vous faites fausse route.

Il est impossible de tromper l'univers, car vous êtes et serez toujours une partie de cet univers, vous faites partie du "tout", "la conscience collective". On ne peut pas se mentir à soi-même quand on sait pertinemment que l'on ne peut pas tromper l'univers, parce qu'il se situe dans notre être.

Il n'y a pas de méthode à proprement parler, ni de technique pour manifester la vie que chacun désire, mais juste une compréhension des lois de l'univers.

Or, l'être humain est toujours dans la méthode et la technique, et ce n'est pas comme cela que cela fonctionne.

Il est et sera toujours "l'avatar", et il vit toujours l'expérience de "l'être" qu'il s'est construit intérieurement.

Il continue de penser "loi de l'attraction" au lieu de penser "Je suis".

Affirmez et acceptez l'image de qui vous êtes et de qui vous voulez devenir, car en fin de compte, l'univers (Unis vers), c'est tout simplement "Vous" !

Au-delà de l'image, il y a le sentiment d'accomplissement.

Comment arrive-t-on à cette phase ? Si nous considérons que l'image est associée à un fait, le fait lui-même est associé à une émotion. Que ce soit la peur, l'inquiétude, l'assurance, la joie ou la peine.

Le fait peut être issu d'un mot ou d'une phrase qui a chamboulé votre esprit, car les paroles seules peuvent être les déclencheurs de sentiments intenses, telle la perte d'un être cher ou la réception d'un cadeau.

Chacun d'entre nous connaissons énormément de mots, et nous pouvons venir de n'importe quel horizon ou culture, et les prononcer de différentes manières, mais ils serviront avant tout à désigner une personne ou un objet.

Et ici, je réponds à une question que beaucoup se posent, est-ce que l'univers, ou même Dieu, m'entend quand je prononce une prière ? Et l'erreur que beaucoup font, c'est qu'ils s'attachent à quelque chose d'extérieur à eux, car on vous a toujours appris qu'il y avait un Dieu ou même un univers qui nous écoutait.

Et vous me direz que les miracles existent, mais la réalité est que l'esprit qui réalise des miracles utilise ce que l'on appelle des catalyseurs psychiques, que ce soit un objet, un Dieu, le diable, une personne ou l'univers, sans savoir que rien n'est séparé et forme un tout.

L'image et l'émotion forment un tout indissociable. On pourrait supposer que ce qui crée notre réalité n'est en fin de compte que le lien qui unit les deux, et qui se nomme "l'affect".

Mais alors, comment doit-on penser pour être en phase avec une image mentale positive ? En réalité, il n'est pas nécessaire d'avoir une image positive pour que tout se réalise dans votre environnement. Et si vous m'avez suivi jusque-là, il est question d'intensité et de fréquence. Ce qui veut dire aussi que la peur ou l'enthousiasme peuvent influencer votre réalité.

C'est comme si vous aviez un poste de radio juste en face de vous. Tout d'abord, vous recherchez la fréquence qui peut se nommer « richesse », « pauvreté », « chance », « malchance », etc...

Ensuite, vous augmentez le volume. Et c'est votre prise de conscience de votre réalité qui crée l'intensité. C'est votre foi en action, cette confiance inébranlable au travers de votre enthousiasme ou de vos craintes que tout ce qui domine vos pensées prennent acte dans ce que vous considérez être la réalité.

L'image, par le biais de votre imagination créatrice, doit être considérée comme un fait. Et j'entends par là qu'il faut l'incarner via les émotions, qu'il ne faut pas se forcer à être, et se dire « si je fais telle action, j'obtiendrai tel résultat », mais dans la réalité, si vous procédez ainsi, cela signifie simplement que vous fuyez une situation, et que vous en êtes conscients.

L'état actuel prédomine toujours sur l'état désiré, vous vivez en permanence l'instant présent, et vous êtes les seuls acteurs du changement. Le vrai miracle est en chacun de nous. Il n'y a pas besoin de chercher ailleurs ce que nous possédons déjà dans notre esprit et par nos croyances.

Vous pensez que Dieu ne vous écoute pas, ou que même l'univers vous ignore, ou que les deux vous ignorent, ou encore, vous vous demandez pourquoi certains semblent obtenir des réponses, ou voir leurs prières exaucées.

Ils ont ce que vous n'avez pas encore, c'est-à-dire, la foi en leurs prières exaucées. Ils ont confiance en leurs croyances, mais utilisent inconsciemment des catalyseurs psychiques, car le vrai miracle vient d'eux-mêmes. Et ce n'est pas en se lamentant que personne ne vous écoute que quelque chose de différent va se produire dans votre vie.

Ce qu'il vous faut, c'est ne pas avoir foi en un Dieu ou même l'univers, afin de résoudre un problème. Vous vivez une situation désastreuse et vous êtes focalisés là-dessus, et celle-ci restera inchangée si vous continuez à lui donner de l'importance, à lui donner une existence qui se répercutera dans votre réalité, car vous sentez en vous que tout ce qu'il vous arrive est vrai, mais que vous voulez changer de situation.

Vous croyez en quelque chose d'extérieur à vous, mais il n'y a rien d'autre que ce que j'appelle « la pierre magique ». Et l'esprit, pour accomplir des miracles, utilise des catalyseurs psychiques, ou alors prend conscience qu'il faut avoir une foi accrue en nous-mêmes.

Nous sommes toujours les déclencheurs de ce qu'il nous arrive, et il n'y a rien au-delà de la réalité que nous expérimentons au jour le jour. Et tout naît de l'intérieur de soi, seulement voilà, c'est la volonté de croire en un résultat qui gâche tout ce que vous entreprenez. Mais il n'y a pas de résultat, juste ce que vous vivez quotidiennement.

Il n'y a pas d'autre réalité, pas de deuxième cercle, car vous résidez toujours et en permanence dans le premier cercle, quoi qu'il arrive. Même en cet instant. La seule chose possible à faire est d'assumer qui vous êtes sans chercher à devenir.

La seule manière de réussir est de croire en vous, de se redéfinir en tant que personne, et de réaffirmer ses valeurs intrinsèques. Vous avez le pouvoir d'être qui vous voulez, si seulement vous pouviez croire en vous, et non en cet environnement qui influence vos propres choix et jugements.

Par exemple, et en prenant une situation que beaucoup d'entre vous peuvent traverser, quelles émotions avons-nous quand nous sommes à découvert à la banque ?

Déjà, nous prenons trop conscience de cette réalité, ce qui crée l'affect, qui génère de la peur, de l'inquiétude, et c'est cela qui donne vie à cette réalité, car notre conscience perçoit ce qu'il se passe à l'extérieur de nous, et transcende à l'intérieur de notre être. Ce n'est pas nous qui contrôlons notre réalité, mais les influences externes.

L'affect maintient captive cette image en nous. Et ce à quoi nous donnons de l'importance se concrétise inconsciemment. Cela se ressent dans notre manière d'agir et de nous exprimer. En positif comme en négatif.

Mais si vous le souhaitez, laissez-moi vous poser cette simple question :

En occultant tout le reste, quels sentiments seraient vôtre si vous aviez obtenu ce que vous vouliez ?

Faites comme si c'était le cas !

Déjà, vous agiriez avec un état d'esprit plus serein et positif.

Vous feriez confiance en cette image dans l'instant présent.

Vous éprouveriez de la joie, de la satisfaction, de la fierté et du réconfort.

Ces sentiments, s'ils sont maintenus avec confiance et fidélité, vous aideront à accomplir ce que vous désirez, si vous vous focalisez uniquement là-dessus.

Ils sont le moteur de vos actions, et je peux vous garantir que vous agiriez, si tel était votre état d'esprit.

Avec foi, confiance et détermination, sans vous préoccuper du reste, du quand ou du comment, car ce qui compte réellement, c'est l'instant présent.

Il faut déjà être ce que vous voulez incarner, faire confiance et rester fidèles à vos idées. Vos désirs comme s'ils étaient déjà présents, user de confiance et de conscience sans se soucier du reste.

Travaillez sur l'émotion du souhait réalisé ! Le reste viendra un peu plus naturellement avec un meilleur état d'esprit ! Car ressentir dans l'instant présent, avec foi et détermination, est une des clés du changement.

Ne vous préoccupez pas de ce qu'il se passe autour de vous, car le plus important est ce que vous considérez comme vrai, et en vous ! Vous êtes les créateurs de votre réalité, dans le positif comme dans le négatif.

N'acceptez jamais la suggestion d'un manque sous n'importe quelle forme que ce soit ! Le manque dispose de sa propre fréquence.

Pour cela que je vous conseille les œuvres de Neville Goddard. Il donne une vision cohérente des lois de l'esprit, et grâce à lui, j'ai énormément appris.

Ce sont des livres très courts, mais qui rassemblent l'essentiel de ce qu'il faut savoir sur les lois de l'univers.

S'il y a des livres que je recommande vraiment, ce sont bien ceux-ci. Et croyez-moi ! Cela fait des années que j'étudie les lois de l'esprit pour savoir que les œuvres de cet auteur sont excellentes.

Le nœud du problème dans les récits de Neville Goddard est que nous restons, toujours et inconsciemment, fidèles à nos idées et au familier, en positif comme en négatif.

Si nous voulons obtenir autre chose que ce familier, il faut lui accorder moins d'importance, et se concentrer réellement sur ce que l'on veut vraiment, comme s'il s'agissait d'un fait réel, et lui rester fidèle.

La foi en nos idées et en nos aspirations les met inconsciemment en action.

Chapitre 20 :
L'automatisme inconscient

Sans nous en rendre compte, nous sommes en proies à des habitudes inconscientes. Elles font partie de notre programme interne issu du paradigme. Nous sommes familiarisés avec elles, et inconsciemment, nous faisons confiance à tout ce qu'il se passe dans notre environnement. Nous avons une foi aveugle en des croyances inculquées.

Nous faisons toujours les mêmes gestes, et nous avons toujours les mêmes pensées et croyances. Tout ceci nous l'avons répété de nombreuses fois, encore et encore depuis l'enfance.

Si bien qu'à l'âge adulte, nous avons cultivé, et nous continuons encore à cultiver une suite d'algorithmes gestuels, verbaux et spirituels qui constituent notre avatar (qui nous sommes). Nous continuons d'aimer ou de nous plaindre de tout ce qu'il nous arrive dans la vie, tout cela par habitude inconsciente, et disons-le, c'est plus fort que nous, ou du moins, c'est ce en quoi nous croyons ou que l'on se laisse croire.

Nous avons acquis sans vraiment le vouloir une suite de compétences inconscientes qui sont des habitudes sous-jacentes de notre esprit.

Un exemple de compétence inconsciente :

Quand vous conduisez une voiture, est-ce que vous vous souciez de quelle vitesse passer ou de savoir sur quelles pédales appuyer pour accélérer ou freiner ?

Non, ce qui préoccupe un individu, c'est le trajet, tout le reste n'est que de l'automatisme acquis qui s'appelle la compétence inconsciente.

Peut-on créer une nouvelle habitude inconsciente ?

Oui, mais il y a des conditions à cela !

Il faut que la personne ait conscience que quelque chose ne va pas dans sa vie, et qu'il est en partie (grande partie) responsable, car tout le monde croit que tout se qu'il se passe est la faute du gouvernement, de son entourage, etc.., alors que la vérité est tout autre.

Et cette vérité est que tout ce que l'on croit comme vrai devient votre réalité. C'est la fréquence que vous émettez inconsciemment et le plus souvent qui se manifeste dans votre environnement.

Ensuite, savoir ce que nous sommes prêts à abandonner. Par exemple, mettre de côté la Playstation, ou réduire vraiment son utilisation, arrêter de regarder certaines émissions de télé, trainer dans les bars, etc..

Cela dégagera du temps pour les projets si on supprime ou si nous réduisons le superflu.

Ce sera difficile au début de sortir de ces programmes inconscients, car les habitudes inconscientes tenteront de reprendre le dessus, telles des addictions.

Il faudra s'autoprogrammer à faire certaines choses, créer de la substance pour avoir des nouvelles habitudes inconscientes, et pour cela, il n'y a pas de mystère.

Ce que je conseillerais de faire (après, chacun verra midi à sa porte), c'est de s'autodiscipliner.
Comment faire cela ?

Choisir une ou deux heures par jour, et les notifier sur son agenda (pc ou smartphone), pour "RAPPELS".

Mettez un Post-it sur le mur qui se situe à l'entrée de votre maison ou appartement, ou un autre endroit qui est vraiment visible pour vous, et écrire dessus " CHOSES IMPORTANTES À FAIRE !"

Je sais, cela fait un peu robotisé comme procédure, mais pourquoi faire cela ?

1- pour ne pas oublier ! (cette habitude de faire n'existe pas encore en vous, et vous risquez de zapper.)

2- créer un ALGORITHME (la répétition crée un automatisme inconscient en persévérant).

3- Le cerveau est programmé selon des cycles. Il sait à quelle heure manger, ou à quelle heure dormir, et cela fait partie de ses habitudes inconscientes. Aussi, le cycle sera différent pour chaque individu, si par exemple une personne travaille de nuit, le principe restera le même.

4- l'algorithme créé l'automatisme, et l'automatisme crée les habitudes conscientes et deviennent inconscientes. Elle est calée sur une certaine fréquence et une certaine heure.

Mais la clé de toutes réussites est avant tout LA DISCIPLINE et L'ORGANISATION. Vous vous corrigez, vous vous faites violence, mais au final, la récompense est belle.

Il est possible qu'une personne veuille changer, mais qu'elle reste inconsciemment piégée dans un même schéma de pensées à cause de son conditionnement lié à son environnement.

L'esprit peut rester bloqué sur ce que j'appelle « le familier » qui est la raison même de l'être. Sans ce lien, nous ne serions que des légumes. On ne peut occulter, voir supprimer l'essence de l'être, ce que nous sommes. Notre identité.

Sortir de ce cercle peut sembler difficile, mais pas forcément impossible. Il faut pour cela trancher les liens éthériques qui relient les informations et leurs interprétations, ce que nous nommons « les croyances ». Et faire une transition pour que l'esprit ne reste pas vide.

Cela peut se faire si la personne change de cadre de vie dans un autre environnement (afin d'éviter « les rappels » du quotidien). Par une répétition d'informations prédominantes et contradictoires à celles que nous avons actuellement. Autrement dit, il faut rebooter le système !

L'automatisme inconscient consiste à apprendre ou effectuer une action de manière répétée jusqu'à quand cela devienne un automatisme, un nouvel algorithme qui passe par les quatre niveaux de l'apprentissage.

C'est ce qui permettrait d'attirer à nous ce à quoi l'on pense le plus souvent, par cet automatisme inconscient, à la condition de prendre la ferme résolution de suivre le processus jusqu'au bout, c'est-à-dire travailler sur soi, apprendre à vraiment se connaître, tenter de comprendre la correspondance entre ce que nous pensons et ce qu'il nous arrive.

Bien définir ce que l'on veut vraiment est très important, car c'est à cette condition que l'on arrive à s'axer sur un projet à long terme, et que nous pouvons de ce fait le faire évoluer en même temps que son évolution personnelle.

Ce que l'on veut vraiment doit faire partie de nous, c'est notre ADN, c'est ce qui nous fait vibrer. Cela doit grandir en soi et à l'extérieur de soi. Et on ne doit pas faire quelque chose pour ressembler à quelqu'un d'autre.

Combien d'années perdons-nous sur des ébauches de projets, alors que d'autres ont su garder le même cap et ont réussi à le faire grandir au prix de quelques années de sa vie en expérience, expertise, et connaissance ?

La persévérance, la passion et la patience sont les moteurs de ce que nous voulons vraiment. Nous devons y croire, même si ce que nous voulons ne porte pas ses premiers fruits au début.

S'empresser ne sert à rien puisque la chose que nous désirons viendra en temps et en heure si nous nous investissons uniquement sur la seule chose que nous voulons vraiment. La passion doit nous animer avant la réussite.

L'esprit humain suit le même algorithme, tout est répétitif, ce qui forme un schéma mental. Nous pouvons casser cette routine en changeant une ou plusieurs habitude(s), en faisant quelque chose de manière répétée. Une petite chose, un petit changement peut faire toute la différence.

Nous sommes en évolution constante et consciemment ou non, l'esprit se reprogramme. Pour donner un exemple, il suffit de voir que nos préférences et nos croyances changent avec le temps.

De nouvelles priorités s'installent dans notre esprit que ce soit de manière consciente ou non. Notre cerveau dispose de cette malléabilité (ou plasticité) à pouvoir se reconfigurer.

Pour cela, nous pouvons nous créer de nouvelles habitudes, tout d'abord de manière consciente et rigoureuse jusqu'à ce que notre inconscient crée un nouveau "familier".

Au début, notre inconscient s'accrochera à l'ancien schéma, ce qu'il connaît le mieux, puis avec l'habitude, de nouvelles valeurs s'installeront et nous ferons les choses sans même y penser.

Est-ce que l'on peut changer ses schémas de pensées et avoir la vie que l'on désire ?

La réponse est oui ! Mais cela ne peut se faire du jour au lendemain, et selon ce que l'on appelle les ancrages spatiaux (la gestuelle) et verbaux (les mots que l'on prononce) le plus souvent, et selon l'implication neuro-associée (les schémas de pensées), cela dépend des personnes et de leur état d'être actuel.

Ce qui résiste persiste, tout simplement parce que vous êtes en proie de vos habitudes, et cela, inconsciemment depuis votre paradigme (l'origine).

Ce qui domine dans votre esprit, c'est "la trame " de votre vie qui a constitué votre être depuis l'enfance. Votre identité, votre "avatar".

C'est l'essence de l'être profondément ancré en vous.

Même en pensant autrement, il vous faudra habituer votre subconscient à quelque chose de nouveau.

C'est comme une greffe de pensées, ce qui constitue votre schéma actuel rejettera ceci comme un corps étranger les premiers temps.

Vous êtes inconsciemment en train de faire les mêmes gestes et d'avoir les mêmes pensées. Car c'est en vous.

Le subconscient a besoin d'apprendre quelque chose de nouveau, de contre-nature au début pour lui. Et cela passe par quatre phases.

L'incompétence inconsciente : l'esprit ne sait pas qu'il ne sait pas ! Il reste inconscient de son incapacité et reste figé dans l'ancien schéma, et tenter de changer en une fois ne suffit pas car l'information est inconnue.

L'incompétence consciente : l'esprit sait qu'il ne sait pas, il se réveille et réalise qu'il doit réagir. Il veut changer, mais réalise qu'il y aura un parcours plus ou moins long pour cela.

La compétence consciente : l'esprit sait qu'il sait. Il connaît la manière d'agir, mais est obligé de rester concentré, ce n'est pas encore un automatisme, mais cela viendra avec les habitudes.

La compétence inconsciente : l'esprit ne sait pas qu'il sait. Ce que nous sommes actuellement, notre essence profonde. Nos habitudes depuis l'enfance ont constitué "l'être". Il est capable de penser et d'agir sans en prendre conscience.

Quand vous arrivez à ce dernier niveau, en voulant changer de schéma de manière routinière, en restant concentré, il s'installe dans votre esprit, c'est un nouveau programme.

Ce qui veut dire qu'en insistant sur ce nouveau schéma, cela deviendra une habitude, et vos nouveaux ancrages seront là sans même y penser.

C'est comme écouter une musique, à force de l'écouter, elle reste en tête. Même si nous n'y pensons pas, il y a ce petit refrain qui tourne en boucle dans notre esprit.

L'une des manières de reprogrammer le subconscient est la répétition.

Non pas seulement répéter bêtement une phrase dans sa tête ou verbalement, il s'agit de tout un processus qui doit se produire en vous.

Nous pouvons le faire par petits bouts pour ne pas surcharger le disque dur, en faisant des switchs, c'est-à-dire changer sa perception sur un fait ou un objet.

Substituer sa perception négative par une perception positive. Voir différemment. Et comme je le disais dans un précédent chapitre, penser positivement ou négativement auront le même impact. Tout est question de fréquence, mais surtout d'intensité par le biais de vos convictions profondes (votre foi pour ainsi résumer).

La répétition doit se faire de la manière suivante :

En faisant abstraction des émotions négatives que suscite le monde extérieur (l'affect) qui magnétise et attire à vous les mauvaises circonstances de votre vie comme une éponge qui absorbe l'eau.

Plus vous jouez le jeu du monde extérieur et plus vous en faites partie.

Restez dans l'instant présent !

Par l'autosuggestion consciente répétitive comme pourrait le suggérer Emile Coué.

Se conditionner et ressentir ce que l'on pourrait ressentir si nous étions réellement dans ces circonstances.

Par l'imaginaire (comme le suggère Joe Vittal) en se créant des souvenirs agréables en faisant fonctionner les sens visuel, auditif, kinesthésique, olfactif, gustatif, et rendre ceci aussi réels que possible. Quelles émotions susciteraient en vous ces souvenirs ?

Ensuite ne pensez à rien d'autre que ces souvenirs agréables, créer le monde et la vie que vous aimeriez avoir à l'intérieur de vous.

Entraînez-vous tous les jours par des séances de méditation, et surtout, dernier point, éloignez-vous des personnes toxiques qui gâcheraient vos efforts. Sinon, retour à la case départ, et cela risque d'être frustrant pour vous. Car leur fréquence aurique risque d'absorber la vôtre, en vous faisant penser à des choses que vous ne voulez pas.

Quand est-ce que votre subconscient sera reprogrammé ? Quand ceci deviendra un automatisme pour vous et que vous n'y penserez plus.

Vous aurez atteint le quatrième niveau de l'apprentissage, c'est-à-dire la compétence inconsciente

Reprogrammez votre subconscient en vous créant de nouvelles habitudes et par la répétition.

N'oubliez pas que "ce qui résiste persiste !", le subconscient ne connait qu'un seul algorithme, ce que vous faites inconsciemment et habituellement depuis longtemps. C'est le schéma dominant.

En faisant quelque chose de nouveau tous les jours de manière rituelle, cela deviendra une habitude que vous ferez sans même y penser. Tout cela grâce à la répétition. Vous allez intégrer un nouveau schéma.

Un enfant qui apprend à faire du vélo tombe plusieurs fois avant d'y arriver.

Une des raisons pour lesquelles les gens abandonnent est qu'ils veulent réussir du premier coup, alors qu'ils ne sont pas préparés mentalement à cela.

Ils se donnent la pression et procrastinent de peur d'échouer. Mais ils ne se conditionnent pas à la réussite, soit par l'apprentissage, soit par la méditation ou autres. Ils ne se donnent pas le temps !

N'ayez pas peur d'échouer, car l'échec est une expérience utile qui paramètre le succès. Il y a beaucoup plus à apprendre de des échecs que de ses victoires.

Vos pensées sont des constructions du passé qui se répètent encore et encore, créant ainsi le familier.

L'assimilation d'une nouvelle information, inconnue de votre algorithme, provoquerait le rejet de celle-ci. Et il faudra un temps plus ou moins long, selon le degré d'investissement et de répétition de la même information pour que l'inconnu devienne le familier.

En clair, pour changer de vie, il faut "casser" ses (mauvaises) habitudes !

« La folie, c'est de faire toujours la même chose et de s'attendre à un résultat différent » (Citation d'Albert Einstein).

La première étape, c'est avant tout d'y croire. Ensuite, en contrôlant ses pensées (issues de l'imaginaire) et émotions relatives, on change sa fréquence intérieure.

Maintenir cette fréquence aussi régulièrement que possible par la répétition peut positivement amener vers vous des événements ou des personnes.

La répétition sert à créer de nouvelles habitudes pour votre subconscient.

Contrôle des pensées + contrôle des émotions
= *contrôle de la fréquence*

Ce que de nombreux auteurs nomment « loi de l'attraction », vous l'utilisez déjà inconsciemment, en permanence, et depuis longtemps par le biais de l'automatisme inconscient. En clair, votre esprit fonctionne en pilote automatique.

Peu importe votre niveau de croyances en cet instant, cela fait partie de votre programmation interne, et cette dernière attire à vous ce à quoi vous pensez et ressentez le plus souvent, aussi bien les personnes, les objets et les circonstances.

Même si cela est difficile à assimiler pour certains d'entre vous, l'homme est programmé depuis l'enfance par son environnement. Toutes les pensées et croyances ne sont que le fruit d'une société qui pousse à envier ce que possède l'autre, c'est-à-dire plus de richesses, plus d'amour, plus de reconnaissance ou plus de connaissances.

Et c'est par le biais d'une série d'habitudes acquises, par ces idées reçues, que l'homme s'est construit. Il est devenu l'avatar de son environnement, un personnage créé par tout ce qui l'entoure. Il n'a jamais appris à façonner son propre personnage, à croire en lui ou à ce que « seul » son esprit peut suggérer de manière consciente.

De nombreux ouvrages en développement personnel vous apprennent à devenir, mais pas à être. Et vous devez absolument comprendre cette nuance, car la personne que vous voulez être existe déjà, en cet instant, et sans que vous le sachiez. Le pouvoir que vous possédez est que vous pouvez façonner le personnage que vous voulez être, le modeler à votre image, en cessant de vouloir être comme quelqu'un d'autre ou de désirer ce que votre entourage possède.

Votre nom, votre prénom, votre situation amoureuse, professionnelle ou sociale, tout ce que vous possédez et aimeriez posséder sont le résultat de votre programmation mentale émanant de votre environnement. De ce fait, vous interagissez avec ce que vous croyez être la seule réalité.

Or, la réalité n'est qu'une perspective parmi tant d'autres. Et l'homme a pris l'habitude de croire tout ce qui était en dehors de son être. Il pense connaître sa propre valeur, avoir des choix ou des opinions politiques, alors que son esprit est tout simplement programmé par son environnement à être le produit de la société dans laquelle il évolue.

Ce qu'il faut retenir de tout ce qui a été évoqué est que l' « on ne devient pas », car nous « sommes déjà » et nous « avons déjà ». Mais par habitudes, notre esprit s'accroche à une réalité physique et à une programmation mentale.

Tout existe déjà pour vous dans une autre réalité, dans votre esprit, et en cet instant, mais ce qui vous met en échec, c'est de vous accrocher à cette réalité physique, et la plupart des personnes attendent, espèrent, souhaitent ou veulent que les choses changent comme par magie dans leur environnement, car ils ont pris l'habitude de penser comme cela. Ces individus continuent de suivre les enseignements qu'ils ont obtenus.

Un peu plus haut, je vous parlais de perspective de la réalité, et l'homme a appris à penser à l'envers à cause de ses interactions sociales. Il croit que le monde extérieur est la seule réalité, alors que ce n'est qu'une facette de celle-ci.

Elle est née de sa conception quantique qui a créé le monde à son image, et son environnement n'est que le reflet de ce qu'il est et de qui il est. Et s'il souhaite arriver à ses fins, il doit apprendre à se construire de l'intérieur, à se donner une image interne, un nouveau « concept de soi », à « avoir ».

Tout ce qu'il se passe dans notre esprit n'est que la conséquence d'un très long apprentissage que nous avons reçu de notre environnement. La seule chose que nous n'avons pas apprise, c'est à « être », parce que l'homme croit « être », sans prendre conscience qu'il a été façonné à l'image de ce que l'on a voulu pour lui. Ce qui l'a empêché d'être maître de sa destinée.

Mais il peut reprendre le contrôle de son existence. Mais comment doit-il procéder ?

En premier lieu, il faut préparer son esprit à cela et s'accrocher par le biais de la lecture et de l'apprentissage. Créez de nouvelles habitudes conscientes, de créer de nouvelles valeurs internes, totalement détaché de son environnement. Chacun doit être roi dans son propre royaume.

En deuxième lieu, bien comprendre de quoi il s'agit. Mettre de côté ses croyances et s'intéresser un peu plus à la physique quantique, car tout ce que vous saurez, tout ce que vous apprendrez et croirez, sera toujours dans l'exactitude. D'ailleurs, tout ce que vous croyez actuellement est toujours dans cette exactitude (qui est le déclencheur).

Troisième point, cela se passe toujours dans l'instant présent et vous savez au fond de vous que peu importe ce que vous voulez manifester, cela existe déjà sur un autre plan de la réalité. C'est réel, mais vous ne pouvez ni le voir, ni le toucher, mais cela existe déjà. Vous le possédez déjà. Entraînez-vous à garder cet état d'esprit, ne demandez pas quand ou comment cela va apparaître. Ce qu'il faut, c'est rester focalisé sur le fait que vous l'avez déjà.

Restez focalisés sur cet état d'esprit suffisamment longtemps pour que cela devienne naturel, vous n'avez même plus besoin d'y penser et vous savez que c'est là, quelque part, sans que vous ayez besoin de le voir ou le toucher.

Vos états internes doivent être de la satisfaction d'avoir déjà eu ce que vous vouliez et de la reconnaissance.

Pensez à ce que vous voulez et ressentez-le ! " faites comme si " cela était déjà réalisé (j'insiste) et que cela fait dès à présent partie de votre quotidien. ... il est naturel pour vous d'avoir ça sans vous soucier d'où l'objet de vos désirs se trouve ! Ne le cherchez pas ! Ne l'attendez pas ! Faites seulement confiance en ce que vous croyez, pensez et ressentez ! Et cela viendra à vous !

Pour revenir sur la physique quantique, tout dans l'univers n'est qu'énergie. Toute structure moléculaire n'est qu'énergie vibrant à des fréquences différentes. Vos pensées sont également des fréquences énergétiques.

Ne vous souciez jamais du fond et de la forme ! Juste penser, et surtout ressentir que vous l'avez déjà quelque part, ressentez-le avec intensité ! Tombez amoureux de ce que vous pensez, et plus vous ressentirez ce qui ressemble à une passion ardente, plus vite cela viendra à vous !

Car nous sommes tous des êtres d'énergie aurique évoluant dans un univers quantique. Et cette réalité que vous vivez n'est qu'une facette de votre conception inconsciente, une perspective quantique à laquelle vous êtes habitués à croire. La vraie valeur est en soi et non en dehors de soi.

Comme je suis du genre qui s'intéresse au sujet en réel passionné (je précise !), je dirais que les lois de l'esprit fonctionnent tout le temps, car inconsciemment, chacun l'utilise tous les jours, mais dans le mauvais sens du terme.

Vous en avez déjà eu des preuves par un phénomène qui s'appelle "la synchronicité".

Par exemple, vous pensez à une chose ou à une personne en disant " cela fait un moment que je n'ai pas vu Philippe....."

Et voici que deux jours plus tard, vous avez des nouvelles de Phillippe. Étrange coïncidence ? Pas tout à fait.

Vous expliquer le processus de cette manifestation reste assez complexe à dire, ou du moins, je ne saurais pas trouver les mots, mais elle doit venir d'une volonté inconsciente et innocente.

Phillippe était déjà là, dans votre esprit, vous y avez pensé plusieurs fois, sans chercher spécialement à le revoir, mais les faits sont là !

Vous lui avez "innocemment " concédé une existence (bien présente dans votre esprit), et c'est à partir de là que les choses ont commencé à se manifester.

Ce que je veux dire par là, c'est que ce n'est pas automatique. Il faut faire preuve d'une certaine cohérence spirituelle pour que cela devienne " un automatisme ". Ce qui sous-entend de l'entraînement.

Passer d'une habitude consciente à une habitude inconsciente, et que cela devienne quelque chose qui fait partie de vous sans même y penser.

Mais sans être dans la recherche permanente ou lire des livres et des livres pour savoir comment cela fonctionne, car dans la réalité, vous en resterez là, à vouloir savoir comment cela fonctionne, et à vous demander si cela fonctionne.

À un moment donné, il faut passer à l'action.

Comme le disait Earl Nightingale: " Nous devenons ce à quoi nous pensons", et je rajouterais "que ce soit dans le bon ou dans le mauvais ". Tout reste en relation avec votre manière de penser et d'agir.

Et tout ce qu'il se passe dans votre vie fait partie intégrante de vous, que ce soit l'image que vous vous donnez ou l'image que vous donnez à votre environnement.

Les clés maîtresses sont vos croyances sur le sujet et votre passion pour le sujet. Il ne suffit pas de penser, mais être acteur de ce que l'on pense. Et ce dernier point est important.

Si vous ne vous impliquez pas, ou si vous n'y croyez pas, cela ne fonctionnera pas en votre faveur.
Si vous prenez ceci pour une fantaisie, cela restera une fantaisie tant que vous n'aurez pas compris que vous êtes le seul maître à bord de votre vie.

Personne n'en a vraiment conscience, mais l'esprit humain est un générateur, et tout ce qu'il se passe dans votre vie, nous en sommes les seuls acteurs.

Chapitre 21 :
La confiance en soi

« Qu'il en soit fait selon votre foi. »

Cette citation de la bible, pour ceux qui la comprennent vraiment et qui sont arrivés à ce niveau du livre, confirme tout ce que j'ai tenté de vous démontrer jusqu'à présent.

Elle révélerait tous les secrets de nos convictions les plus ancrées depuis fort longtemps, et tout n'est qu'une question d'interprétation et de croyances.

Au final, cela voudrait dire que le seul maître de notre destin n'est que nous-mêmes, et dans notre manière de percevoir la réalité interne et externe à notre être.

Notre foi est une conviction assurée, confiante et inconsciente, et seul ce que l'on croit intensément comme vrai se révèle à nous. Elle peut être le geôlier et le libérateur.

Mais notre esprit et notre système de valeurs sont corrompus par ce qu'il se passe en nous et à l'extérieur de nous, par un système de croyances émises par la conscience collective.

Ce qui nous freine dans notre élan, c'est sans doute d'avoir trop écouté et cru tout ce qu'il se passait en dehors de nous, et notre être a absorbé ceci comme une éponge, si bien que nous sommes devenus à l'image de la société, et non à l'image de nous-mêmes.

C'est ce qui différencie l'être du devenir, et l'avoir du vouloir, la réalité physique de la réalité quantique. Et j'ai déjà révélé ceci :

"Nous sommes déjà et à chaque instant la personne que l'on veut être !", car tout est fait selon notre foi. On décide de notre destinée inconsciemment. Et ce sont les actes de foi répétés consciemment qui dicte notre inconscient.

Cela voudrait dire aussi que tout ce qui est enseigné au sujet de la loi de l'attraction, du karma et de la religion est faux. Il n'y a que nous qui déclenchons tout ce qu'il se passe dans notre existence, directement ou indirectement. Car tout n'est qu'une question d'interprétation.

Il n'y a qu'une seule loi dans nos univers interne et externe, celle de la correspondance et de l'équilibre, et notre foi (pensées, émotions et convictions) est le donneur d'ordre. Rien n'existe dans notre environnement externe sans que nous ne l'ayons consenti, par notre prise de conscience de notre réalité interne.

Notre foi génère l'aura, ce qu'il se dégage de nous, créant des liens avec de qui nous entoure par cette même loi de correspondance et d'équilibre, créant à son tour l'osmose, et tout nous revient telle que nous l'avons voulu, directement ou indirectement, dans l'instant présent.

Pour cela qu'il est essentiel d'apprendre à nous écouter et à s'apprécier, à rehausser sa valeur interne, car les racines sont en nous, et la réalité n'est qu'une extension de notre être, jamais l'inverse.

Malheureusement, tout le monde ou presque ne regarde pas avec l'œil de l'esprit (pensées, cœur, et convictions), et préfèrent espérer que les choses apparaîtront comme par magie dans leur existence, alors qu'il suffirait de se détacher de notre environnement externe, d'apprendre à avoir au lieu de vouloir, et à être au lieu de devenir.

Personne ne viendra nous sauver de nous-mêmes......... il n'y a pas d'autre chemin que celui de la foi......

Développer la confiance en soi, c'est avoir foi en ce que nous considérons comme vrai, en ce que nous croyons et percevons vraiment en nous et non en dehors de nous.

Avoir confiance en ce que nous expérimentons à l'intérieur de soi, c'est poser les fondations d'une réalité alternative. Il faut la laisser grandir dans son temple sans se soucier de ce qu'il se passe en dehors de soi.

Comment avoir foi en ce que nous sommes ? Je crois que la question ne se pose même pas, car nous avons toujours foi en ce que nous sommes, dans le bon comme dans le mauvais.

Avoir foi en son malheur (se plaindre tout le temps), ou en son bonheur (ressentir de la gratitude envers la vie).

Dans les deux cas, c'est "confirmer" tout ce qu'il nous arrive ! C'est "valider" inconsciemment et en redemander encore !

Il existe deux personnages en chacun de nous qui pourrait se définir ainsi :

Il y a celui que nous sommes, l'objectif, et celui que l'on veut devenir, le subjectif.

L'un cherche à l'extérieur de lui, et l'autre trouve en lui.

L'un incarne son vrai soi dans l'instant présent, tandis que l'autre n'est qu'une illusion bercée d'espoirs futiles.

La foi, c'est avoir confiance en ce que nous croyons comme vrai, et qui constitue notre "bulle de vérités" (bonnes ou mauvaises), concernant la perception que nous avons de nous-mêmes (l'image que l'on se donne, l'identité, l'icône ou l'avatar), et la perception du monde que nous créons à partir de la perception que nous avons de nous-mêmes.

Ou nous nous situons EST la réalité. Le reste n'est que fantaisies à en devenir.

Pourquoi rien ne fonctionne pour vous ?

Parce que vous "cherchez" ! Parce que vous "courez" ! Vers quelque chose d'irréel et d'inaccessible au lieu "d'incarner" dans le "maintenant".

Parce que vous êtes toujours à l'image du pauvre qui mendie sa pièce, il veut ceci.....il a besoin de cela..... il veut sa dose..... et est toujours en manque tel un addict, et se plaint de sa condition, mais ce qu'il ignore est que ses plaintes et ses demandes ne sont qu'une validation de ses conditions, et incarne en tout temps l'être misérable et malheureux qu'il est.

"Il a foi en ce qu'il est !"

Tandis que l'image du riche donne parce qu'il a les moyens de le faire tout simplement. Il a conscience d'être abondant et de donner encore. Il vit dans l'opulence, le bonheur et la gratitude envers la vie, et la vie en retour lui renvoie cette image. Il valide ce qu'il est.

"Il a foi en ce qu'il est !"

Je crois que toute la nuance est là ! Cessez de courir et soyez reconnaissant de ce que vous avez déjà en réel ou en irréel.

"Faire comme si", c'est être et non vouloir être !

Il n'y a pas de désir, il n'y a que des faits ! Une incarnation "d'être" qui vous voulez, du moment que vous gardez foi en vous et non en ce que la vie vous a montré jusqu'à présent.

Gardez foi en ce que vous croyez comme juste et authentique !

La confiance est l'un des moteurs de nos vies, car nous faisons + confiance en ce que nous redoutons à l'extérieur de nous que d'avoir confiance en ce que nous désirons en nous.

Et il faut du temps et de la persévérance pour inverser la tendance. Car tout ce que nous fuyons nous rattrape toujours, alors, arrêtez de fuir !

La première personne en qui nous devons avoir confiance, c'est soi-même ! C'est aussi savoir ce que nous pensons de nous-mêmes (et non de ce que pensent les autres de nous !).

Faîtes vous confiance et apprenez à vous apprécier !

Et si vous faites ceci, le reste suivra à plus ou moins long terme !

Les autres ne sont que le reflet de ce que vous êtes ! Et ce que vous dégagez rayonne vers les autres, et vous le renvoie.

Personne ne croira en nous si nous ne croyons pas d'abord en nous-même, car notre environnement n'est que le reflet de qui nous sommes vraiment. Et la foi prend une part essentielle dans l'évolution d'un individu.

Et d'abord, qu'est-ce que la foi ? Elle est une croyance confiante, aveugle, et inconsciente en nous-mêmes, dans le bonheur comme dans le malheur, et paradoxalement, nous l'avons tout le temps. Dans tel cas pourrait-on dire qu'un individu domine sa foi, ou est-ce sa foi qui le domine ? Depuis sa naissance, il est en proie à des croyances externes qui ont forgé, pour ne pas dire "influencé" son esprit.

Ce qui fait qu'il n'est pas lui-même, mais une pâle copie de son environnement. Il a appris à croire en tout ce qui l'entourait, aux autres, aux circonstances, mais la seule chose que l'on apprendra que très rarement, voir jamais à un individu, c'est à croire en lui-même. Et il n'y a pas d'école pour cela, autre que celle de son esprit.

Il n'a pas conscience qu'il possède en lui déjà tout ce qu'il faut pour réussir, mais il reste dominé par un monde qui ne lui appartient pas, et qui ne lui ressemble pas. Il n'a pas conscience qu'il est déjà la personne qu'il veut être. Sauf qu'il ne choisit pas, mais il croit être. Il ne fait que subir les influences externes du monde dans lequel il vit, et qui a créé son avatar. Ce qui fait qu'il n'est pas l'auteur, mais l'acteur de sa propre existence.

Alors que s'il apprenait à se faire confiance, avant d'obtenir l'approbation de son entourage qui ne viendra jamais dans son état actuel, il générerait une image de lui, forte et confiante, qui ne se refléterait pas directement dans son environnement, mais qui constituerait la pierre fondatrice du changement qui s'opérera tout autour de lui.

En toutes circonstances, et sans qu'il en ait réellement conscience, l'homme est sa propre réponse. Et selon Nietzsche, l'homme devient qui il est ! Il se construit de l'intérieur, et non de l'extérieur.

Développer la confiance en soi, c'est avoir foi en ce que nous considérons comme vrai, en ce que nous croyons et percevons vraiment en nous et non en dehors de nous. Avoir confiance en ce que nous expérimentons à l'intérieur de soi, c'est poser les fondations d'une réalité alternative. Il faut la laisser grandir dans son temple sans se soucier de ce qu'il se passe en dehors de soi.

Connais-toi toi-même, et ta vraie valeur !

En résumé

"Deviens qui tu es !"
(Friedrich Nietzsche)

Appréciez qui vous êtes et ce que vous avez déjà, réel ou imaginaire, car la plus grande des richesses ne se trouve pas à l'extérieur de votre être, mais à l'intérieur.

Sans le savoir, vous êtes déjà la personne que vous voulez être, en positif comme en négatif, car le plus important est l'image que l'on se donne dans l'instant présent.

Riches, pauvres, malades, ou en pleine santé, définit qui vous êtes dans vos complaintes comme dans vos louanges. C'est reconnaître le personnage que vous voulez jouer dans la grande scène de l'existence.

Espérer, désirer, envier, jalouser, ou attendre, c'est reconnaître que nous ne sommes pas, et que nous ne possédons pas. Et celui qui est heureux avec ce qu'il a, et qui sait entretenir des pensées d'abondance devient riche de tout.

Au-delà du monde, il y a un autre monde où tout nous est acquis, et la réalité n'est que le miroir de qui nous sommes au fond de nous-mêmes........ un être aurique.

Et celui qui trouve ses propres réponses et ses

propres vérités trouve également un trésor, et pourra mener une vie riche. Mais celui qui cherche ses réponses ailleurs qu'en lui-même continuera de poursuivre ses illusions.

L'homme est sa propre réponse ! Alors, deviens qui tu es au fond de toi ! Deviens l'aurique.

Si l'homme cherche "à devenir", c'est qu'au fond de lui, il n'a pas conscience "d'être déjà" le personnage qu'il se crée en cet instant, celui qu'il cherche à fuir.

Il est déjà la personne qu'il veut être, mais il ne le sait pas ! Par ses pensées et ses croyances, il s'est déjà forgé une identité, un champ de valeurs qui le dessert.

Ce qu'il estime valoir (valeurs internes), et ne se rend pas compte qu'il donne une existence à ses peurs, ses doutes, ce qu'il est, rien qu'en y pensant (pensées inconscientes dominantes).

Il est "l'avatar", et en voulant devenir quelqu'un d'autre, c'est d'une certaine manière reconnaître qui il est, et quels rôles il joue en cet instant, celui qu'il cherche à fuir.

Et le démon (l'entité) qu'il se crée le poursuivra tout le temps, car cette entité existe au travers de ce qu'il a conscience d'être et d'expérimenter, en se plaignant de sa condition actuelle. Il le fait tout le temps et inconsciemment.

La seule manière de se débarrasser de ce démon est de cesser de lui donner vie au travers de nos pensées, en créant un ange.

Mais cet ange ne se laissera pas attraper facilement, et il faut le reconnaître en nous et non en dehors de nous. Si nous sommes capables de donner vie à nos démons, pourquoi n'en serait-il pas de même avec nos anges ?

Selon ce qui est écrit dans les textes anciens, en chacun de nous résident deux loups, et celui qui domine notre existence est celui que l'on nourrit.

L'identité d'une personne est conditionnée par la société (son environnement), et vit inconsciemment en harmonie avec ce qui l'entoure.

Elle perçoit et croit que le monde extérieur détermine qui elle est, alors que c'est uniquement l'image (le démon) qu'il se crée qui détermine ce qu'elle croit être la réalité.

Si nous ne dominons pas notre monde intérieur, notre esprit restera dominé pas le monde extérieur, car la réalité que nous voulons vivre dépend uniquement de ce que nous mettons dans notre esprit. Et Earl Nightingale le dit lui-même "Nous devenons ce à quoi nous pensons le plus souvent !!".

L'être existe sur trois niveaux, le conscient, l'aurique et l'éthérique.

Le conscient (perception de la réalité et croyances) influence l'aurique (l'aura que l'on dégage), et l'éthérique crée les liens entre ce que l'on pense intérieurement, l'énergie aurique que l'on dégage, et ce que l'on expérimente dans notre environnement.

Notre esprit est un temple dans lequel nous choisissons qui inviter, soit les anges, soit les démons. Et paradoxalement, ils ne viennent pas de l'extérieur, mais de l'intérieur. Nous leur donnons naissance.

Fermez la porte de votre temple à tout ce qu'il se passe à l'extérieur, et choisissez !

Choisissez qui vous êtes à l'intérieur sans vous préoccuper de ce qu'il se passe à l'extérieur.

Redéfinissez vos valeurs et votre perception de la réalité choisie, et gardez les portes de votre temple bien fermées. C'est ainsi que vous reprenez le contrôle de votre destinée.

Ce que vous vivrez en vous (expérimenterez) influencera l'aurique et l'éthérique. Mais ne cherchez pas à voir quand cela se manifestera dans la réalité... Vous êtes déjà VOTRE réalité.

En lecteur averti sur le sujet, si j'ai un seul conseil à donner concernant les lois de l'esprit, si vous êtes intéressés vous aussi par le sujet, ou si vous voulez découvrir ce que c'est, vous pouvez lire autant de livres que vous voulez sur le thème, être passionnés, mais le plus important est de bien trier les informations et vérifier vos sources.

Car des livres sur les lois de l'esprit, il en existe des milliers, écrits par des auteurs connus ou peu connus (ou pas connus du tout !).

Certains décrivent partiellement le sujet, et d'autres en font une interprétation personnelle sans le connaître, et puis il y a "plus rarement" ceux qui sont très bons.

Actuellement, je lis encore ces livres (j'en ai lu déjà plus d'une centaine à mon actif. Je lis une heure par jour, et je teste si cela est vrai ou pas.), je connais les fondamentaux de ces lois, et ce qui me désole, malgré que certains de ces auteurs ont une bonne intention derrière cela, est qu'ils mettent les lecteurs sur une fausse route et qui les induisent en erreur.

Ce que je peux en dire, c'est qu'il ne faut pas seulement l'interpréter ou la comprendre, mais il faut aussi la vivre. Être passionnés.

Ce que je recherche au travers de ces lectures, ce n'est pas seulement la connaissance, mais aussi la maîtrise.

Et je veux découvrir tout ce qu'il y a à savoir là-dessus, car le sujet est très vaste. La maîtrise ne se passe pas en un seul livre et il faut se méfier de qui donne les informations. Il y en a qui donnent des centaines et des milliers d'euros à des séminaires et qui ne récoltent rien au bout. Alors que moi, je donne des informations vérifiées.

Les lois de l'esprit, nous les utilisons tous les jours inconsciemment et d'après ce que nous avons appris depuis le début de notre vie. Et comprendra qui voudra, il faut se réinterpréter soi-même pour pouvoir les interpréter correctement.

Cela passe par le réapprentissage de tout ce que l'on a appris jusqu'à présent. Ce que nous croyons, ce que nous percevons, ce que nous sentons, tout doit être réinterprété.

Et surtout, n'oubliez pas que vous avez vécu et appris inconsciemment 20, 30, ou plus d'années avec une interprétation de vous-même qui n'était pas la bonne.

Et à ce titre, rééduquez votre cerveau en apprenant et en lisant beaucoup. C'est un muscle qui a besoin d'être consolidé en créant de nouveaux chemins neuronaux. En créant et "consolidant" de nouvelles croyances.

Si vous voulez que votre vie change, il faudra changer vous-mêmes ! Créez une autre définition de vous-mêmes, et vivez avec cette nouvelle définition en permanence, quotidiennement.

Toutefois, je vous mets en garde sur un point important. Il y a un paramètre à prendre en considération. Il est possible que ce que vous avez souhaité ne soit pas fait pour vous, mais ceci, vous pouvez vous en rendre compte uniquement quand vous avez obtenu ce que vous voulez.

Des mauvais choix (ou mauvaises décisions), nous en faisons souvent sans nous en rendre compte, mais c'est toujours mieux que pas de choix du tout.

Et ce qu'il y a de paradoxal dans tout ça, c'est que des décisions, nous en prenons tout le temps, à la fois dans l'action comme dans l'inaction. Nous pouvons décider d'agir ou de ne pas agir. (curieux non ?).

C'est ce fameux "si j'avais su !" ou " si j'aurais dû !" (j'aurais dû prendre cette décision !), et ne pas prendre de décision est une décision en soi.

Curieusement, comment savoir si c'est une mauvaise décision si nous ne la prenons pas ? La mauvaise décision est probablement dans ce que nous ne faisons pas ! Ce qui génère des regrets.

Pour en venir aux mauvaises décisions relatives à l'action, il faut la prendre comme un paramètre utile qui permet de nous améliorer et d'évoluer.

Pour ses projets, on dessine, on fait des croquis, des brouillons que l'on améliore suite aux épreuves et aux échecs, qui donneront avec force et persévérance une belle réussite.

Rappelez-vous quand vous êtes tombés de vélo étant enfants. Dix fois , vingt fois vous êtes tombés, et autant de fois, vous vous êtes relevés, et à chaque chute, un progrès se cachait derrière. Et maintenant, vous savez en faire.

Il en va de même pour les chefs cuisiniers, les artistes, les entrepreneurs et autres.

" *Les leaders n'échouent pas ! Ils ébauchent leur réussite !*"

Nous voici arrivés à la fin de ce livre dédié aux lois de l'esprit, et j'espère vous avoir apporté énormément d'informations.

Maintenant que vous avez toutes les cartes en main, c'est à vous de jouer. N'hésitez pas à le relire encore et encore, car tout ce dont vous avez besoin de savoir sur les lois de l'esprit se trouve dans ces pages.

Je vous remercie d'avoir pris le temps de le lire, et j'espère vraiment vous avoir appris que les seuls maîtres de votre destin, c'est vous uniquement. Maintenant, il n'appartient qu'à vous de prendre conscience de votre pouvoir intérieur. Entraînez-vous et faites l'expérience de votre destin ainsi maîtrisé.

Et n'oubliez pas que dans cette grande aventure de la vie, l'homme est sa propre réponse !